O PODER DOS ANIVERSÁRIOS

A influência dos dias, estrelas & números em sua vida

LIBRA

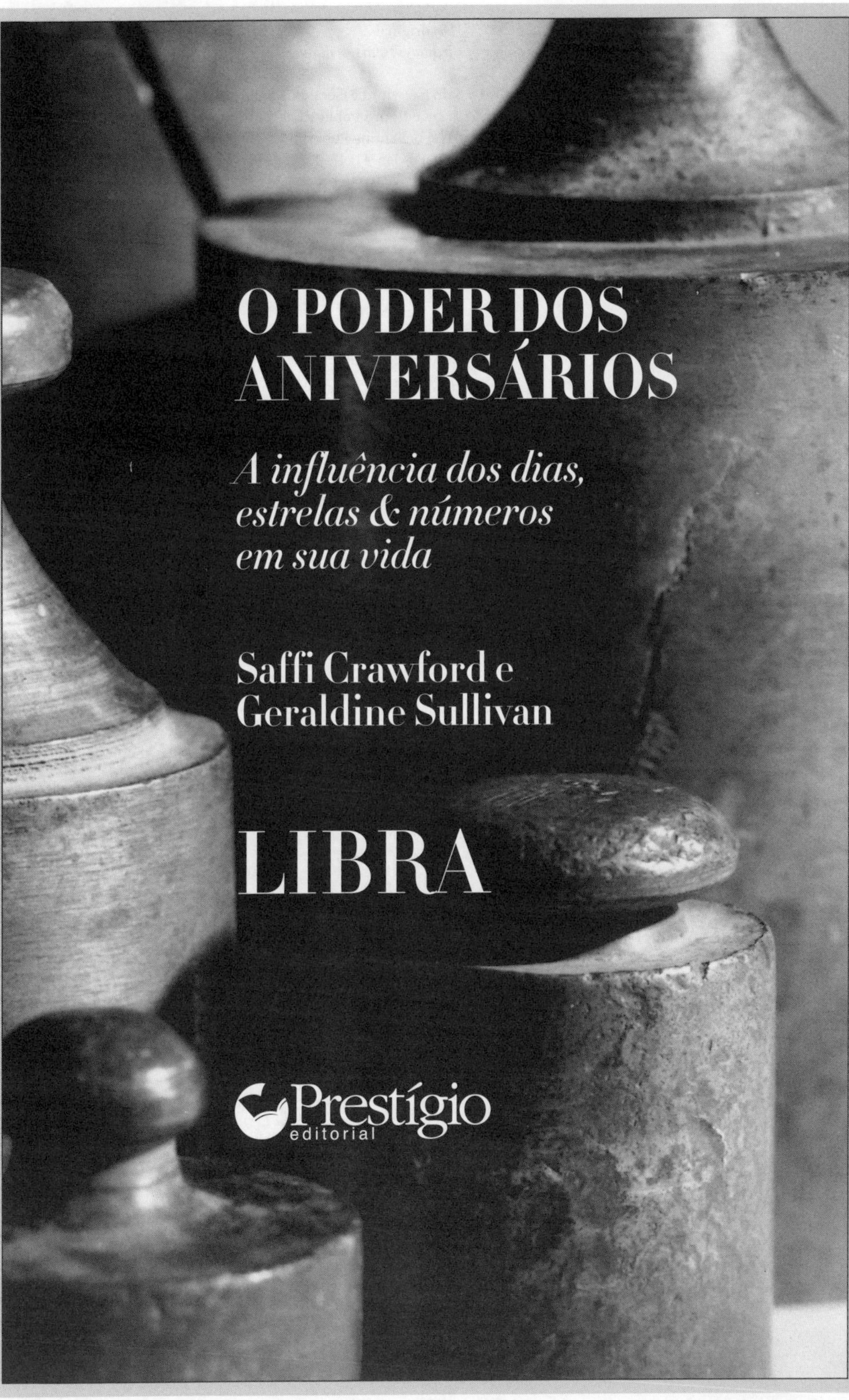

O PODER DOS ANIVERSÁRIOS

A influência dos dias, estrelas & números em sua vida

Saffi Crawford e
Geraldine Sullivan

LIBRA

Prestígio editorial

Do original
The power of Birthdays's stars & numbers

ISBN original 0-345-41819-0

Direção Editorial Pedro Almeida
Tradução Walter Agostinho
Preparação de Originais Marcos Marcionilo
Capa W/Brasil / Alexandre Suannes
Imagem da Capa Marcel Valvassori
Projeto Gráfico e Diagramação Osmane Garcia Filho
Revisão Marcia Alves Batista e Elaine Silveira

Dados Internacionais de Catalogação na Publicação (CIP)
(Câmara Brasileira do Livro, SP, Brasil)

Crawford, Saffi
O poder dos aniversários : a influência dos dias, estrelas e números em sua vida / Saffi Crawford e Geraldine Sullivan ; [tradução Walter Agostinho]. — 2. ed. — São Paulo : Ediouro, 2005.

Título original: *The power of birthdays, stars & numbers*
Obra em 12 v. - Conteúdo desta edição: Libra

ISBN: 85-99170-12-0

1. Aniversários 2. Astrologia e Psicologia 3. Numerologia 4. Ocultismo 5. Personalidade 6. Zodíaco I. Sullivan, Geraldine. II. Título.

05-0387 CDD-133.52

Índice para catálogo sistemático:
1. Signos do zodíaco e personalidade : Astrologia : Ocultismo 133.52

Prestígio Editorial
Rua Nova Jerusalém, 345 – CEP 21042-230
Rio de Janeiro — RJ
Tel.: (21) 3882-8200 – Fax: (21) 2260-6522
e-mail: relume@relumedumara.com.br
vendas@ediouro.com.br
internet: www.ediouro.com.br

Para nossas famílias,
que tiveram paciência conosco enquanto concluíamos este livro e por todo o seu apoio: nossos pais, Margaret e Michael Sullivan, Leon e Kristina Grushko, Melissa Crawford, Ricky Foulcer e Cleo Foulcer.

Agradecimentos

Um agradecimento especial a nosso editor, Ginny Faber; a nossa agente, Julie Castiglia, e a Chuck Wein, pelo apoio que deram a nosso projeto desde o início.

Também queremos agradecer em particular a Jason Zuzga, Huw Davies e Jane Laing, pelo encorajamento e assistência na edição, e a Mark Reiner, pelas contribuições no projeto de arte.

Queremos mencionar outros que possibilitaram este projeto: Pat Foster, Josephine Shannon, Tom Sullivan, Deirdre Edwards, Julianna Doyle, Alexia Beck, Tasha Griffiths e Anne Leman.

Sumário

Introdução

Nas páginas deste livro, você encontrará um perfil completo da personalidade das pessoas nascidas sob o signo de Libra. Este livro vai muito além da astrologia do signo solar, oferecendo uma compreensão profunda das características exclusivas de cada dia. Utilizamos nossos conhecimentos de Astrologia, de Psicologia, de Numerologia e de Estrelas Fixas. Só depois de sintetizar todas essas disciplinas é que criamos os perfis diários abrangentes.

Não há forças cósmicas idênticas para dois dias diferentes — cada dia é singularmente especial. Cada perfil diário fornece informações fascinantes a respeito de você e acerca de seu futuro. Além disso, você também irá adquirir um conhecimento mais profundo das suas próprias habilidades e potenciais, além da compreensão do caráter e da motivação das pessoas à sua volta. A Astrologia e a Numerologia são linguagens de símbolos que exploram a relação entre a humanidade e o Universo. Elas nos dão indicação de nosso lugar no plano maior do Cosmos.

Desde os primórdios da sua história, a humanidade tem consciência das forças e ciclos da natureza. Esses ciclos naturais e ritmos cósmicos exercem influência em todos os organismos vivos. Embora estejam situadas fora do nosso sistema solar, as Estrelas Fixas também exercem influência sobre nós. Elas foram incorporadas pela Astrologia desde a antigüidade. Neste livro, apresentamos interpretações modernas da influência das Estrelas Fixas para cada dia do ciclo solar anual.

A Astrologia e a Numerologia são maneiras de interpretar essas influências, de mostrar como esses ciclos afetam a nossa vida. As diversas facetas do estudo astrológico incluem a Astronomia, o Simbolismo, a Psicologia, a Física e a Geometria, ao passo que a Numerologia sustenta a tese de que os números possuem uma dualidade de qualidade e quantidade. Todos os poderosos métodos interpretativos foram reunidos neste livro para traçar um perfil diário profundo e exclusivo.

O Poder dos Aniversários une duas diferentes maneiras de calcular o ciclo solar anual. O ano astrológico começa no dia 21 de março, a 0 grau de Áries, enquanto o ano numerológico, que se baseia no calendário ocidental, tem início a cada dia 1º de janeiro. Esses dois sistemas solares anuais, quando combinados, revelam a visão holística da Astronumerologia, que pode fornecer uma profunda compreensão psicológica de cada dia de aniversário.

As práticas convincentes de astrologia tomam por base um único momento no tempo e no espaço, fazendo com que cada mapa astrológico seja simbolicamente exclusivo. Embora os astrólogos exijam ano, data, hora e local de nascimento exatos para poder calcular um mapa astrológico pessoal, a Astrologia popular usa apenas os doze signos zodiacais. Essa divisão do ano em doze categorias mensais, juntamente com os planetas, pode ser vista como uma introdução ao estudo astrológico.

O Sol é o centro do nosso sistema solar. Os planetas, incluindo a Terra, orbitam em torno dele. A Terra efetua dois ciclos importantes: gira em torno do seu eixo e em torno do Sol em movimento anti-horário. É a rotação da Terra sobre o próprio eixo que produz o ciclo do dia e da noite. Do ponto de vista geocêntrico (da Terra), o Sol aparece para cruzar o céu do horizonte oriental para o horizonte ocidental. A trajetória aparente do Sol, tendo como pano de fundo as estrelas fixas nas doze constelações, descreve um caminho elíptico em torno da Terra. O eixo da Terra não apenas gira, mas é também inclinado, com o Pólo Norte voltado para o Sol e distante do mesmo em diferentes épocas do ano, o que faz com que haja quatro variações climáticas, as chamadas quatro estações. Esses pontos são comumente denominados equinócios da primavera e do outono e solstícios do verão e do inverno. Na Astrologia, essas quatro divisões do ano são chamadas de quatro pontos cardeais da roda zodiacal de 360 graus.

O ano astrológico tem início na primavera[1] a 0 grau de Áries; o solstício de verão é marcado a 0 grau de Câncer; o outono, a 0 grau de Libra; e o solstício de inverno, a 0 grau de Capricórnio. Como a roda zodiacal é dividida em doze arcos iguais de 30 graus cada, os quatro signos cardeais da roda zodiacal são seguidos dos quatro signos fixos: Touro, Leão, Escorpião e Aquário. Os quatro signos mutáveis, Gêmeos,Virgem, Sagitário e Peixes, completam os doze signos da roda zodiacal.

O zodíaco é dividido em doze signos diferentes. Mas, na prática avançada de Astrologia, esses signos têm outras divisões, associadas a outras forças. Os doze signos são divididos em três partes, chamadas de decanatos. Cada decanato cobre 10 graus do círculo do zodíaco, e os três decanatos de cada signo atuam como uma subinfluência e um complemento das qualidades do próprio signo. Cada decanato é associado a um signo e a um planeta adicionais. Neste livro, você encontrará não apenas o signo sob o qual você nasceu, mas também o seu decanato.

Como o Sol retorna aproximadamente ao mesmo grau a cada ano, os astrólogos se referem à data de nascimento de uma pessoa como o retorno solar. Ao dividir cada um dos doze signos zodiacais em trinta graus individuais, incluindo a Numerologia e as Estrelas Fixas, *O Poder dos Aniversários* cria um elo entre os doze signos zodiacais e a abrangente arte da Astrologia.

Também foi providenciada uma seção especial, que permite ao leitor investigar mais profundamente a própria personalidade e o próprio futuro por meio da Numerologia. Isso inclui o cálculo do número holístico e predições baseadas em números pessoais anuais.

Os perfis dos dias de aniversário

Cada perfil do dia de aniversário contém um discernimento específico das características de cada dia. O perfil fornece um conhecimento geral das configurações planetárias e numerológicas, juntamente com o signo do Sol, grau e decanato, que individualizam ainda mais o signo do Sol, pois adicionam subinfluências de outro signo ou planeta.

Também incluímos a técnica astrológica de predição conhecida como progressão. Os astrólogos usam regularmente as progressões do Sol para indicar importantes anos da vida de uma pessoa. Esses períodos de mudanças no desenvolvimento pessoal ocorrem aproximadamente três vezes na vida de uma pessoa, quando o Sol progredido muda de signo.

Os recursos e fraquezas ocultos em cada pessoa são revelados em "O seu secreto", além das opções profissionais adequadas, juntamente com uma lista de personalidades famosas nascidas naquele dia. Cada perfil vem acompanhado de uma detalhada explicação da numerologia correspondente a cada dia de aniversário. Cada dia descreve as qualidades dos números, e estes números são descritos mediante as qualidades da numerologia do mês. Embora todo dia e mês tenham um papel significativo na compreensão da personalidade, eles são secundários em relação ao número holístico pessoal, que influencia toda a vida e todos os aspectos da personalida-

1. N.T.: As autoras se referem ao Hemisfério Norte.

de. Por isso, para entender a sua personalidade, você precisa ler não apenas a Numerologia do dia e mês do seu aniversário, mas o seu número holístico, descrito na introdução deste livro.

Se quiser conhecer a influência numerológica de cada ano sobre sua vida, você pode calcular o seu número anual pessoal, também fornecido na seção introdutória.

Cada dia de aniversário inclui a seção "Amor e Relacionamentos", que contém as datas e tipos de pessoas com as quais o leitor provavelmente terá ligações cármicas, relacionamentos amorosos, amizades, além dos parceiros ideais. Apesar de termos incluído diversas datas adequadas, essas listas não são conclusivas; assim, você pode ter relacionamentos importantes com pessoas que não estão listadas neste livro.

Cada perfil do dia de aniversário fornece ainda informações relacionadas à especial e poderosa influência das estrelas fixas espalhadas ao longo do caminho do ciclo solar anual sobre cada dia de aniversário. Diversas estrelas podem afetar o seu dia de aniversário, ou pode ser que não haja estrelas brilhantes ou próximas o suficiente ao local do Sol no céu galáctico daquele dia para exercer alguma influência relacionada ao Sol. Estão listadas todas as estrelas que têm influência relacionada ao Sol para cada dia de aniversário. E você também encontrará a influência da sua estrela primária.

No final do livro, há um apêndice de todas as estrelas fixas importantes relacionadas com o seu signo, para que você possa consultar as influências de todas as estrelas da sua lista. Esperamos que todos vocês aprendam mais e investiguem mais profundamente a rica complexidade das Estrelas Fixas.

As explicações especiais a respeito das características de cada dia são também descritas por meio das qualidades do número correspondente a cada dia. Eles são complementados pelas interpretações do número do mês.

Reunimos em um volume os assuntos nos quais nos especializamos, para que você disponha da referência mais abrangente disponível no campo da Personologia. Sintetizamos muitos anos de pesquisa, experiência em mapas astrais complexos e milhares de estudos de casos em perfis personológicos que lhe proporcionarão uma compreensão mais profunda da personalidade, capacidade e potencial de cada pessoa.Vamos agora conhecer todos os dias do seu signo. Cada um deles se inicia como cada pessoa — exclusivo e cheio de promessas.

* * *

Introdução à Astrologia

Desde os primórdios da nossa civilização, observamos os céus para obter uma maior compreensão do relacionamento entre a humanidade e o Universo. Para os primeiros seres humanos, a impermanência da existência na Terra provocava uma sensação de incerteza. Contudo, a recorrência dos fenômenos celestes, como o nascer e o pôr-do-sol em contraste, trazia tranqüilidade. Nossos ancestrais percebiam esse contraste como uma distinção fundamental entre os domínios celestial e terrestre. A Astrologia, portanto, é um estudo da interação significativa entre as estrelas, os ciclos planetários e os acontecimentos na Terra.

Como uma das poucas filosofias remanescentes que mantêm uma perspectiva holística, a Astrologia nos ensina que tudo está interconectado. Nada se mantém como uma lei por si só. Tudo é parte de um relacionamento constantemente mutável e dinâmico com os ciclos do Cosmos. E não estamos fora desse sistema vivo. Nós o afetamos e somos profundamente afetados por ele. Todas as pessoas são parte de um relacionamento mutante e dinâmico com as outras pessoas. O Universo é um jogo complexo de ciclos e forças, pois as polaridades opostas colocam umas às outras em ação, sendo elas mesmas parte de sistemas maiores. Os astrólogos reconhecem esse jogo e tentam compreendê-lo por intermédio do simbolismo.

Nenhuma pessoa está sozinha, já que todas as pessoas são parte de relacionamentos mutáveis e dinâmicos com as outras pessoas, e cada uma está envolvida em relacionamentos mutáveis e dinâmicos com os ciclos do Cosmos. Tudo o que é orgânico pulsa e se distingue pela sua periodicidade. Essa existência cíclica, rítmica, é captada pela hipótese astrológica. A Astrologia abrange a complexidade, a simultaneidade da subjetividade e da objetividade. Objetivamente, a Astrologia mede o tempo pelos ciclos dos planetas, dando uma perspectiva única do sentido da duração. Subjetivamente, a Astrologia opera por meio de um simbolismo profundo, e o seu conhecimento se dá por intermédio do estudo do contexto.

A Astrologia sustenta que o curso da natureza é um círculo ou uma mandala. Nos 360 graus do círculo, experimentamos cada momento, individual e coletivamente. Cada grau é um fragmento separado do círculo, mas o círculo só existe a partir de cada grau. A mandala é um símbolo de toda a criação, uma forma auto-suficiente e perfeita, sem começo nem fim. O círculo representa tanto o Universo como todos os indivíduos humanos, além do universo interior. Todas as atividades da vida estão relacionadas a esse círculo. Sua estrutura também contém os ciclos do tempo.

Ao explorar a Astrologia, podem-se revelar as conexões entre os universos externo e interno e se obter uma maior consciência psicológica e espiritual. As duas maiores luzes da Astrologia são o Sol e a Lua, que correspondem ao ciclo do dia e da noite. No que se refere a esse ritmo, os calendários solar e lunar foram estabelecidos pelas primeiras culturas e interpretados como horas, dias, meses e anos. Em termos psicológicos, a união simbólica do Sol com a Lua é percebida como o "casamento místico", representando a união dos opostos dentro do indivíduo. Segundo a Filosofia oriental, essa união é caracterizada pelo *yin/yang*, ou pelos princípios masculino e feminino.

Um horóscopo pessoal é um "mapa" que mostra a posição precisa dos planetas do nosso sistema solar em relação à Terra, no momento do nascimento do indivíduo. No seu formato básico, o mapa natal consiste em dez planetas e doze signos zodiacais.

Os doze papéis astrológicos do sol

O amor, o ódio, o nascimento, a morte, a infância, a paternidade e a velhice são temas universalmente conhecidos por toda a humanidade. O espectro completo das experiências humanas é simbolizado pela roda Astrológica, à medida que o Sol faz a sua jornada simbólica pelos doze signos zodiacais. Segundo a Astrologia, todos nascemos para nos juntar ao grande ciclo da existência e para assumir um papel dentro do drama divino. Nas palavras de Shakespeare: "O mundo todo é um palco e todos os homens e mulheres são apenas atores".

Na visão do todo, tudo está em relação com tudo o mais, tudo está interconectado. Da mesma forma, na Astrologia, todos os doze signos estão incorporados às psiques dos indivíduos e da humanidade. Embora uma pessoa nasça em um signo em particular, para se integrar ao todo, ela precisa se conectar aos outros onze signos. Na nossa vida diária, experimentamos todas as facetas dos doze signos, mas o nosso signo do Sol pode ser interpretado como o maior papel que temos de aprender a desempenhar. Em termos psicológicos, Carl-Gustav Jung interpretou os papéis universais como arquétipos.

As pessoas normalmente pensam que estão representando os próprios papéis, mas, por meio da auto-realização, elas são levadas a reconhecer que os indivíduos são apenas condutores ou canais do divino e que por meio delas o Universo é visto de acordo com o tempo e espaço dos seus desempenhos. O astrólogo Dane Rudhyar disse em seu livro *Uma mandala astrológica:* "O ego em [um indivíduo] se torna uma lente cristalina por meio da qual a vontade de Deus se concentra no ato individualizado. Ele nada faz, mas A Mente Única o pensa. Sua vida se tornou sagrada porque não é mais a sua vida, mas todo o seu desempenho com e por intermédio do espaço do seu organismo total".

Os arquétipos e os papéis dos doze signos zodiacais

Cada signo zodiacal assume e desempenha os papéis de determinado arquétipo para manifestar o próprio poder de criação.Na lista a seguir, alguns dos maiores arquétipos e papéis estão associados a cada signo:

♈ ÁRIES: o líder, o entusiasta, o pioneiro, o guerreiro, o destemido, o competidor

♉ TOURO: o pragmático, o sensual, o amante da natureza, o cantor, o avaliador

♊ GÊMEOS: o comunicador, o intérprete, o escritor, o orador, o contador de histórias, o educador

♋ CÂNCER: a mãe, o provedor, o psíquico, o conselheiro, o protetor

♌ LEÃO: o performático, o rei ou rainha, a criança, o artista criador, o amante, o ator

♍ VIRGEM: o analista, o perfeccionista, o pesquisador, o servo, o purificador, o crítico

♎ LIBRA: o amante, o diplomata, o parceiro, o socializador, o anfitrião, o equilibrador, o negociador

♏ ESCORPIÃO: o controlador, o hipnotizador, o mágico, o detetive, o transformador

♐ SAGITÁRIO: o viajante, o filósofo, o otimista, o explorador, o estrangeiro

♑ CAPRICÓRNIO: o pai, a figura de autoridade, o trabalhador, o disciplinador, o tradicionalista

♒ AQUÁRIO: o humanista, o observador imparcial, o inventor, o cientista, o amigo, o excêntrico, o revolucionário, o anarquista

♓ PEIXES: o visionário, o romântico, o salvador, o místico, o curador, o sonhador, o poeta

Os doze signos zodiacais

♈ Áries

Cheios de energia e de idéias criativas, os arianos pertencem ao primeiro signo do zodíaco. Áries é um signo de fogo, e o nativo de Áries é altamente vigoroso e entusiasta; ele acredita genuinamente que o mundo está aí para que ele o explore e conquiste. Ardente e assertivo por natureza, o nativo de Áries avança rapidamente com projetos e atividades intermináveis, que gosta de iniciar. Os arianos são pioneiros e líderes do zodíaco. Mesmo os mais calmos desejam secretamente ser o número 1 ou o primeiro em alguma coisa. Regidos pelo planeta Marte, os arianos são agentes ativos e muito raramente ficam inativos. Combinando um corpo ativo com um espírito ousado e empreendedor, os arianos procuram avidamente estar à frente de qualquer atividade. Freqüentemente ousados e apaixonados, eles podem ser altamente idealistas e muito leais às pessoas que amam. Os arianos gostam de conversar longamente com os seus parceiros a respeito dos seus projetos favoritos, mas também sabem apoiá-los.

♈

PRIMEIRO SIGNO
CARDEAL FOGO
PLANETA REGENTE: MARTE
PARTE DO CORPO: CABEÇA
PALAVRAS-CHAVE:
ENERGIA, ATIVIDADE, LIDERANÇA

♈

Como a paciência não é o seu ponto forte, podemos sempre reconhecer os arianos pela abordagem direta, pela ação decisiva e pela falta de sutileza e tato. Essa mesma impaciência pode também torná-los intolerantes, impulsivos e com muita tendência a agir sem prudência. Contudo, sabem reagir às crises e têm habilidade para responder aos desafios de frente e para enfrentar com coragem situações difíceis.

Apesar de se colocarem contra a opinião pública, os arianos, em geral, recusam-se a comprometer seus ideais, mesmo que isso os coloque em situação difícil. À medida que envelhecem, no entanto, a maior parte deles irá aprender a ser humilde, não sem antes passar por muitos confrontos. Os homens deste signo adoram fazer o papel de cavaleiro errante e as mulheres têm uma aparência enérgica e assertiva.

Freqüente e facilmente, os arianos se enraivecem e se mostram ávidos por expressar as próprias opiniões, mas são também muito rápidos em perdoar e esquecer. Estimulados pela adrenalina e sem paciência para detalhes, estão em geral com pressa e trabalham melhor quando são eles que iniciam os projetos. Não obstante, as personalidades de Áries precisam evitar a ingenuidade e o autocentramento ou a tendência a implicar com as outras pessoas.

De modo geral, os arianos são cheios de energia criativa e inspiração e têm muita fé em si mesmos. Isso normalmente se manifesta na sua habilidade de liderança natural. Por isso, não é de surpreender que façam com que os outros os sigam.

Sem nunca se deixar levar pelo desânimo, sempre dinâmico e generoso, o espírito ariano vive para mais um dia de luta.

♉ Touro

Os cordatos taurinos são indivíduos serenamente determinados e muito sensíveis, que nunca desistem. Pacientes e persistentes, eles prosseguem, deixando os outros pelo caminho. Sua maneira calorosa, aparentemente calma e fácil reflete alegria pela simplicidade da vida.

♉

SEGUNDO SIGNO
FIXO TERRA
PLANETA REGENTE: VÊNUS
PARTES DO CORPO: GARGANTA E PESCOÇO
PALAVRAS-CHAVE: RESISTÊNCIA, PERSISTÊNCIA E SENSUALIDADE

♉

Os taurinos não gostam de se apressar — tomam decisões cuidadosa e deliberadamente, colocando em primeiro plano a segurança e as questões de ordem financeira. Por terem Vênus como planeta regente, os taurinos são muitas vezes magnéticos, sensuais e muito atraentes ao sexo oposto. A influência de Vênus também confere amor à beleza, interesse pelas artes e refinamento.

Touro é um prático signo da Terra, e por isso os confortos básicos da vida, como comida e moradia, são muito importantes para os taurinos. Freqüentemente, eles se tornam especialistas em culinária, conhecedores de vinhos e gostam muito de diversão. Os taurinos são também os banqueiros simbólicos do zodíaco — a maioria deles costuma anotar cuidadosamente todas as transações financeiras. Quando chamados de materialistas, os taurinos respondem que são apenas sensatos e que sabem o valor do dinheiro. Eles podem se tornar especialistas na avaliação de tudo: de questões financeiras a si mesmos.

Taurinos costumam ser generosos com as pessoas que amam, mas devem evitar ser muito possessivos. Amigos leais e devotados, freqüentemente sofrem em silêncio para manter a paz, mas tornam-se obstinados e teimosos se forem muito pressionados. As personalidades taurinas precisam sentir que estão com os pés no chão e que têm estabilidade. Por isso preferem manter as coisas do jeito em que estão. Em períodos de mudanças e de instabilidade, podem ter dificuldade para se adaptar a novas situações. Felizmente, sempre podem encontrar conforto no amor que têm pela arte, na criatividade, nas alegrias da natureza ou na música.

Em geral, os taurinos têm uma voz atraente e calma e são, muitas vezes, bons cantores. Contudo, se estão estressados, podem ter problemas na garganta, embora tendam a ser fortes e saudáveis. Personalidades taurinas amam o prazer e o conforto, mas precisam se resguardar da tendência ao excesso de auto-indulgência para com as coisas boas da vida.

Muitas vezes, esses indivíduos são pragmáticos e perseverantes e se esforçam diligentemente por conquistar os seus objetivos. Firmes em suas decisões para construir uma fundação sólida, os taurinos podem atrair e alcançar o sucesso.

♊ Gêmeos

Comunicadores naturais com uma interminável sede de conhecimento, os geminianos são eternos estudantes. Como pertencem a um signo de ar e são muito inteligentes, os nativos de Gêmeos estão sempre em movimento, sempre tentando satisfazer a própria curiosidade mental. Extremamente rápidos para apreender os pontos importantes de qualquer assunto, eles adquirem um conhecimento geral amplo, que adoram dividir com os outros. Os geminianos podem ser inteligentes, multitalentosos e entusiásticos, mas devem se prevenir contra a tendência a desperdiçar energia. Por meio da disciplina e da educação mental, os geminianos podem aprender a desenvolver um pensamento mais profundo.

> ♊
> *TERCEIRO SIGNO*
> *MUTÁVEL AR*
> *PLANETA REGENTE: MERCÚRIO*
> *PARTES DO CORPO: PULMÕES, BRAÇOS, MÃOS*
> *PALAVRAS-CHAVE: VERSATILIDADE, LOQUACIDADE, INGENUIDADE*
> ♊

Associados a Mercúrio, os nativos deste signo muitas vezes possuem uma qualidade andrógina e têm um corpo elegante e jovem. Os geminianos costumam ter um rosto brilhante e expressivo e gostam de usar as mãos quando expressam as suas idéias. Como gostam de falar, podem conversar durante horas, o que em geral resulta em contas telefônicas altíssimas. Com uma aparência jovem, os geminianos são muitas vezes comparados à criança eterna — sempre maravilhados.

Uma vez que seu sistema nervoso é sensível, os geminianos acham difícil concentrar toda a sua atenção em uma coisa ou pessoa. Como o seu símbolo, os gêmeos, eles são conhecidos por serem capazes de fazer pelo menos duas coisas ao mesmo tempo, e também por serem flexíveis, versáteis e adaptáveis. Aéreos e sofisticados, os geminianos não gostam de assumir compromissos e não gostam de se chatear ou de chatear os outros. Conhecidos por não serem consistentes, os geminianos parecem ter muitas personalidades e mudanças de humor. Os nativos de Gêmeos são, em geral, intelectuais e normalmente interessam-se mais por desafios mentais do que por paixões terrenas.

Leves e amigáveis, os geminianos têm uma relação fácil com os outros e estão sempre dispostos a compartilhar a verdadeira mina de informações que têm nas mãos. Com o seu charme jovial e espirituosidade natural, ninguém se surpreende ao saber que eles são os mais encantadores amigos e companheiros. Divertidos e cheios de idéias, os nativos de gêmeos são altamente expressivos quando liberam o seu espírito mercurial.

♋ Câncer

Os emotivos e sensíveis cancerianos são regidos pelos sentimentos. Como seu planeta regente, a Lua, eles passam por todo o espectro de emoções ligadas às mudanças da maré. Os nativos de Câncer têm o poder do mais profundo oceano e a vulnerabilidade de um caranguejo solitário em uma praia deserta. Como o caranguejo, eles têm uma concha protetora de timidez ou reserva para ocultar sua grande sensibilidade e cautela. Quando se retiram para recuperar as forças, não se deve jamais interpretar isso como fraqueza.

Solidários e gentis, os cancerianos têm uma grande necessidade de acalentar. Por isso, muitas vezes, assumem o papel de pai ou terapeuta. Podem ter uma inclinação extremamente protetora e defendem os que amam. De tudo! Não é de surpreender que a casa e a família tenham um papel importante na sua necessidade de segurança. Em geral caseiros, os nativos de Câncer são muitas vezes *gourmets* e podem até ficar inseguros se não tiverem a geladeira cheia.

♋

QUARTO SIGNO
CARDEAL ÁGUA
PLANETA REGENTE: LUA
PARTES DO CORPO: SEIOS E ESTÔMAGO
PALAVRAS-CHAVE: SENSIBILIDADE, SOLIDARIEDADE, AFEIÇÃO

♋

Apesar da constante variação de humor, essas personalidades são naturalmente afáveis e podem até precisar evitar sufocar os outros com o seu amor e devoção protetores. Câncer é um signo da água, e os cancerianos são muitas vezes tímidos e sentimentais, com tendência a se prender ao passado e a se tornarem ávidos colecionadores. Os objetos da sua coleção podem incluir desde móveis de família até antigüidades e memórias contidas em fotografias e cartas. Os cancerianos podem também ter tendência a se prender ao dinheiro, que costumam guardar em cadernetas de poupança para períodos difíceis.

Os nativos de câncer muitas vezes possuem uma personalidade complexa. Por um lado, parecem ser uma fortaleza, mas por outro parecem ter a vulnerabilidade de uma criança. Eles são mestres na arte da resistência passiva.

Com a Lua colorindo as suas respostas, os cancerianos são naturalmente intuitivos ou mediúnicos e podem ser facilmente feridos. A sua poderosa imaginação e compreensão sensível podem encontrar uma via de expressão por meio do mundo da criação e da arte. E, acima de tudo, quando confiam suficientemente em alguém para mostrar seus sentimentos, podem ser fortes, leais e protetores.

♌ Leão

Calorosos, amorosos e generosos, os leoninos possuem um grande coração. Seus gestos amáveis e magnânimos vêm do amor que têm ao senso dramático, pois gostam de se exibir e se sentem as pessoas mais felizes do mundo quando conseguem uma platéia que os aprecie. Felizmente, para compensar sua tendência a ser o centro das atenções, os leoninos também são atenciosos com os outros. Eles podem aprovar generosamente os projetos alheios e cumulá-los de elogios.

♌

QUINTO SIGNO
FIXO FOGO
PLANETA REGENTE: SOL
PARTE DO CORPO: CORAÇÃO
PALAVRAS-CHAVE: VITALIDADE, CONFIANÇA, AUTO-EXPRESSÃO

♌

Regidos pelo Sol, os leoninos possuem uma jovialidade divertida e uma grande necessidade de se expressar. Como vêem a si próprios nos papéis principais, e não em papéis coadjuvantes, os nativos de Leão muitas vezes têm problemas com a vaidade e o orgulho. Para eles, é difícil admitir que estão errados e a bajulação os deixa vulneráveis à manipulação. Contudo, os leoninos compensam facilmente as próprias falhas com sua personalidade ensolarada, senso de divertimento e generosidade. Essas pessoas amigáveis e gregárias são as parceiras ideais para eventos sociais, festas, idas ao teatro e longos feriados.

O desejo de brilhar, combinado com o seu ar régio e imponente, leva-o a posições de autoridade, nas quais podem exibir suas formidáveis habilidades de liderança. Os leoninos assumem naturalmente o comando. Como às vezes fazem isso sem que lhes seja pedido, podem ser acusados de muito mandões. Contudo, geralmente trabalham duro para cumprir as responsabilidades e são excelentes gerentes e líderes. Os leoninos que não preencherem seu potencial natural podem ficar preguiçosos e desanimados.

Os nativos deste signo são conhecidos pela coragem e preferem desempenhar um papel forte e protetor em relação aos outros, em vez de se comportarem como fracos e indefesos. Mesmo quando os leoninos mais calmos ocultam o orgulho e a grandeza atrás de uma fachada modesta, deixam entrever a sua dignidade régia. Os leoninos pressupõem que as outras pessoas possuem um senso de integridade similar ao seu e por isso tomam cuidado, no caso de uma desavença, em respeitá-las. Eles gostam de causar uma boa impressão nas pessoas e têm consciência do impacto que causam sobre os outros.

Como são de um signo fixo de fogo, os leoninos podem ser animados e entusiásticos, embora um tanto teimosos. Sua criatividade e teatralidade combinadas os tornam grandes românticos. Os leoninos amam o amor, amam ser amados. Independentemente de onde alguém os conheça, sua personalidade ensolarada causa uma impressão duradoura.

♍ Virgem

Analíticos e eficientes, os virginianos têm um forte senso de ética. Eles precisam de ordem em suas vidas e desejam que as coisas sejam feitas de forma metódica. Os virginianos estão sempre examinando e aperfeiçoando os sistemas existentes, para melhorá-los. Infelizmente, esse perfeccionismo pode se estender às críticas às pessoas ao redor, fazendo com que elas resistam às suas mensagens. Por outro lado, os nativos deste signo não gostam quando você aponta os seus defeitos, pois já têm bastante consciência deles e são os mais ferrenhos críticos de si mesmos. Essa habilidade para avaliar as próprias falhas pode fazer com que os virginianos sejam modestos e moderados. Muitas vezes, eles sempre medem o próprio valor pelo metro da ajuda aos outros.

♍

SEXTO SIGNO
MUTÁVEL TERRA
PLANETA REGENTE: MERCÚRIO
PARTE DO CORPO: INTESTINO
PALAVRAS-CHAVE: DISCERNIMENTO, EFICIÊNCIA, SERVIÇO

♍

Regidos por Mercúrio, os virginianos são inteligentes, articulados e com capacidade de discernimento, e, devido ao elemento Terra, podem ser pessoas práticas, organizadoras capazes, que trabalham duro e prestam atenção aos detalhes. Econômicos e prudentes com o dinheiro, os virginianos às vezes são pães-duros, mas podem ser mais do que generosos com o tempo e o dinheiro quando alguém precisa de ajuda. Contudo, eles esperam que as pessoas a quem ajudam se esforcem para ajudar a si mesmas. Os virginianos, de maneira geral, não gostam de estupidez ou vulgaridade e têm mentes lógicas que instintivamente buscam a ordem no meio da confusão. Eles usualmente analisam os mínimos detalhes, mas devem evitar a tendência a avaliar repetidas vezes as mesmas questões, sob risco de deixar de ver a situação como um todo.

Com padrões extremamente altos, os nativos de Virgem podem ser altamente discriminadores e cansativos em certas áreas. Eles muitas vezes se interessam por limpeza e alimentação, acreditam na importância dos exercícios e de um estilo de vida saudável. Apesar disso, podem, às vezes, sofrer de tensão mental, com risco de se tornarem superansiosos e neuróticos. Isso freqüentemente é decorrência da pressão do trabalho: devido ao forte senso de obrigação e dever, os virginianos muitas vezes assumem mais do que podem fazer. Geralmente funcionários maravilhosos, os virginianos não gostam de desordem e são defensores da meticulosidade e da eficiência.

Confiáveis e sinceros, com uma maneira metódica de encarar a vida, os virginianos serão sempre os pilares do apoio prático e sensato. Na verdade, eles sempre oferecem ajuda antes de serem requisitados.

♎ Libra

Os nativos de Libra são os diplomatas do zodíaco. Para evitar a desarmonia, usam o charme, dão o sorriso mais encantador do mundo e fazem o possível para manter a paz. Afetuosos, graciosos e refinados, os librianos têm necessidade de ser populares. Como pertencem a um signo de ar, eles possuem leveza, são amigáveis, inteligentes e sociáveis.

Regidos por Vênus e com uma consciência aguçada dos relacionamentos, os librianos são sempre capazes de ver as coisas do ponto de vista do outro. Esse princípio de equilíbrio muitas vezes faz com que precisem de um parceiro que aja como espelho para que possam se entender melhor. Especialistas quando se trata de justiça e de imparcialidade, os librianos pesam tudo cuidadosamente antes de tomar uma decisão. Discutem os prós e os contras de qualquer situação ou problema com uma lógica e discernimento impressionantes. Essa habilidade garante a sua excelência na arte de ceder e negociar. Infelizmente, isso pode causar indecisão e uma falta de habilidade para chegar a uma conclusão final.

SÉTIMO SIGNO
CARDEAL AR
PLANETA REGENTE: VÊNUS
PARTE DO CORPO: RINS
PALAVRAS-CHAVE: EQUILÍBRIO, DIPLOMACIA, RELACIONAMENTO

Equilíbrio é uma palavra-chave poderosa para os librianos. Embora desejem genuinamente a harmonia, eles estão sujeitos a períodos difíceis quando um dos pratos de suas balanças pesa muito para um dos lados. Contudo, à medida que desenvolvem a própria autoconsciência e ajustamento interno, eles se tornam mais confiáveis. Isso diminui a sua tendência a se tornar dependentes de outras pessoas. Os librianos precisam aprender a defender as suas crenças, mesmo que elas provoquem desavenças.

Regidos por Vênus, os nativos deste signo são sociáveis, elegantes e grandes amantes da beleza e do luxo. Em geral, têm uma casa atraente e têm alguma forma de expressão artística. Com um dom natural para apreciar as cores, precisam estar rodeados por ambientes de bom gosto e harmoniosos, senão podem se sentir infelizes. Esse amor pela beleza pode também ser percebido em sua aparência, pois inevitavelmente se esforçam para ficar atraentes.

Excelentes anfitriões, os librianos gostam de atividades amorosas que combinem sociabilidade e amor, como casamentos ou pequenas festas de amigos e familiares. Na verdade, eles são grandes românticos que gostam de ser presenteados com chocolates ou flores, pois isso preenche a sua necessidade de beleza e a sua fraqueza por qualquer coisa doce. Com um pouco de amor e afeição, você sempre pode conquistar o coração de um libriano.

♏ Escorpião

Os magnéticos escorpianos pertencem ao mais apaixonado signo do zodíaco. Qualquer coisa que façam, fazem-na poderosa e intensamente. Com os escorpianos, nada é pela metade: eles são criaturas de poder, vontade e de extremos.

♏
OITAVO SIGNO
FIXO ÁGUA
PLANETA REGENTE: PLUTÃO
PARTE DO CORPO:
ÓRGÃOS SEXUAIS
PALAVRAS-CHAVE: REGENERAÇÃO, MISTÉRIO, PODER
♏

Como pertencem a um signo de água, os escorpianos preferem investigar a vida em um nível emocional mais profundo. A linguagem frívola de um diletante não é para eles; os escorpianos querem a história verdadeira e investigam a verdade. Eles são especialistas em receber sinais subliminares, como o seu planeta regente, Plutão, o senhor do submundo. Assim, os escorpianos percebem psiquicamente o que as outras pessoas inconscientemente sentem e o que dizem. Como um detetive ou psicólogo, eles perguntam tudo a seu respeito, mas raramente dizem coisas acerca de si mesmos. Esse sigilo é, usualmente, um manto de poder. Como têm sentimentos profundos, os nativos de Escorpião podem ser dolorosamente feridos e por isso preferem manter o controle.

Uma grande lição de vida para os escorpianos envolve a superação do desejo mediante o uso criativo da vontade. Como o seu signo está conectado às raízes do impulso sexual, os seus sentimentos são fortes e intensos, levando-os, algumas vezes, ao ciúme e à possessividade.

A morte simbólica ou a transformação é uma experiência poderosa pela qual os escorpianos não têm medo de passar. Há momentos em que eles desejam se afastar de tudo para avaliar os seus sentimentos intensos. Não conseguem ser falsos, mesmo que isso signifique uma perda total. Esse traço, naturalmente, dá-lhes uma enorme força, pois não têm medo de se desfazer e de renunciar. Depois que se decidem a fazer algo, sua força de vontade é enorme. Como são de um signo fixo, têm uma resistência extraordinária e mantêm a perseverança até o final.

Os escorpianos são em geral competitivos e não gostam de perder. Quando são derrotados, muitas vezes querem provar que estão certos ou se vingar, não importa quanto tempo tenham de esperar. Por outro lado, quando estão do lado de alguém, são apaixonadamente leais e amorosos, entregando-se totalmente, independentemente de esforço ou sacrifício.

Escorpião é um signo de regeneração. Os nativos deste signo têm potencial para uma tremenda força que emana da sua conexão com as forças criativas fundamentais da natureza. O símbolo mágico da fênix renascendo das cinzas representa a sua habilidade de renascer, para subir novamente das profundezas às alturas com uma nova compreensão e poder. Para os escorpianos é tudo ou nada; eles não querem viver em um nível superficial e precisam de desafios para trazer à tona o poder e sentirem-se vivos.

♐ Sagitário

Os sagitarianos são espíritos livres, com um estilo amigável e independente. Não gostam de ser amarrados e são idealistas incuráveis, sempre procurando expandir horizontes e melhorar a própria situação. Otimistas e despreocupados, eles têm amor à verdade, à honestidade e à justiça, o que faz com que tenham uma maneira muito filosófica de abordar a vida.

Indivíduos animados, os nativos deste signo pensam em larga escala e têm grande visão. Sua habilidade para perceber o "grande plano" significa que estão sempre trabalhando em algum projeto para o futuro. Adoram explorar e são viajantes inveterados, da mente e do mundo. Como dão muito valor ao conhecimento e à sabedoria, eles procuram inspiração para si mesmos e para os outros, desejando, genuinamente, animar as pessoas com suas palavras divertidas e inteligentes ou com um sorriso. Infelizmente, muitas vezes alcançam o efeito oposto, pois se esquecem de pensar antes de falar. Diretos e francos, os sagitarianos dizem qualquer coisa que vem à mente com uma honestidade e uma franqueza que espantam. Contudo, depois de dar um fora, os sagitarianos se desculpam animadamente, o que faz parte do seu charme, pois assim eles podem, genuinamente, garantir que não tinham intenção de ofender e acabam sempre sendo perdoados.

> ♐
>
> *NONO SIGNO*
> *MUTÁVEL FOGO*
> *PARTE DO CORPO: QUADRIS E COXAS*
> *PALAVRAS-CHAVE: HONESTIDADE, EXPLORAÇÃO, IDEALISMO*
>
> ♐

Por meio de sua constante necessidade de expansão, os sagitarianos freqüentemente se dedicam ao aprendizado mais elevado e gostam de explorar assuntos como filosofia, religião, viagens e direito. Alguns sagitarianos são mais esportivos do que intelectuais e se divertem com jogos. Geralmente afortunados, eles adoram correr riscos de uma forma ou de outra, e podem ser levados ao jogo ou à especulação.

O que quer que os sagitarianos façam, fazem-no com estilo. Diante de sua necessidade de desfrutar as coisas boas da vida, eles muitas vezes querem o melhor. Mas é importante que tomem cuidado para não levar o gosto por extravagâncias longe demais e se tornar ávidos ou auto-indulgentes. Para compensar, os sagitarianos são bem-humorados e sinceros. Adoram a liberdade de se movimentar e por isso preferem deixar todas as opções abertas.

Entusiásticos, calorosos e generosos, os nativos de Sagitário são como os arqueiros, que miram com suas flechas à distância. Eles sabem como se divertir e são ávidos por aventuras.

♑ Capricórnio

Por serem os mais realistas, os capricornianos sabem muito bem que nada se ganha sem trabalho árduo. Eles têm um forte senso de dever e esperam com paciência a realização das próprias ambições. Como a cabra, eles no final subirão ao topo da montanha, mesmo que isso demore a vida inteira.

Trabalhadores árduos, diligentes e determinados, os capricornianos precisam ter um propósito, pois sem objetivo preciso sentem-se perdidos. Eles desejam ordem e estrutura para se sentir completos e geralmente fazem listas de tarefas diárias. A segurança é importante para eles e, influenciados por seu planeta regente, Saturno, encaram a vida de forma cautelosa e conservadora. Nutrem um grande respeito pela autoridade e admiram a sabedoria da idade e a experiência. Isso se estende ao trabalho que fazem, pois os nativos de Capricórnio são muito conscienciosos. Contudo, podem também ser teimosos, frios e calculistas, usando sua dureza saturnina para alcançar metas egoístas, em vez de usá-la para se autodisciplinar, normalmente uma das suas maiores qualidades.

> ♑
>
> *DÉCIMO SIGNO*
> *CARDINAL TERRA*
> *PARTE DO CORPO: OSSOS*
> *PALAVRAS-CHAVE: AMBIÇÃO, CONSCIÊNCIA, DILIGÊNCIA*
>
> ♑

As características de economia, praticidade e parcimônia do elemento terra do capricorniano se misturam bem com o seu desejo de *status* e prestígio, permitindo que eles conquistem posições de poder sem desperdiçar esforços. Não são frívolos nem volúveis — assumem as responsabilidades seriamente e colocam a casa e a família no topo de suas prioridades. Infelizmente, os capricornianos podem também ser pessimistas, sentindo que nunca são bons o suficiente, e devem se proteger da depressão. Quando têm dúvidas quanto a si próprios e quanto às suas habilidades, eles podem desistir antes mesmo de tentar, mas quando têm a segurança proporcionada por uma sólida base, podem ser incansáveis no impulso para o sucesso. Mais do que qualquer outra coisa, os nativos deste signo precisam desenvolver uma perspectiva otimista e positiva.

Lembre-se de que sob o exterior ligeiramente tímido e reservado dos capricornianos, há um maravilhoso senso de humor e uma tenacidade que deriva da disciplina interior. Quando as pessoas precisam de ajuda, sabem que sempre podem contar com um capricorniano confiável e sólido.

♒ Aquário

Originais e anticonvencionais, os aquarianos são progressistas e independentes. O interesse dos aquarianos pela raça humana é como um exercício intelectual. Sempre agindo como observadores imparciais, eles são capazes de um ponto de vista impessoal e não emocional. Essa tendência significa que eles podem pensar em termos de consciência de grupo, percebendo que as pessoas são indivíduos separados que operam dentro de um todo maior. Essa consciência humanitária é uma forte característica dos aquarianos, que sempre trabalham por objetivos universais e filantrópicos e fazem campanhas por causas justas. A falta de separatismo faz dos aquarianos pessoas amigáveis e úteis, permitindo que falem a estranhos como se os conhecessem.

DÉCIMO-PRIMEIRO SIGNO
FIXO AR
PARTE DO CORPO: TORNOZELOS E PANTURRILHAS
PALAVRAS-CHAVE: DESAPEGO, HUMANITARISMO, INDEPENDÊNCIA

A inclinação à rebeldia dos nativos de Aquário se origina do seu planeta regente, Urano, que é conhecido pela habilidade de perceber tendências futuras, como também pela grande necessidade de liberdade. Aquarianos não gostam de receber ordens e gostam de pensar independentemente e de fazer as coisas do seu jeito único. A insistência em seguir um determinado caminho certamente faz com que eles muitas vezes sigam exatamente o caminho oposto. A combinação da grande necessidade de ser do contra com o seu signo fixo pode torná-los pessoas teimosas. Felizmente, eles sempre estão abertos a ouvir pontos de vista diferentes, contanto que sejam apresentados com objetividade. A perspectiva futurista dos aquarianos permite-lhes abraçar os avanços tecnológicos sem se sentir intimidados. Como Urano, os aquarianos têm uma qualidade excêntrica, que pode se manifestar na forma de uma intuição mental. Isso pode sempre produzir o "efeito eureca", quando subitamente descobrem que alguma coisa é verdadeira. Essa genialidade burlesca pode torná-los voláteis e imprevisíveis, mas também altamente inventivos.

Embora cada aquariano tenha uma aparência individual, todos sabem que são parte de um grupo unido que defendem os direitos humanos e as causas sociais. Mesmo que o resto do mundo não possa compreendê-los atualmente, os aquarianos serão compreendidos no futuro.

♓ Peixes

Os piscianos possuem uma natureza sentimental altamente desenvolvida. Os sensíveis piscianos constantemente recebem impressões do ambiente exterior, embora estejam sempre aguçadamente conscientes das próprias motivações interiores. Eles sempre se retiram para o mundo privado dos sonhos para desfrutar os devaneios da sua poderosa e extraordinária imaginação e, às vezes, para escapar da realidade mais dura da vida. O símbolo de Peixes é representado por dois peixes nadando em direções opostas, indicando uma personalidade dual de extremos. Às vezes, os nativos de Peixes podem se sentir cansados e letárgicos, ou apenas erráticos, e, em outros momentos, podem ser eficientes, precisos e extremamente trabalhadores.

♓

DÉCIMO-SEGUNDO SIGNO
MUTÁVEL ÁGUA
PARTE DO CORPO: PÉS
PALAVRAS-CHAVE: COMPAIXÃO, RECEPTIVIDADE, IMAGINAÇÃO

♓

Espiritualmente abertos a todas as emoções mais sutis, piscianos podem demonstrar generosidade e compaixão. Como nem sempre possuem fronteiras bem demarcadas, podem muitas vezes se dissolver nas necessidades de outras pessoas. Por isso, os piscianos precisam ser cuidadosos para não perder o próprio senso de autovalorização ou até mesmo para não se martirizar. Em geral, precisam ser sempre animados como forma de estimular sua confiança e, às vezes, podem ser bastante obstinados, não permitindo que ninguém os influencie. O signo menos egoísta do zodíaco, Peixes pode ser extremamente paciente, mas se for provocado pode se tornar surpreendentemente agressivo.

Sentimentais, amáveis e emotivos, os piscianos são muito receptivos ao meio ambiente ou aos sentimentos dos outros. Combinada com a sua impressionante imaginação, essa qualidade faz com que os piscianos sejam excelentes em qualquer tipo de cura, música, arte, teatro ou fotografia, e, em particular, em assuntos de natureza espiritual. Assim como os peixes que nadam em direções opostas, os piscianos também podem sofrer oscilações de humor. Às vezes, são extremamente otimistas e em outras ocasiões podem se tornar vagos ou sofrer de falta de impulso e desistir facilmente. Nesses momentos, eles devem se resguardar do escapismo ou do desânimo. É especialmente fácil para os piscianos idealistas projetarem as próprias expectativas elevadas e seus sonhos em outras pessoas e acabarem desiludidos.

Felizmente, eles podem usar essa habilidade psíquica natural para se conectar diretamente com a consciência de toda a humanidade. São os visionários que podem levantar os ânimos dos que estão à sua volta com humor, charme e simpatia.

Os dez planetas

Cada um dos planetas representa uma função psicológica e corresponde aos diversos aspectos da nossa personalidade. Os traços de caráter são sugeridos pelas posições dos planetas e pela relação que eles mantêm entre si. Na Astrologia, o Sol e a Lua, tecnicamente chamados de *luminares*, estão incluídos nos dez planetas que compõem o nosso sistema solar. Os assuntos-chave associados a cada planeta estão listados a seguir.

☉ O sol

Como centro de energia do nosso sistema solar, o Sol irradia o poder da luz e da vitalidade e está relacionado à força doadora da vida. Na Astrologia, ele representa a fonte de energia de cada criatura viva e fornece uma afirmação vigorosa de individualidade. O Sol significa o centro do nosso ser, nosso senso de identidade e ego. O glifo do Sol é um círculo com um ponto no centro, indicando o coração do nosso universo físico. No simbolismo esotérico, esse círculo representa a totalidade do infinito ou da eternidade; o ponto no meio significa um ponto particular no tempo e no espaço dentro dessa totalidade. Força de vontade, energia, força e auto-expressão são apenas alguns dos atributos do Sol. Ele também representa a ambição e o orgulho, a consciência e a autoconfiança e é uma metáfora do pai e do arquétipo masculino. Na mitologia, os reis e os heróis são freqüentemente associados a Hélio ou ao Sol, que é o planeta que rege Leão.

Positivo: vitalidade, individualidade, criatividade, vigor, força de vontade, inspiração, autoconsciência, o ego, identidade

Negativo: egoísmo, autocentramento, orgulho, arrogância, dominação

☾ A lua

A Lua recebe a luz refletida do Sol e é o único satélite que orbita em torno da Terra. A influência da Lua é essencialmente receptiva e não-racional. A Lua simboliza as nossas necessidades emocionais e instintos e governa o elemento água, incluindo os oceanos e as marés, além da vida noturna. Na Mitologia, Ísis, Ártemis e Diana representam as diversas faces da deusa Lua. Tradicionalmente, a Lua está associada ao feminino e à antiga concepção grega de Gaia. Geralmente associada às intuições e à habilidade psíquica, a Lua é também muito retratada no folclore, na poesia e na mitologia. Sua divindade é particularmente expressa por meio da feminilidade e do ciclo de fertilidade, concepção, nascimento, maternidade e abundância da natureza.

Na Astrologia Psicológica, a Lua representa as nossas reações inconscientes e experiências subjetivas. Ela também corresponde ao ímpeto inconsciente de satisfazer as nossas necessidades básicas. A Lua reflete as nossas diferentes tensões e nos força a expressar esses sentimentos. A Lua também influencia as flutuações desses sentimentos ou humores e governa o signo de Câncer.

Positivo: sensibilidade, nutrição, receptividade, intuição, habilidade psíquica

Negativo: humor instável, supersensibilidade, excesso de emotividade

☿ Mercúrio

Na Mitologia, Mercúrio é o mensageiro dos deuses, que deu ao homem a linguagem e a capacidade de se comunicar e de aprender. Entre os gregos, Mercúrio era conhecido como Hermes, que deu de presente à humanidade a escrita e a linguagem.

Mercúrio tem um talento para a retórica e para a impostura mental, um reflexo da habilidade de desenvolver a mente consciente até que nos tornemos bastante inteligentes para o nosso próprio bem. Embora seja muitas vezes retratado como uma figura masculina jovem, Mercúrio não é feminino nem masculino. Isso simboliza o seu papel como um meio neutro de troca de informações. Mercúrio reflete o pensamento intelectual e racional e os poderes de discriminação e está associado ao comércio.

Psicologicamente, Mercúrio representa a habilidade mental e a necessidade de compreender e se comunicar, seja por meio do discurso, da escrita, do ensino, ou de qualquer outra forma de expressão mental.

Mercúrio rege os signos de Gêmeos e Virgem.

⬆ **Positivo**: inteligência, agilidade mental, capacidade de comunicação, intelectualidade
⬇ **Negativo**: impostura, intelecto fraco ou desenvolvimento excessivo do intelecto, falta de lógica

♀ Vênus

Na Mitologia, Vênus é a deusa do amor e da beleza, a mãe de Eros. Para os gregos, ela era conhecida como Afrodite. Simbolizando o princípio feminino, Vênus harmoniza e cria a unidade, além de também conferir o apreço pela natureza e pela arte.

Na área da Psicologia, Vênus representa o impulso para se relacionar com os outros, a expressão das necessidades amorosas e aquilo que traz prazer. Vênus é popular, charmosa e sedutora, embora possa ser um tanto indulgente e despreocupada.

Por tentar evitar confrontos a todo custo, Vênus procura neutralizar as ameaças, cativando ou seduzindo os seus opositores. Como a função de Vênus é promover a união, a atração exerce um papel importante. Vênus confere ênfase à aparência externa, à sociabilidade, ao amor romântico e ao sexo oposto. O planeta Vênus confere ainda um caráter doce, apreço pela natureza e desejos fortes. Vênus também 'suaviza' tudo o que toca e dota de senso estético e bom gosto, refinamento natural e talento para a arte e a música. Vênus governa tudo o que você valoriza e revela as suas atitudes em relação ao dinheiro e posses, além da autovalorização.

Vênus rege os signos de Touro e Libra.

⬆ **Positivo**: amor à beleza e à arte, calor humano, sociabilidade, senso de valor, cooperação
⬇ **Negativo**: busca do prazer, indulgência excessiva, preguiça, luxúria

♂ Marte

Na Mitologia, Marte é o deus da guerra.

Marte governa o nosso instinto de sobrevivência, seja nas ocasiões em que lutamos, seja nas ocasiões em que fugimos. Por ser a antítese de Vênus, Marte representa o princípio masculino e é competitivo, assertivo e pronto para a ação. Marte é cheio de energia e impulso e dá prova de coragem e vigor dinâmico quando enfrenta os adversários.

Marte também é associado ao arquétipo do herói. As qualidades marcianas são freqüentemente associadas a atos de bravura e indicam uma mentalidade destemida. Na vida moderna, podemos usar a energia de Marte para impulsionar a nossa carreira, realizar os nossos objetivos ou defender as nossas convicções.

Como a função de Marte diz respeito à nossa vontade de sobrevivência, ela é relacionada à liberação de adrenalina nos nossos corpos e à habilidade de reagir rapidamente. Em excesso, essas mesmas energias que geram assertividade e nos ajudam a lutar também podem se manifestar em um temperamento difícil, na raiva, na agressão e na impaciência. No entanto, sem Marte nós não teríamos dinamismo, vigor, iniciativa ou impulso para alcançar as nossas ambições pelo esforço.

Marte governa o signo de Áries.

Positivo: assertividade, coragem, dinamismo, ação, vigor
Negativo: agressividade, violência, comportamento grosseiro, raiva, inquietude

♃ Júpiter

Júpiter é o maior planeta do nosso sistema solar. Com o mesmo nome do deus do panteão romano (conhecido como Zeus entre os gregos), na Mitologia, Júpiter era associado à sabedoria, à vitória e à justiça. Em consonância com o seu grande tamanho, Júpiter expande ou exagera. Ele representa a nossa habilidade de ir além dos nossos horizontes atuais e buscar um plano ou visão maior, com otimismo e confiança.

O desejo de descobrir o sentido e a verdade maiores significa que Júpiter aborda a vida de forma filosófica. O desejo por um conhecimento mais amplo inspira um maior aprendizado e está ligado às universidades ou professores espirituais.

Além disso, como Senhor da Verdade, Júpiter é, com freqüência, associado ao sistema judicial, aos tribunais, à lei e à ordem.

Juntamente com o impulso de expansão mental, a sorte e abundância estão muitas vezes ligadas a Júpiter. Júpiter estimula o anseio por experiências e viagens a lugares distantes e exóticos. A expansão excessiva, contudo, pode levar à avidez, ao falso otimismo, à insinceridade e ao ego inflado. No melhor dos casos, Júpiter simboliza o idealista generoso e bem-humorado, que tem fé e sabedoria para tornar os próprios planos realidade.

Júpiter rege Sagitário.

Positivo: desejo de verdade, generosidade, idealismo, otimismo, viagens longas, aprendizado elevado
Negativo: exagero, excesso de expansão, falso otimismo, avidez

♄ Saturno

Na Mitologia, Saturno é o Velho Senhor, o Tempo, o Ceifador. Nos períodos grego e romano, Saturno era o deus da ordem social e era reproduzido como o colhedor, com uma foice simbolizando o princípio de que colhemos o que plantamos. Saturno representa a justiça perfeita ou a lei da causa e do efeito.

Psicologicamente, Saturno é o arquétipo do velho homem sábio, do professor. Aceitando a responsabilidade e a disciplina para atingirmos a auto-realização, nós nos tornamos mais velhos e mais sábios. O trabalho e o treinamento árduos sugeridos pela influência restritiva de Saturno, em última análise, valem a pena, porque são a única maneira de aprendizado. Para equilibrar a expansividade de Júpiter, temos a influência restritiva de Saturno, que pode conter o excesso de presunção e manter a ordem. A influência restritiva de Saturno, no entanto, pode gerar pessimismo, medo e seriedade excessiva.

Saturno quer definição, forma e estrutura. Ele cria fronteiras para manter controle, regulação e segurança. Saturno representa qualquer coisa dura, desde os nossos ossos e dentes até as situações em que precisamos ser duros com nós mesmos.

Como este planeta requer que enfrentemos as nossas responsabilidades e deveres, as suas lições são às vezes pouco confortáveis. Saturno é totalmente justo e imparcial: o trabalho dedicado é recompensado. Com Saturno, você não pode esperar algo do nada. Ele fornece determinação e perseverança para sermos bem-sucedidos.

Saturno governa o signo de Capricórnio.

Positivo: disciplina, ordem, autoridade, sabedoria, realismo, paciência, perseverança

Negativo: pessimismo, medo, excesso de severidade

♅ Urano

O antigo nome de Urano era Céu Noturno e, na Mitologia, Urano era o pai de Saturno.

A vastidão dos céus simboliza a nossa habilidade de abrir as mentes para o universal. Urano traz iluminação e liberdade de espírito, rompendo com a restrição e a segurança de Saturno. Esse tipo de liberdade requer que deixemos espaço em nossa vida para o inesperado, ou que ousemos expressar a nossa individualidade, apesar das pressões do conformismo. Mas se forçarmos muito, corremos o risco de nos tornar rebeldes sem causa.

Por uma análise psicológica, por intermédio de Urano nós podemos ampliar o nosso ponto de vista para ter uma visão universal e compreender a humanidade como uma família de irmãos e de irmãs. Urano nos leva a lutar pelos direitos humanos e pela liberdade de expressar o nosso eu. Urano governa a energia elétrica de todos os tipos: ondas de televisão e de rádio, campos magnéticos, *lasers*, computadores e a nova tecnologia eletrônica.

Sempre olhando para o futuro e com capacidade de pensar de forma simbólica e abstrata, Urano representa a intuição e a inventividade. Isso de uma forma geral significa estar à frente da sociedade como um todo e se expressar de maneira individualista e não-convencional.

Urano rege o signo zodiacal Aquário.

Positivo: liberdade, humanitarismo, desapego, objetividade

Negativo: rebelião, excentricidade, tendências revolucionárias, teimosia

♆ Netuno

Na Mitologia, Netuno é o rei do mar, profundo, insondável e misterioso. Assim como o oceano pode dissolver as rochas em areia, Netuno pode, lenta e sutilmente, dissolver as barreiras criadas pelo ego, levando-nos à experiência mística. A névoa que paira sobre o mar é análoga à névoa que circunda este planeta, onde nada é sólido e tudo é ilusório e enigmático.

Psicologicamente, a função de Netuno é nos ajudar a transcender as nossas limitações, por meio do refinamento e da purificação de nossa natureza emocional. Diferentemente de Saturno, ele não tem fronteiras, mas sim um senso de unidade com todas as coisas. Contudo, essa habilidade para se misturar com tudo pode gerar uma sensação de incerteza. A extrema sensibilidade a tudo, indicada pela influência de Netuno, pode conferir uma grande compaixão pelo sofrimento da humanidade.

Ele ainda oferece a habilidade de se perder na inspiração criativa da arte, da música ou do teatro. Netuno pode dar ao artista a inspiração e a imaginação para tudo o que é possível. Com uma percepção e imaginação elevadas, pode ser fácil escapar para um mundo de fantasia, para o excesso de drogas ou de álcool, ou enganar a si mesmo e entrar em confusão. O trabalho positivo com Netuno envolve uma visão do nosso ideal que nos leva a alcançar os nossos sonhos.

Netuno rege o signo zodiacal de Peixes.

Positivo: sensibilidade, visão, compaixão, inspiração, transcendência
Negativo: ilusão, engano, escapismo, confusão, incerteza

♇ Plutão

Mitologicamente, Plutão, o rei do submundo, representa transformação, morte e renascimento. Plutão significa mudança profunda, e sua energia é intensa e poderosa. Sob a influência de Plutão, podemos ter a habilidade de penetrar ou ler o subconsciente a partir de sinais subliminares que ele gera, especialmente por meio da linguagem corporal. Isso pode ser usado positivamente em áreas como a Psicologia Profunda, mas também pode ser usado para controlar os outros.

A descoberta do planeta Plutão aconteceu na mesma época da descoberta das partículas subatômicas e da publicação da teoria do inconsciente de Jung. Seja governando personagens sombrias do submundo, fanáticos ou terroristas, ou grandes transformadores que trabalham para o bem da sociedade, a energia de Plutão pode ser extrema. Ele também pode provocar esse mesmo nível de reação intensa dentro de nós. Plutão freqüentemente simboliza a reação do tudo ou nada. Como parte de nossos esforços em direção ao auto-aperfeiçoamento, há sempre momentos em que devemos deixar para trás o velho sem garantias para o futuro. A energia da morte e do renascimento é poderosamente simbolizada por Plutão. Com a ajuda de Plutão, aceitamos as mudanças da nossa vida e aprendemos a deixar para trás, na hora certa, o passado ou qualquer coisa que tenhamos de superar. Plutão nos ensina que todo fim é um novo começo e que a vida continua. Esse conhecimento nos ajuda em todo o processo de reconstrução.

Plutão governa o signo de Escorpião.

Positivo: poder, transformação, regeneração, revelação do oculto
Negativo: abuso do poder, obsessão, compulsão

Decanatos

Um decanato consiste em 10 dos 360 graus do círculo zodiacal. Cada signo tem 30 graus daquele círculo, e assim cada signo contém três decanatos espacialmente equivalentes, embora simbolicamente diferentes. Lembre-se de que 30 graus do zodíaco equivalem a uma porção de 30 graus do caminho da Terra em volta do céu. À medida que o Sol passa pelo signo zodiacal (a constelação zodiacal no céu celestial oposta à posição da Terra em relação ao Sol) no curso de um mês astrológico, o Sol passa por três decanatos, um após o outro. O Sol se move para um novo decanato a cada dez dias, aproximadamente. Cada um dos três decanatos adiciona as influências do próprio planeta e signo às influências básicas gerais do signo do Sol.

Considerando o decanato, além do signo do Sol, podemos apurar a leitura da data de nascimento individual. Por exemplo, um capricorniano nascido no segundo decanato estará sob a influência do signo de Touro. Os egípcios antigos consideravam os significados dos decanatos tão importantes quanto os do signo do Sol.

As influências dos decanatos são determinadas pelo elemento associado ao signo que os contém. Cada signo se associa simbolicamente a um dos quatro elementos fundamentais:

- O elemento **fogo** rege: Áries, Leão, Sagitário
  Regentes planetários: Marte, Sol, Júpiter
- O elemento **terra** rege: Touro,Virgem, Capricórnio
  Regentes planetários: Vênus, Mercúrio, Saturno
- O elemento **ar** rege: Gêmeos, Libra, Aquário
  Regentes planetários: Mercúrio, Vênus, Urano
- O elemento **água** rege: Câncer, Escorpião, Peixes
  Regentes planetários: Lua, Plutão, Netuno

A seqüência dos três decanatos obedece ao mesmo padrão de cada um dos doze signos solares. Os decanatos de cada signo do Sol estão associados aos três signos associados ao elemento ligado ao do signo do Sol. Por exemplo, como você pôde ver anteriormente, Áries está ligado ao elemento fogo. Todas as pessoas nascidas sob o signo de Áries pertencem ao elemento fogo. Todos os três decanatos de Áries estão associados a signos correspondentes ao fogo. O primeiro decanato de Áries está associado ao signo do Sol mais próximo de Áries e ligado ao fogo, nomeadamente, o próprio signo de Áries. Em seguida, viajando em direção oposta ao do relógio ao longo do círculo do zodíaco, o próximo elemento fogo será Leão. Leão está, por isso, associado ao segundo decanato. Continuando o percurso pelo círculo, alcançamos o terceiro signo relacionado ao elemento fogo: Sagitário. O terceiro decanato de Áries está associado a Sagitário. Acontece o mesmo para todos os decanatos de todos os signos do Sol.

Cada signo, indo além, está associado a um planeta. Assim como o signo do Sol tem um regente planetário, o mesmo acontece para cada signo do decanato. O decanato de Áries é regido pelo planeta Marte e o decanato de Sagitário é regido pelo planeta Júpiter.

No diagrama a seguir, você poderá ver claramente como os decanatos operam dentro dos diferentes signos. Apresentamos uma lista dos signos do Sol e as influências dos decanatos localizados dentro de cada um deles, juntamente com os dias associados a cada decanato.

ÁRIES, 21 DE MARÇO A 20 DE ABRIL

Áries-Áries	Decanato de Marte: 20-21 de março a 30 de março
Áries-Leão	Decanato do Sol: 31 de março a 9 de abril
Áries-Sagitário	Decanato de Júpiter: 10 de abril a 20-21 de abril

TOURO, 21 DE ABRIL A 21 DE MAIO

Touro-Touro	Decanato de Vênus: 20-21 de abril a 30 de abril
Touro-Virgem	Decanato de Mercúrio: 1 de maio a 10 de maio
Touro-Capricórnio	Decanato de Saturno: 11 de maio a 21-22 de maio

GÊMEOS, 22 de MAIO A 21 DE JUNHO

Gêmeos-Gêmeos	Decanato de Mercúrio: 21-22 de maio a 31 de maio
Gêmeos-Libra	Decanato de Vênus: 1 de junho a 10 de junho
Gêmeos-Aquário	Decanato de Urano: 11 de junho a 21-22 de junho

CÂNCER, 22 DE JUNHO A 22 DE JULHO

Câncer-Câncer	Decanato da Lua: 21-22 de junho a 1 de julho
Câncer-Escorpião	Decanato de Plutão: 2 de julho a 11 de julho
Câncer-Peixes	Decanato de Netuno: 12 de julho a 22-23 de julho

LEÃO, 23 DE JULHO A 22 DE AGOSTO

Leão-Leão	Decanato do Sol: 23-24 de julho a 2 de agosto
Leão-Sagitário	Decanato de Júpiter: 3 de agosto a 12 de agosto
Leão-Áries	Decanato de Marte: 13 de agosto a 22-23 de agosto

VIRGEM, 23 DE AGOSTO A 22 DE SETEMBRO

Virgem-Virgem	Decanato de Mercúrio: 22-23 de agosto a 2 de setembro
Virgem-Capricórnio	Decanato de Saturno: 3 de setembro a 12 de setembro
Virgem-Touro	Decanato de Vênus: 13 de setembro a 22-23 de setembro

LIBRA, 23 DE SETEMBRO A 21 DE OUTUBRO

Libra-Libra	Decanato de Vênus: 22-23 de setembro a 3 de outubro
Libra-Aquário	Decanato de Urano: 4 de outubro a 13 de outubro
Libra-Gêmeos	Decanato de Mercúrio: 14 de outubro a 22-23 de outubro

ESCORPIÃO, 23 DE OUTUBRO A 21 DE NOVEMBRO

Escorpião-Escorpião	Decanato de Plutão: 22-23 de outubro a 2 de novembro
Escorpião-Peixes	Decanato de Netuno: 3 de novembro a 12 de novembro
Escorpião-Câncer	Decanato da Lua: 13 de novembro a 21-22 de novembro

SAGITÁRIO, 22 DE NOVEMBRO A 21 DE DEZEMBRO

Sagitário-Sagitário	Decanato de Júpiter: 21-22 de novembro a 2 de dezembro
Sagitário-Áries	Decanato de Marte: 3 de dezembro a 12 de dezembro
Sagitário-Leão	Decanato do Sol: 13 de dezembro a 21-22 de dezembro

CAPRICÓRNIO, 22 DE DEZEMBRO A 20 DE JANEIRO

Capricor.-Capricor.	Decanato de Saturno: 21-22 de dezembro a 31 de dezembro
Capricórnio-Touro	Decanato de Vênus: 1 de janeiro a 10 de janeiro
Capricórnio-Virgem	Decanato de Mercúrio: 11 de janeiro a 20-21 de janeiro

AQUÁRIO, 21 DE JANEIRO A 19 DE FEVEREIRO

Aquário-Aquário	Decanato de Urano: 20-21 de janeiro a 30 de janeiro
Aquário-Gêmeos	Decanato de Mercúrio: 31 de janeiro a 9 de fevereiro
Aquário-Libra	Decanato de Vênus: 10 de fevereiro a 19-20 de fevereiro

PEIXES, 20 DE FEVEREIRO A 20 DE MARÇO

Peixes-Peixes	Decanato de Netuno: 19-20 de fevereiro a 1 de março
Peixes-Câncer	Decanato da Lua: 2 de março a 11 de março
Peixes-Escorpião	Decanato de Plutão: 12 de março a 20-21 de março

Progressões

As progressões astrológicas são muito usadas como uma técnica do sistema de predições. O mais conhecido método de progressão se faz pela substituição de "um dia por um ano" como modo de mostrar simbolicamente as nossas vidas em câmera lenta. Nesse sistema simbólico de interpretação, os movimentos planetários ao longo de um dia são traduzidos como o movimento de planetas ao longo de um ano. Por exemplo, as posições dos corpos celestiais nos 24 dias depois do nascimento correspondem ao 24º ano da vida da pessoa.

O Sol é o signo do grande círculo estelar do zodíaco oposto à posição da Terra em relação ao Sol. Como a Terra orbita em torno do Sol, este se move através dos diversos signos localizados nos intervalos de 30 graus deste grande círculo estelar.

Neste livro, seguimos essa jornada do Sol através dos vários signos e interpretamos como isto afeta cada indivíduo. Com o sistema de progressão de "um dia por um ano", o Sol demora aproximadamente trinta anos, e não trinta dias, para viajar por cada signo zodiacal. Por exemplo, se você nasceu na cúspide entre dois signos, no sistema "um dia por um ano" o seu Sol progredido chega à próxima cúspide depois de trinta anos, no seu 30º aniversário. Se você nasceu no décimo quinto dia de um determinado signo do Sol, o seu Sol progredido se move até o próximo signo do Sol depois de quinze anos; no seu 30º aniversário, você terá alcançado a metade deste signo.

Se você nasceu perto do final do signo zodiacal ou em uma cúspide, o seu Sol progride até o próximo signo zodiacal em poucos anos. Nessas ocasiões, você pode sentir uma afinidade maior com o signo seguinte do que com o seu signo solar. Colocamos abaixo três exemplos e um mapa correspondente das progressões do Sol; os períodos de mudança estão assinalados com um X.

EXEMPLO 1: Se você nasceu no início do signo de Gêmeos, isto é, no dia 23 de maio, o seu Sol progride através de Gêmeos durante vinte e oito anos. Ele se move para o signo de Câncer quando você tem cerca de 29 anos. Em seguida, o Sol demora mais trinta anos para completar a jornada através do signo de Câncer e se mover para Leão, quando você completa 59 anos.

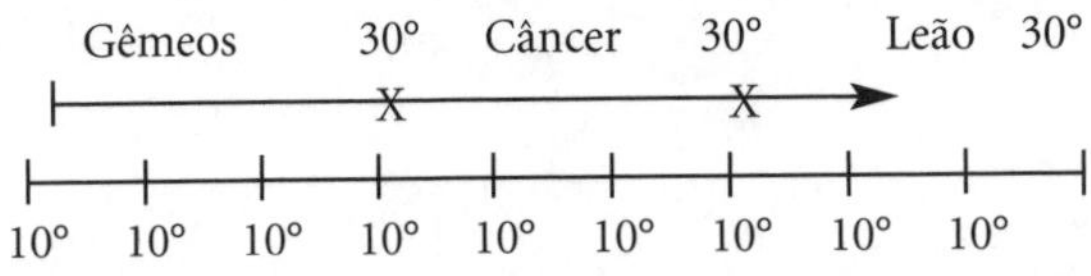

EXEMPLO 2: Se você nasceu no meio do signo de Virgem, isto é, no dia 7 de setembro, o seu Sol progredido irá mudar de signo zodiacal e entrar em Libra quando você tiver 15 anos. O Sol precisará então de mais trinta anos para atravessar o signo de Libra, antes de entrar no signo de Escorpião, quando você tiver aproximadamente 45 anos. Outra mudança ocorrerá aos 75 anos, quando o seu Sol progredido entrar no signo de Sagitário.

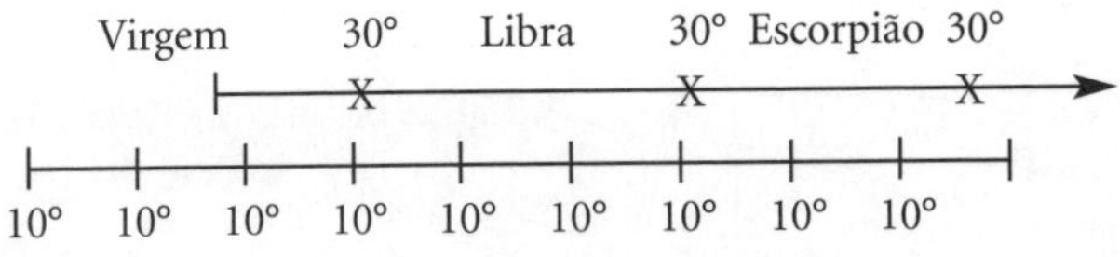

EXEMPLO 3: Se você nasceu nos últimos dias de Sagitário, o seu Sol progride até Capricórnio quando você ainda é bebê. O Sol precisa então de trinta anos para atravessar Capricórnio. Outra mudança ocorrerá aos 31 anos, quando o seu Sol progredido entrar no signo de Aquário. Quando você completar 61 anos, o seu Sol progredido mudará novamente de signo e entrará em Peixes.

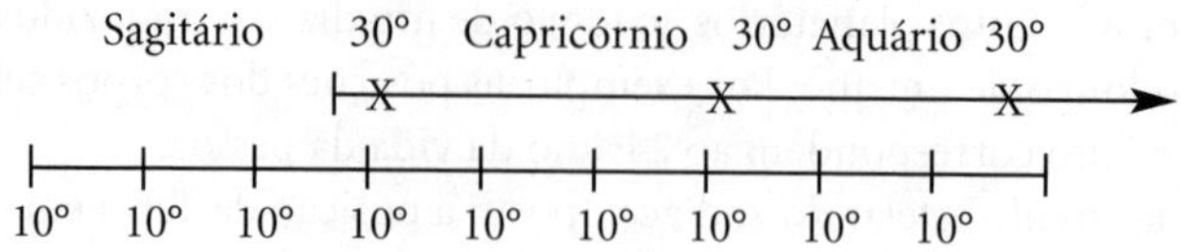

Introdução às Estrelas Fixas

As Estrelas Fixas pertencem ao grande Cosmos e não ao nosso sistema solar. Diferentemente dos planetas que orbitam o nosso Sol, as estrelas fixas também são sóis; de fato, dependendo da sua magnitude, algumas estrelas fixas são muito maiores e mais brilhantes do que o nosso Sol. Quando falamos a respeito de estrelas fixas, usamos o termo "anos-luz" para descrever as vastas distâncias que são difíceis de calcular ou entender. Devido à distância que essas estrelas estão da Terra, para nós elas parecem estacionárias e são, por isso, chamadas de estrelas "fixas". A influência das Estrelas Fixas é referente à sua força, que é calculada pelo seu brilho.

Embora haja milhões de Estrelas Fixas no Universo, na prática astrológica, relativamente poucas delas são consideradas — propriamente, as que estão localizadas perto do anel zodiacal. A observação e a relação das Estrelas Fixas com os eventos do mundo tiveram início milhares de anos atrás. Os nomes delas foram dados nas eras mesopotâmica e babilônica. As Estrelas Fixas foram mencionadas na Epopéia de Gilgamesh e, juntamente com os cometas, eclipses e planetas, desempenhavam um importante papel na interpretação dos fenômenos do tempo. Além dos babilônicos, os egípcios acreditavam na poderosa influência das Estrelas Fixas. Como conheciam o poder da natureza e eram dependentes do rio Nilo para a sobrevivência, os egípcios celebravam o solstício de verão do calendário agrícola com ritos de fertilidade e associavam o nascer da estrela Sirius à inundação do rio Nilo. Recentemente, surgiram muitos indícios de que os egípcios alinharam as majestosas pirâmides de Giza ao Cinturão Oriental. Embora muitos historiadores ainda achem que as grandes pirâmides são uma testemunha dos grandes reis do Egito, diversas novas descobertas arqueológicas revelam uma nítida conexão entre o projeto da Pirâmide de Queóps e as estrelas circumpolares.

Na história do nascimento de Jesus, uma estrela guiou os três homens sábios ao estábulo de Belém. Na Grécia, em torno do ano 250 a.C., foram registrados catálogos de Estrelas Fixas. A observação das Estrelas Fixas continuou por toda a História e foi incorporada à compreensão celestial dos antigos. As Estrelas Fixas eram associadas a diferentes aspectos da vida; a origem da sua interpretação deriva dos símbolos com os quais as constelações eram associadas. Por exemplo, na constelação de *Alpha Leonis*, ou Leão, a estrela fixa mais brilhante é *Regulus* (também chamada de Coração do Leão), que simboliza força, poder e autoridade. Ela é uma das Estrelas Fixas mais importantes do céu e está associada à realeza e às honrarias. Usualmente, ela aparece nos mapas de reis, rainhas, regentes e altos funcionários de governo. Essa estrela está também associada às pessoas que são favorecidas pelo público e confere autoridade.

A importância das estrelas fixas deriva do fato de que os corpos materiais do Cosmos estão em estado de corrente elétrica e são circundados por um campo magnético. Mesmo a emissão mais fraca pode influenciar a Terra. Isso é incrivelmente semelhante ao termo "efeito borboleta", usado pela moderna teoria do caos, que acredita que até mesmo uma asa de borboleta batendo no ar pode criar um efeito ondular que leva a uma transformação do sistema meteorológico em outra parte do mundo.

Como as Estrelas Fixas são essencialmente as mesmas que o nosso próprio Sol, elas têm campos de força similares. O efeito das estrelas é medido por sua magnitude e brilho.

As Estrelas Fixas proporcionam uma compreensão fascinante do subconsciente e do potencial ou problemas que um indivíduo pode ter. Essa interpretação, contudo, deve ser analisada cuidadosamente em relação ao horóscopo natal completo; as Estrelas Fixas não são interpretadas separadamente, mas sempre tomadas como uma subinfluência nas qualidades celestiais dos planetas. As Estrelas Fixas devem ser entendidas como uma força que amplia ou diminui as forças dos planetas com os quais mantêm contato.

Listamos nas páginas dos dias de aniversário as Estrelas Fixas mais influentes para cada dia. Freqüentemente, outras Estrelas Fixas exercem influências adicionais, e nós incluímos as suas interpretações no apêndice acerca de Estrelas Fixas no final deste livro.

Observe que nem todos os dias deste livro estão associados a uma estrela fixa. Discutimos apenas as estrelas associadas ao Sol, e quando não há estrelas de grande influência próxima ao Sol em um determinado dia, esse dia de aniversário não tem estrelas fixas. É provável, no entanto, que haja outras estrelas fixas associadas às posições dos planetas naquele dia. Com um mapa natal, você poderá usar o apêndice deste livro para entender as influências que as Estrelas Fixas associadas ao seu planeta exercem sobre você. Nossa discussão a respeito das Estrelas Fixas neste livro pretende ser somente uma introdução ao seu intrincado e fascinante reino.

Estrelas Fixas: regras básicas de interpretação

Em um ano, o Sol viaja através dos 360 graus do círculo zodiacal. Os doze signos astrológicos ocupam, cada um, 30 graus deste círculo. As estrelas fixas ocupam pontos de graus únicos, mas as suas órbitas, ou espectro de influência, podem ter muitos graus. A magnitude da estrela afeta a potência da sua influência. Tanto o espectro quanto a potência devem ser calculados para a determinação do potencial de duração e força da influência exercidos pela Estrela Fixa. Quando o Sol ou um planeta estão dentro da órbita de uma estrela fixa, a influência da estrela é nitidamente sentida, mais poderosamente no momento da conjunção e com uma intensidade menor à medida que o Sol ou o planeta se movem para fora da órbita.

Magnitude da Estrela Fixa

O poder de uma estrela é julgado por sua magnitude.

A maior magnitude: entre 0 e -1.

Magnitude 1: orb de 2° 30'
Magnitude 2: orb de 2° 10'
Magnitude 3: orb de 1° 40'
Magnitude 4: orb de 1° 30'
Magnitude 5: estrelas, agrupamentos e nebulosa: orb menor que 1°

Neste livro, ilustramos as influências positivas e negativas dessas estrelas sobre o dia de aniversário individual. Tentamos não apenas fornecer as interpretações clássicas, mas também sugerir os seus efeitos vistos à luz das interpretações da Psicologia Moderna.

Demos uma classificação de força para cada estrela, que corresponde a sua magnitude. Uma magnitude de -1, a maior, recebe uma classificação de força correspondente a dez estrelas. Uma magnitude de 5, a mais fraca, recebe uma classificação de duas estrelas.

Lista das estrelas fixas de Libra

Zaniah	★★★★
Vindemiatrix	★★★★★★
Caphir	★★★★★★
Algorab	★★★★★★
Seginus	★★★★★★
Foramen	★★★★
Spica	★★★★★★★★★★
Arcturus	★★★★★★★★★★

Introdução à Numerologia

A crença de que os números possuem poderes sagrados é compartilhada não apenas pelas culturas arcaicas e pelos filósofos gregos, mas também pelos estudiosos renascentistas e muitos matemáticos contemporâneos.

Os entalhes gravados em ossos encontrados no Zaire, que datam entre 9000 e 750 a.C., correspondem às marcas das fases lunares e são um dos primeiros sinais da adiantada atividade matemática.

A Numerologia é tão Antiga quanto a Astrologia e tem a sua origem nas culturas mesopotâmica, judaica e grega antigas. Por exemplo, acreditava-se que os números e cartas do Antigo Testamento estavam relacionados a significados ocultos relativos a mensagens, sonhos e nomes de pessoas. Cada cultura desenvolveu o seu próprio sistema de interpretação de números para dar sentido ao Universo e à natureza humana. Os mais respeitados sistemas que contêm a Numerologia são as teorias de Pitágoras, da cabalística, do I Ching e dos maias.

Muitos filósofos gregos ficavam intrigados com o mistério dos números. Um dos mais extraordinários pensadores da antiga época grega foi Pitágoras, que dizia que os números eram sagrados e que "todas as coisas são números". Ele era um líder religioso, místico e estudioso de matemática pura. Diferentemente de muitos matemáticos modernos, ele unia a teologia ao pensamento racional. Pitágoras deixou um legado único à cultura ocidental e um início para a identificação dos números. Ao descobrir a importância da ligação entre a música e os números, ele estabeleceu uma conexão harmônica entre as notas musicais e a Matemática. Ao perceber que os números correspondiam às formas, ele foi o primeiro a descrever as figuras oblongas, o quadrado e o triângulo como um conjunto de pontos ou números. Seus seguidores, os pitagóricos, foram também os primeiros a acreditar que os princípios da Matemática eram a base de todas as coisas existentes e, desde então, entre esses princípios, os números são por natureza arquétipos primários, pois eles, acima de qualquer outra coisa, estabelecem a ordem na natureza e no Universo.

Alguns matemáticos contemporâneos dão eco a essas crenças e argumentam que quanto mais profundamente se percebe a maneira como o Universo funciona, mais se percebe que o Cosmos tem uma essência matemática. Os números e a Matemática salientam o modo mais preciso pelo qual o Universo se comporta.

Há três padrões básicos de números. Podemos ver os números por meio de teorias matemáticas, de definições filosóficas e de simbolismo numérico. No início do século XX, Jung interpretou o número como um arquétipo de ordem que se tornou consciente e afirmou que os números são instrumentos para a criação da ordem. Ele acreditava que um número tem uma natureza qualitativa e quantitativa. De fato, mesmo as investigações da física das partículas sugerem que as mudanças na quantidade atômica resultam em diferenças qualitativas perceptíveis no mundo macroscópico.

A Numerologia, da mesma maneira que a Astrologia, é um sistema simbólico, uma das diversas ferramentas que podemos usar para entender a nós mesmos e a nossa vida. Os números possuem uma natureza dual e podem representar tanto uma força negativa quanto uma força positiva. A exploração do seu significado pode nos ajudar a descobrir e desenvolver o nosso potencial pessoal e nos guiar na nossa vida.

Neste livro, nós nos concentramos particularmente nas interpretações qualitativas dos números em relação ao dia e mês de nascimento de uma pessoa e mostramos nas páginas a seguir como é simples descobrir o seu número holístico.

Como calcular o seu número holístico

O seu número holístico é simbolizado pela soma total dos números do dia, ano e mês do seu aniversário. Esse número revela o propósito da sua vida ou desafio, com os atributos positivos e negativos. Entendendo o seu número holístico, você pode atingir um nível mais alto de autoconsciência. Tudo o que você precisa é somar todos os dígitos, um por um. Por exemplo:

28 de junho de 1956 (28/6/1956) = 2 + 8 + 6 + 1 + 9 + 5 + 6 = 37 = 3 + 7 = 10 = 1 + 0 = 1.
O seu número holístico é 1, que também pode ser lido como 37/1
20 de outubro de 1961 (20/10/1961) = 2 + 0 + 1 + 0 + 1 + 9 + 6 + 1 + 20 = 2 + 0 = 2.
O seu número holístico é 2, que também pode ser lido como 20/2.

Os nove números básicos

A qualidade de cada um dos nove números básicos pode ter uma expressão positiva ou negativa na personalidade da pessoa, dependendo de como ela aborda os desafios da vida.

Número 1

A dinâmica do número 1 é consciente. Os atributos positivos do número 1 são assertividade, criatividade, singularidade e independência. Se o seu número holístico é 1, isso sugere que você é uma pessoa inventiva e cheia de vitalidade, ambição e impulso. Pioneiro e com um espírito ousado, você gosta de assumir um papel de liderança e de expressar a própria originalidade. À medida que conhece a própria força criativa e individualidade, você passa a ter mais necessidade de se expressar e de estar preparado para enfrentar a vida. Freqüentemente, isso pode significar pensar de forma diferente ou agir por conta própria. Às vezes, você pode se sentir isolado do seu ambiente imediato, principalmente se está dando início a novas idéias. A inspiração é a chave para a sua motivação, e o desenvolvimento da sua intuição irá ajudá-lo a decidir o que fazer quando confrontado com diversas escolhas. A sua grande força de vontade e determinação levam-no a liderar e não a ser liderado. Por toda a sua vida, você está propenso a ter experiências que irão ensiná-lo a superar as suas inseguranças, sejam elas de ordem emocional, física ou mental. Assumir a responsabilidade sobre as suas ações também faz parte da sua lição de vida. No melhor dos casos, você é uma pessoa confiante e confiável, que inspira os outros de uma forma positiva. O desenvolvimento da tolerância, da compaixão e da paciência irá ajudá-lo a alcançar os seus objetivos. Quando pode aperfeiçoar as suas habilidades, sente-se encorajado para exibir um pouco da sua originalidade. Os desafios que se colocam para as pessoas de número 1 incluem oscilações entre a falta de confiança e o excesso de confiança, ser uma pessoa exigente, arrogante, egoísta e um tanto ditatorial.

Número 2

A dinâmica do número 2 é sensorial. Os atributos positivos são sociabilidade, receptividade e habilidade para equilibrar as suas necessidades com as necessidades dos outros. Os indivíduos de número 2 têm jeito para lidar com as pessoas e muitas vezes aprendem por meio do trabalho cooperativo. Se o seu número holístico é 2, você é uma pessoa atenciosa e sensível aos sentimentos dos outros e tem uma natureza cortês e romântica.Você é também diplomático, amigável e sociável, com interesse por relações públicas. Intuitivo e adaptável, prospera quando é encorajado, mas pode ser suscetível à bajulação. Você precisa aprender a distinguir entre ser cooperativo e ajudar os outros e ser subserviente e se martirizar devido a inseguranças emocionais. A sua confiança pode ser abalada caso se torne excessivamente dependente; por isso, você precisa dar e receber em medidas iguais. Se você for uma pessoa carente ou vulnerável, outras pessoas podem facilmente se aproveitar da sua natureza gentil. O indivíduo número 2 precisa aprender a lidar com confrontos sem agressividade e aprender a dizer não sem se sentir culpado.Você também se beneficia ao receber ajuda alheia sem parecer fraco. A auto-aceitação é o caminho certo para as pessoas número 2. As suas realizações positivas são alcançar harmonia interior, desenvolver objetivos com propósito e estabelecer limites.

Os desafios para as pessoas número 2 são dependência, inquietude, insegurança, sensibilidade excessiva, ser facilmente desencorajado, desconfiança habitual das pessoas e baixa auto-estima.

Número 3

A dinâmica do número 3 é expressiva ou emocional. Os atributos positivos são a auto-expressão criativa, à sensibilidade, à imaginação e à versatilidade. Se o seu número holístico é 3, isso sugere que você é uma pessoa entusiástica, que gosta de se divertir, é sociável e amigável. Você pode exibir a sua natureza multitalentosa por meio de diversas atividades artísticas. Contudo, fazer escolhas pode ser um de seus desafios. Como uma pessoa número 3, você gosta de interagir com os outros, por intermédio de diversões, de reuniões sociais e de conversas íntimas. Amante da liberdade e emotivo, você precisa expressar a alegria de viver. Você também sabe sintetizar bem o seu conhecimento e transmitir as suas idéias. As pessoas número 3 costumam evitar conflitos, mantendo-se animadas e otimistas. Como o seu aprendizado se relaciona ao crescimento emocional e à auto-expressão, talvez você precise desenvolver uma compreensão mais profunda dos seus sentimentos, e, em vez de manipular as situações, deve expressar aberta e diretamente os seus sentimentos.

Os indivíduos número 3 podem também ter instabilidade emocional ou sentimentos negativos, como inveja e ódio. Embora sejam espirituosos e saibam lidar com as palavras, se se sentirem tímidos e inseguros podem se isolar ou ficar inibidos, achando difícil expressar os sentimentos. A realização e a satisfação emocional normalmente derivam da alegria de compartilhar e aprender a respeito do amor e da compaixão.

Os desafios para o número 3 são a preocupação e a dúvida quanto a si mesmos, a tendência para desperdiçar energia, exagero, intolerância, sentir-se despreparado, indecisão e irresponsabilidade.

Número 4

A dinâmica do número 4 é física. Os atributos positivos do número 4 são praticidade, capacidade de organização e autodisciplina. Se o seu número holístico é 4, você é uma pessoa honesta, direta e trabalhadora, que deseja ter estabilidade. Os indivíduos número 4 são pacientes, meticulosos e sabem que a metodologia e a preparação são essenciais. Qualquer coisa que fizerem na vida precisa ter um propósito e uma aplicação prática. Embora sejam indivíduos severos e que não demonstram as emoções, são leais e confiáveis.

Como número 4, você tem habilidades ligadas à forma, técnica e mecânica. Astutas e preocupadas com a própria segurança, as pessoas de número 4 são atraídas pelo mundo financeiro ou de negócios em geral. Você tende à teimosia e à rigidez e seria bom aprender a ser mais flexível e adaptável. A sua ambição e vitalidade geralmente o ajudam a resistir, enquanto outros desistem por falta de energia. No entanto, talvez seja necessário aprender a não assumir mais do que pode. Embora proteja as pessoas de quem cuida, você precisa superar a tendência a controlar as situações e a ser dominador.

Os indivíduos número 4 são, em geral, conhecidos como construtores e, de fato, podem muitas vezes ser os fundadores de projetos e empreendimentos.

Os desafios para o número 4 são dogmatismo, obstinação, falta de confiabilidade, oscilações entre ser muito preguiçoso ou trabalhar em excesso, dificuldade para deixar o passado para trás e dar em excesso.

Número 5

A dinâmica do número 5 é instintiva. Os atributos positivos do número 5 são engenhosidade, reações rápidas e ação decisiva. Os indivíduos número 5 são entusiásticos e amantes da liberdade. Se tiver uma disposição positiva, você é uma pessoa autodisciplinada e concentrada, com uma mente alerta e astuta. Embora possa ser uma pessoa responsável, você precisa de autonomia para se movimentar livremente.

Geralmente versátil e empreendedor, você gosta de conhecer novas pessoas e de ter experiências diferentes. Liberal e mentalmente aberto, você pode facilmente se adaptar a novas situações ou ter uma atitude progressista. Muitas vezes habilidoso e eficiente, você pode aprender rapidamente e captar as situações com a sua abordagem realista. As viagens e mudanças são parte do estilo de vida do número 5.

Como é provável que seja uma pessoa que segue o fluxo da vida, você aceita bem as mudanças e se adapta a novos ambientes com pouca resistência. Os traços negativos do número 5 são muitas vezes a inquietude, a impaciência e a falta de consistência. Sem propósito e sem perseverança, o número 5 pode vagar pela vida sem objetivos, procurando uma vocação verdadeira; assim, o melhor é não deixar as coisas ao acaso.

Profundidade de entendimento e maior conhecimento podem ajudá-lo a utilizar o seu grande potencial. Se aprender a combinar o seu pensamento rápido com os seus fortes instintos, você pode facilmente se destacar com as suas reações rápidas. Espirituoso e audacioso, você tem uma personalidade cortês e ousada.

Os desafios para o número 5 são comportamento impetuoso e errático, conduta irresponsável, impaciência, falta de consideração, rudeza e tendência a desperdiçar a própria energia.

Número 6

A dinâmica do número 6 é emocional e universal. Os atributos positivos do número 6 são idealismo, criatividade, humanitarismo, compaixão e visão. Os indivíduos número 6 são sensíveis e responsáveis, e muitas vezes julgam a vida de acordo com os próprios sentimentos.

Direto em suas reações, você espelha o seu ambiente imediato e o comportamento das pessoas. Você tanto pode ter amor à casa como ser mundano e pode se envolver com a sua comunidade. Com fortes laços familiares, você pode ser um bom pai, apoiando e animando os seus filhos. Como um indivíduo que age como conselheiro confiável e prático, você tem amigos que sempre o procuram em épocas difíceis. Muitas vezes perfeccionista, você gosta de atividades criativas ou artísticas. Com bom gosto e estilo, senso de beleza e forma, você gosta de decorar a sua casa. Se tem ideais elevados, sabe separar a realidade mundana da vida comum. No entanto, para tornar o mundo um lugar melhor, você deveria se ater aos seus ideais utópicos e tentar viver de acordo com o seu elevado padrão moral. Seria bom, todavia, aprender a superar a tendência a ser crítico e a julgar. Aprendendo a equilibrar os seus sentimentos e pensamentos, você pode criar com as suas limitações. Como uma pessoa número 6, você precisa superar a tendência a se preocupar ou a ficar frustrado. Quanto mais dá, mais recebe.

Os desafios do número 6 são insatisfação, esnobismo, falta de compaixão, criticismo excessivo, dominação e interferência na vida alheia.

Número 7

A dinâmica do número 7 é a intuição e a capacidade mental e racional. Alguns dos atributos positivos do número 7 são honestidade e confiabilidade, capacidade de discernimento, atenção aos detalhes, metodologia e engenhosidade. Analíticos e ponderados, os indivíduos de número 7 são autocentrados e reflexivos e têm habilidade para a perfeição e a precisão. A sua perspectiva autônoma indica que você também é autoconfiante e assertivo. Como prefere tomar as próprias decisões, muitas vezes aprende melhor por meio da experiência pessoal. Se tem tendência a ser excessivamente sensível e inseguro, pode se tornar distante e reservado. Quando não consegue expressar os seus sentimentos, você pode se sentir mal-interpretado.

A habilidade para diferenciar e refinar sugere que, embora possa se tornar uma pessoa que vive procurando defeitos, você pode ser excelente no aperfeiçoamento dos sistemas existentes. Você é bem-informado e meticuloso, o que significa que gosta de reunir informações e tem uma memória excelente. Você sabe analisar a si mesmo e busca uma maior autoconsciência, porque ficar sozinho é muitas vezes importante para a sua introspecção; contudo, tome o cuidado de evitar o isolamento.

O seu interesse em ler, em escrever ou em assuntos espirituais é, muitas vezes, uma fonte de inspiração e de ampliação dos seus horizontes. O desejo de obter uma maior compreensão pode incluir a educação e o mundo acadêmico ou da pesquisa em um campo especializado. Embora intuitivos, os indivíduos número 7 podem se deixar levar pelo excesso de racionalização, o que pode levá-los a se perder em detalhes. Isso, contudo, muitas vezes traz uma falta de fé ou cria uma sensação de dúvida quanto a si próprio e de insegurança. Embora tenha a tendência a ser reservado, enigmático ou retraído, você é curioso e muitas vezes faz perguntas sutis, sem deixar que ninguém saiba o que realmente pensa.

Os desafios a serem superados pelo número 7 são desconfiança, insinceridade, retraimento, ceticismo, confusão, criticismo exagerado, desapego e insensibilidade.

Número 8

A dinâmica do número 8 é emocional e de poder material. Os atributos positivos do número 8 são a força e as convicções fortes. Motivados e determinados, são trabalhadores e autoritários. A força ou o poder sugeridos pelo número 8 mostram um caráter com valores fortes, habilidade de execução e capacidade de julgamento.

Como número 8, você procura a segurança e a consistência em situações permanentes. Autoritário e desejoso de dominação e de sucesso material, o número 8 muitas vezes aspira a grandes realizações e possui uma natureza ambiciosa. Muitas vezes, assume posições de responsabilidade e liderança devido à sua dedicação e perseverança. Como uma pessoa número 8, você tem um senso natural para os negócios e irá se beneficiar muito desenvolvendo as suas habilidades organizacionais e executivas inatas. Talvez você precise aprender a delegar a sua autoridade ou a administrar de forma justa. Se estiver em posição de influência, você pode fornecer aos outros conselhos práticos e proteção. Como um indivíduo número 8, você precisa lidar com poder, paciência e tolerância, aprender a perdoar, a compreender e a considerar as fraquezas das pessoas quando fizer um julgamento. A pessoa de número 8 procura segurança por meio de planos em longo prazo e investimentos para o futuro. Em geral, você tem poder de curar a si e aos outros e se beneficia mais quando aprende a canalizar essas forças em prol das pessoas que estão à sua volta.

Os desafios colocados para o número 8 são impaciência, intolerância, excesso de trabalho, sede de poder, dominação e falta de planejamento.

Número 9

A dinâmica do número 9 é o coletivo ou o universal. Os atributos positivos do número 9 são a compaixão, a tolerância, a paciência, a integridade, a sensibilidade e o humanitarismo. Os indivíduos de número 9 são usualmente magnéticos e carismáticos, com mentes preceptivas e habilidade psíquica que apontam para uma receptividade universal.

Se o seu número holístico é 9, você é, muitas vezes, generoso e intuitivo e tem fortes premonições. Idealista e impressionável, como número 9 você muitas vezes tem visão e julga a vida de acordo com os seus sentimentos e sua receptividade. Esse senso de sabedoria profética implica que, como número 9, você possui sabedoria interior e uma elevada conscientização. Embora possa ser uma pessoa generosa e compassiva, com uma grande imaginação, você pode se iludir ou ficar emocionalmente frustrado quando percebe que as outras pessoas não correspondem às suas expectativas elevadas. Isso pode resultar em oscilações de humor ou em uma tendência para se deixar levar pelo escapismo.

Como número 9, você precisa encontrar a satisfação interior e evitar o desânimo ou a melancolia. Você também deve desenvolver a compreensão, a tolerância e a paciência, bem como aprender a exercer a impessoalidade. Além disso pode ser destinado a servir aos outros ou a contribuir para o bem-estar da humanidade. Sendo universal, você provavelmente irá se beneficiar muito de viagens pelo mundo e com a interação com outras pessoas de outros círculos sociais. A necessidade de superar os desafios e a tendência a ser excessivamente sensível indicam que você se beneficia quando mantém o equilíbrio e evita ter sonhos irreais. A combinação de inspiração e idealismo com uma vida interior intensa e sonhos vívidos sugere que você pode ser a pessoa mais feliz do mundo se procurar um caminho espiritual.

Os desafios que se colocam para o número 9 são nervosismo, egoísmo, teimosia, falta de senso prático, deixar-se levar facilmente, complexo de inferioridade e preocupação.

Como calcular o seu número pessoal anual

Para calcular o seu número pessoal para um determinado ano, simplesmente some o seu mês pessoal com o dia do seu aniversário e o ano em questão. Por exemplo, se você nasceu no dia 28 de junho de 1956 e quer saber como será o ano de 2001, simplesmente substitua o ano do seu nascimento por 2001. Por exemplo:

Substitua o ano do seu nascimento (1956) por 2001.
28 de junho de 2001 = 2 + 8 + 6 + 2 + 0 + 0 + 1 = 19
A vibração será sentida por apenas um ano, de 1° de janeiro de 2001 a 31 de dezembro de 2001.

Interpretações dos nove anos pessoais

Os números pessoais anuais têm ciclos de nove anos.As palavras-chave a seguir descrevem a qualidade da vibração de cada ano pessoal.

Ano 1

É tempo de novos começos.Você terá numerosas oportunidades para a expansão de projetos que já foram estabelecidos ou para o início de programas que têm a marca da sua própria individualidade. Embora haja a possibilidade de você vir a tomar uma nova direção, fazer as escolhas certas exige coragem e confiança. Por isso, ouça a sua voz interior e evite ser desencorajado pelos outros. Se as mudanças estão no ar, esta é a hora de agir. O auto-aperfeiçoamento é verdadeiramente importante para você e é importante que neste ano você seja independente, positivo e ambicioso; se não o for, poderá perder oportunidades que o ano número 1 tem a oferecer. Qualquer tentativa de retrocesso será negada ou é desaconselhável. Na busca para realizar os seus sonhos, evite a preguiça ou a insegurança. A experiência mais gratificante para as pessoas número 1 é criar uma nova idéia ou invenção que beneficie os outros.

Ano 2

Este é um ano de relacionamentos, cooperação e paciência. Você provavelmente irá expandir o seu círculo social e conhecerá pessoas novas. Ao desenvolver a sua capacidade de agir como um apaziguador, você aumenta as suas chances de estabelecer relacionamentos ou parcerias duradouras. Pode ser que você se depare com alguém que represente um verdadeiro desafio e o melhor é enfrentar a situação, pois, se mantiver a mente aberta e positiva, terá muito a aprender com essa pessoa.

Aprender a fazer acordos, manter o equilíbrio, ser diplomático e desenvolver a sua habilidade de comunicação são possibilidades oferecidas a você este ano.

Este é, de forma geral, um ano para o aperfeiçoamento por meio da autoconscientização. Lembre-se de que a maneira pela qual você se relaciona com as pessoas pode ensinar-lhe muitas coisas acerca de si mesmo. O ano número 2 lhe oferece a experiência de estar em boa companhia e de formar novas parcerias baseadas em sinceridade, que lhe permitirão manter a liberdade e a independência.

Ajude os outros enquanto ajuda a si mesmo.

Ano 3

Este é um ano de auto-expressão emocional mediante atividades criativas, diversão e amor. É também uma época para comemorações, e é provável que você sinta necessidade de se divertir mais. As suas energias criativas irão fluir, permitindo que se expresse mais completa e livremente. É um período em que você pode se apaixonar e o seu otimismo jovial irá ajudá-lo a satisfazer a sua necessidade de amor e alegria. Você pode também expandir o seu círculo social, mas evite a tendência ao ciúme, à preocupação, à indecisão e ao desperdício de energia. O número 3 indica também um ano de criatividade e de expansão: ter um filho, viajar por prazer, levar a arte, a música e a cultura para a sua casa, tornando-a mais agradável. Programas sociais, cinema, exibições artísticas e reuniões com os amigos na sua casa são coisas que você quer ou precisa fazer este ano.

Se quiser se expressar artisticamente, esta é uma época excelente para adotar um *hobby* ou uma atividade criativa que sempre tenha sonhado iniciar, como atuar em teatro amador, pintar, dançar, cantar ou escrever.

Tenha confiança em si mesmo, experimente novos projetos e lembre-se de se divertir. As experiências mais gratificantes que o ano número 3 tem a oferecer são o aprendizado das coisas boas da vida e a experiência do crescimento emocional.

Ano 4

Em um ano número 4, a chave é ter uma boa estrutura. Neste ano, a organização, a ordem, a paciência e a aplicação prática irão ajudá-lo a estabelecer uma base mais firme. Neste ano, você pode realizar muitas coisas e terá oportunidades para isso. A necessidade de ter uma perspectiva pragmática sugere que desafios financeiros ou materiais também podem ocorrer, especialmente se os seus recursos forem mal-administrados. Contudo, qualquer que seja a sua situação, esta é a época para fazer uma revisão nas suas finanças e nas questões legais ou ligadas a seguros, bem como fazer os arranjos necessários para que tudo fique mais simples ou eficiente.

Os anos número 4 são bons para os negócios, construção e reformas em propriedades, ou simplesmente para se mudar para um local melhor. No entanto, tome cuidado para não tomar decisões pouco práticas em relação ao seu patrimônio ou apólice de seguro, pois mais tarde você pode se arrepender. O desafio mais importante para este ano é construir uma base sólida e não se deixar levar pela rebeldia ou pela preguiça. A experiência mais gratificante pode ser a conquista de algo de que você venha a se orgulhar.

Ano 5

Este é um ano de mudanças, o que muitas vezes indica que a sua situação, profissional ou pessoal, está em processo de transformação. Oportunidades de viagem (pequenas viagens ou longas jornadas) ou de mudança de emprego podem dar vez a muita atividade. Os seus instintos são poderosos e a necessidade de mudança pode tornar-se crucial. Você pode procurar novas pessoas e novas experiências.

Espere o inesperado e surpresas agradáveis.

Em um ano número 5, é vital fazer ajustes para as mudanças. Tente manter a perspectiva e evite a impaciência, a agitação e o tédio; seja também cuidadoso para não agir no calor do momento e depois se arrepender. Esta é uma época para agir com propósito e determinação, por isso renove a sua aparência ou faça alterações na sua rotina regular para evitar a mesmice. Os elementos mais gratificantes de um ano de número 5 são as experiências de novos aprendizados, novos rostos e novos lugares, bem como saber que você pode conquistar muito em um curto período de tempo.

Ano 6

Este é um ano para assumir responsabilidades, em casa ou no mundo. Como o número 6 é universal, você precisa se interessar mais pelo mundo de modo geral, sem se restringir ao próprio meio. Esta é a época para você se estabelecer em um novo ambiente. As novas responsabilidades muitas vezes dizem respeito aos seus familiares ou à vontade de tornar a sua casa confortável e bonita. Servir aos outros, como por exemplo participar de um trabalho comunitário, faz deste ano uma época de dedicação. Contudo, se trabalhar arduamente durante este ano, você irá colher recompensas positivas posteriormente, pois as oportunidades e os ganhos inesperados vêm da ajuda que dá aos outros. Procure dispor de tempo para estar com seus amigos e entes queridos, pois, neste ano, eles podem precisar de seu apoio. Por ser uma época de incorporação da harmonia e da beleza em sua vida, o ano número 6 oferece uma boa oportunidade para fazer melhorias na sua casa e torná-la mais confortável e luxuosa.

Ano 7

Este é um ano para o auto-aperfeiçoamento, a obtenção de novos conhecimentos e o desenvolvimento mental. O desejo de ter uma nova compreensão ou aprendizado pode encabeçar a sua lista de prioridades, sugerindo que vale a pena fazer uma avaliação de sua vida, refletir acerca dos seus esforços e realizações passados e planejar o futuro. É também um bom ano para aprimorar as suas habilidades ou para dedicar-se ao estudo de um novo assunto. Novas oportunidades podem vir por meio de seu trabalho, como, por exemplo, um aprendizado que pode melhorar a sua posição profissional ou o seu desempenho. Você terá necessidade de passar mais tempo sozinho ou, se estiver sozinho, desejará conhecer novas pessoas com as quais possa compartilhar seus interesses e se comunicar com facilidade. Um livro ou artigo poderão influenciá-lo de maneira profunda ou levá-lo a compreender as coisas sob novos aspectos. Escrever, ler ou se juntar a um grupo intelectualmente estimulante podem ser experiências interessantes. Evite isolar-se do mundo ou criticar excessivamente os que estão à sua volta, pois, em um ano número 7, mal-entendidos têm mais probabilidade de ocorrer. O mais gratificante este ano será procurar alcançar uma compreensão mais profunda da vida e expressar as suas idéias de uma nova maneira.

Ano 8

Este é um ano para agir com decisão, estabelecer e atualizar todos os esforços feitos nos últimos sete anos. Se quiser ser bem-sucedido, este não é o ano para sonhar acordado — você precisará se esforçar e seguir adiante. É provável que surjam oportunidades por intermédio de promoções ou de ganhos financeiros. Planos ou investimentos feitos no passado darão frutos. Este é também um ano de trabalho árduo e de responsabilidades adicionais. Por isso, evite o excesso de trabalho.

Pode ser que você se interesse em fazer investimentos em longo prazo, como, por exemplo, comprar uma propriedade, pois sentirá a necessidade de criar raízes e controlar a sua vida ou ter segurança duradoura. Boas oportunidades de negócios poderão surgir este ano e você terá sorte. Entretanto, é essencial que saiba gerenciar as suas finanças para garantir um bom retorno. Neste ano, procure ter consideração pelos outros e desfrutar o que a vida tem a oferecer, sem querer dominar os outros ou se concentrar somente nos seus ganhos pessoais.

Ano 9

Este é o ano mais importante e espiritual do ciclo numerológico. É um ano de completude, de buscar amarrar o que está solto. Um novo ciclo ainda não nasceu, mas o anterior está se acabando. O fundamental é que no ano número 9 você colhe o que planta. Esta é também uma época para avaliar a sua posição e descartar tudo o que não é essencial. Evite agarrar-se ao passado; se você tiver superado certas situações ou mesmo pessoas, esta é a época de dizer adeus e de planejar o futuro, especialmente no final do ano.

O simbolismo universal do número 9 também indica a conquista da maturidade e a compreensão dos princípios fundamentais da vida — do ciclo de morte e renascimento, do término e do recomeço. O número 9 representa a base do movimento eterno da vida, de mudança e de continuidade. As experiências mais gratificantes para o ano de número 9 são compaixão e perdão. Os seus bons atos não serão vãos: sua caridade para com os outros irá torná-lo uma pessoa melhor e lhe dará coragem para seguir adiante.

Interpretação dos 31 dias pessoais

O número do dia pessoal corresponde ao dia do mês que você nasceu. Ele nunca muda.

Dia 1

O grande desejo de ser o primeiro e independente é sugerido pelo dia do seu aniversário. Como número 1, você tem inclinação para ser original, inovador e corajoso, além de dispor de muita energia. Muitas vezes, há a necessidade de estabelecer uma identidade marcante e de desenvolver a autoconfiança e a assertividade. O espírito pioneiro aqui indicado o encoraja a tomar as suas decisões ou a agir por conta própria, o que o estimula a desenvolver habilidades executivas ou de liderança.

Cheio de entusiasmo e de idéias originais, você freqüentemente mostra aos outros o caminho a seguir. Contudo, a necessidade de ser admirado e popular pode minar a sua confiança, e a tendência a depender dos outros pode surgir da falta de confiança. Com o dia de aniversário número 1, pode ser que você precise aprender que o mundo não gira ao seu redor e tenha de evitar o autocentramento e o autoritarismo.

A vitória e o sucesso são possíveis por meio de novas idéias ou empreendimentos.

- **Positivo**: liderança, criatividade, progressão, vigor, otimismo, forte convicção, competitividade, independência, espírito gregário
- **Negativo**: arrogância, ciúme, egocentrismo, orgulho, antagonismo, falta de controle, egoísmo, fraqueza, instabilidade, impaciência

Dia 2

Sensibilidade e uma grande necessidade de pertencer a um grupo são sugeridos pelo dia de aniversário número 2. Você é, na maioria das vezes, uma pessoa adaptável e compreensiva, que tem prazer em participar de atividades cooperativas, nas quais possa interagir com os outros. Receptivo e influenciado pelo seu ambiente, você possui uma personalidade amigável e calorosa, tem boas habilidades sociais e uma abordagem diplomática. O amor pela harmonia e a inclinação para trabalhar melhor com os outros podem inspirá-lo a agir como mediador em assuntos familiares ou a atuar como apaziguador. Na sua tentativa de agradar os outros, você corre o risco de se tornar excessivamente dependente. Quando desenvolve a autoconfiança, você pode superar a tendência a se magoar com facilidade com as ações e críticas alheias. Nas suas relações amorosas e sociedades, aprenda a confiar na sua intuição. Evite a inclinação à manipulação.

Positivo: boas parcerias, gentileza, tato, receptividade, intuição, consideração, harmonia, boa vontade extrema, agradável

Negativo: desconfiança, subserviência, timidez, hipersensibilidade, egoísmo, facilmente magoável, ardiloso, mentiroso

Dia 3

Necessidade de amor, criatividade e expressão emocional são indicados pelo dia de nascimento número 3. Uma pessoa que gosta de se divertir, de fácil trato e boa companhia, você gosta de atividades sociais amigáveis e tem muitos interesses. A sua versatilidade e necessidade de auto-expressão podem levá-lo a ter numerosas experiências. A sua inclinação para se entediar facilmente pode levá-lo a se tornar indeciso ou a querer abraçar o mundo com as pernas. Mas como uma pessoa com o dia de aniversário número 3, você é em geral artístico e charmoso e tem senso de humor.

Talvez seja preciso desenvolver a auto-estima e evitar a tendência a se preocupar, a sentir ciúmes e outras manifestações de insegurança emocional. As relações pessoais e uma atmosfera amorosa são de importância vital para você, pois lhe dão entusiasmo e inspiração.

Positivo: humor, felicidade, amizade, produtividade, criatividade, habilidade artística, poder de desejar, amor à liberdade, talento com as palavras

Negativo: tédio, vaidade, exagero, extravagância, auto-indulgência, preguiça, hipocrisia, preocupação, indecisão, insegurança

Dia 4

A sólida estrutura e o poder de organização sugeridos pelo dia de aniversário número 4 indicam que você, muitas vezes, precisa de estabilidade e de ordem. Dotado de energia, habilidades práticas e muita determinação, você pode ser bem-sucedido se trabalhar firmemente. Com dia de nascimento número 4, você é uma pessoa sensível à forma e à composição e é capaz de criar sistemas práticos. Preocupado com a própria segurança, você quer construir uma base sólida para si e para sua família. Confiável mas retraído, você acredita que as ações falam mais alto do que as palavras. A maneira pragmática com que encara a vida lhe confere senso para negócios e habilidade para alcançar o sucesso material na vida. Como uma pessoa número 4, você, em geral, é honesto, franco e justo. No entanto, talvez precise aprender a expressar os seus sentimentos e evitar a teimosia e a falta de tato.

Os desafios postos ao indivíduo de número 4 podem incluir a superação de períodos de instabilidade, preocupação financeira ou de crueldade.

Positivo: organização, autodisciplina, firmeza, trabalho árduo, engenhosidade, habilidade manual, pragmatismo, confiabilidade, precisão

Negativo: comportamento destrutivo, falta de comunicação, repressão, rigidez, preguiça, pão-durismo, autoritarismo, severidade

Dia 5

Fortes instintos, natureza aventureira e desejo de liberdade são indicados pelo dia de aniversário número 5. Sua disposição para explorar ou experimentar qualquer novidade e a sua abordagem animada sugerem que a vida tem muito a lhe oferecer. Viagens e muitas oportunidades de mudança, algumas inesperadas, podem levá-lo a passar por uma verdadeira transformação de pontos de vista e crenças. Com o dia de aniversário número 5, você precisa sentir que a vida é empolgante; no entanto, talvez precise desenvolver uma atitude responsável e evitar a tendência à imprevisibilidade, a excessos e à agitação.

Muitas vezes, o dia de aniversário número 5 significa que você precisa aprender a ser paciente e a prestar atenção aos pormenores. Você pode alcançar o sucesso se evitar ações precipitadas ou especulativas. O talento natural do indivíduo número 5 é saber como seguir o fluxo da vida e ser desapegado.

- **Positivo**: versatilidade, capacidade de adaptação, progressão, instinto forte, magnetismo, sorte, ousadia, amor à liberdade, rapidez, inteligência, curiosidade, misticismo, sociabilidade
- **Negativo**: falta de confiabilidade, instabilidade, procrastinação, inconsistência, excesso de confiança, obstinação

Dia 6

Compaixão, idealismo e natureza atenciosa são alguns dos atributos sugeridos pelo dia de aniversário número 6. Este é o número da amizade universal e indica que você, muitas vezes, é um visionário ou humanitário, que pode ser responsável, amoroso e prestativo.

Embora possa ser, em muitas ocasiões, uma pessoa mundana e voltada para a sua vida profissional, com o dia de aniversário número 6, você é uma pessoa caseira e um pai de família dedicado. As suas intensas emoções e o desejo de promover a harmonia universal muitas vezes o encorajam a trabalhar arduamente pelo que acredita, seja mediante atividades na sua comunidade ou outro tipo de trabalho voluntário.

Os tipos mais sensíveis precisam encontrar uma forma de expressão criativa e são, muitas vezes, atraídos pelo mundo das diversões, da arte ou do *design*. Entre os desafios a ser enfrentados por algumas pessoas com o dia de aniversário número 6, estão o desenvolvimento da autoconfiança e da compaixão pelos amigos e vizinhos, bem como o aprendizado da responsabilidade. Pode ser que você precise superar a tendência a interferir na vida alheia, a preocupação, a insatisfação e a solidariedade com as pessoas erradas.

- **Positivo**: fraternidade universal, compaixão, confiabilidade, compreensão, solidariedade, idealismo, vida doméstica, ideais humanitários, estabilidade, talento artístico, equilíbrio
- **Negativo**: ansiedade, timidez, irracionalidade, teimosia, franqueza, desarmonia, perfeccionismo, comportamento dominador, irresponsabilidade, egoísmo, desconfiança, autocentramento

Dia 7

Analíticos e ponderados, os indivíduos de número 7 são, em geral, perfeccionistas, críticos e egocêntricos. Você, na maioria das vezes, prefere tomar as próprias decisões e sempre aprende melhor com a experiência pessoal. Por sua necessidade de elevar a autoconsciência, você gosta de reunir informações e tem interesse em ler, em escrever ou em assuntos ligados à espiritualidade. O desejo de aprender pode também levá-lo ao mundo acadêmico ou ao aperfeiçoamento constante das próprias habilidades. Como um indivíduo número 7, você muitas vezes pode se deixar levar pelo excesso de racionalização ou se perder em detalhes. Em outros momentos, pode se tornar uma pessoa extremamente sensível à crítica ou se sentir incompreendido. A tendência a ser enigmático ou dissimulado muitas vezes o leva a desenvolver a arte de fazer perguntas sutis sem deixar que ninguém saiba o que você realmente está pensando. Pode ser que o indivíduo número 7 também precise evitar ser excessivamente crítico, dogmático, pouco comunicativo e arrogante.

Positivo: educação, confiabilidade, meticulosidade, idealismo, honestidade, habilidade física, orientação científica e racional, reflexão

Negativo: ilusão, tendência à solidão, dissimulação, ceticismo, confusão, distanciamento, frieza

Dia 8

A força e o poder sugeridos pelo dia de aniversário número 8 mostram uma personalidade com princípios fortes e julgamento sólido. O número 8 muitas vezes indica que você aspira a grandes realizações e possui uma natureza ambiciosa. O desejo de dominação, segurança e sucesso material também é indicado por este dia de aniversário. Como uma pessoa número 8, você tem um senso natural para negócios e irá se beneficiar muito se desenvolver as suas habilidades organizacionais e executivas. Se tiver disposição para trabalhar duro, você sempre poderá arcar com grandes responsabilidades, mas talvez precise aprender a administrar a própria autoridade ou a delegar tarefas de forma justa e imparcial. Muitas pessoas com dia de aniversário número 8 costumam se sentir atraídas por atividades ligadas à justiça, lei e ordem, ou por posições de liderança em gerenciamento administrativo, bancário e financeiro. A forte necessidade de se sentir seguro ou estabelecido pode levá-lo a fazer planos ou investimentos em longo prazo. Muitos indivíduos com o dia de aniversário número 8 também possuem um grande poder de curar a si mesmos e aos outros e podem se beneficiar se aprenderem a canalizar essas forças para o aperfeiçoamento da humanidade.

Positivo: liderança, meticulosidade, capacidade de trabalho, tradição, autoridade, proteção, poder de cura, capacidade de julgamento

Negativo: impaciência, intolerância, avareza, agitação, excesso de trabalho, sede de poder, comportamento dominador, facilidade de ser desencorajado, falta de planejamento, comportamento controlador

Dia 9

Benevolência, compaixão e sensibilidade emocional estão associadas ao dia de aniversário número 9. Criativo e gentil, você é muitas vezes considerado inteligente e generoso. Você tem intuição, habilidades psíquicas e receptividade universal que, se forem positivamente canalizadas, podem inspirá-lo a seguir o caminho espiritual. Com o dia de aniversário número 9, você usualmente sente que a sua vida já está traçada e que não há muito espaço para manobrá-la.Você talvez precise desenvolver a compreensão, a tolerância e a paciência, bem como aprender a se tornar impessoal.

Este dia de aniversário sugere uma necessidade de superar desafios e uma tendência a ser excessivamente sensível e a sofrer de instabilidade emocional. Mesmo assim, as pessoas com o dia de aniversário número 9 estão destinadas a conquistar na vida e a servir à humanidade.

É provável que você se beneficie muito de viagens pelo mundo e da interação com pessoas dos mais diversos círculos sociais. Talvez precise evitar a tendência a ter sonhos irrealistas ou a inclinação ao escapismo.

Positivo: idealismo, humanitarismo, criatividade, sensibilidade, generosidade, magnetismo, natureza poética, caridade, distanciamento, sorte, popularidade

Negativo: frustração, nervosismo, incerteza, egoísmo, falta de senso prático, amargura, falta de personalidade, complexo de inferioridade, medo, preocupação, isolamento

Dia 10

Como as pessoas de dia de aniversário número 1, você provavelmente se esforça para alcançar as suas realizações e conquistas. Não obstante, talvez precise superar diversos obstáculos antes de conquistar as suas metas. Em geral, há uma forte necessidade de estabelecer uma identidade única, e o dia de aniversário número 10 indica que você pode ser inovador, autoconfiante e ambicioso.Você pensa grande e é em geral mundano. Muitas vezes vigoroso e original, você defende as próprias crenças, mesmo quando elas são diferentes das dos outros. Às vezes, pode se sentir sozinho ou pouco popular. A sua habilidade para iniciar as coisas sozinho e o seu espírito pioneiro freqüentemente o encorajam a viajar para locais distantes ou a se aventurar por conta própria. A sua tendência a depender dos outros muitas vezes deriva da falta de confiança, do medo, ou da necessidade de ser admirado e reconhecido. Com o dia de aniversário número 10, você talvez precise aprender que o mundo não gira ao seu redor e deve evitar o egoísmo e o autoritarismo. O sucesso e a realização são importantes para todas as pessoas que têm o dia de aniversário número 10, e muitas vezes você chegará ao topo da sua profissão. Como isso muitas vezes implica o envolvimento com questões mais amplas, pode ser que você não tenha inclinação para a vida doméstica.

Positivo: liderança, criatividade, progressão, vigor, otimismo, fortes convicções, competitividade, independência, senso gregário

Negativo: arrogância, ciúme, orgulho, antagonismo, falta de controle, egoísmo, fraqueza, instabilidade, impaciência

Dia 11

A vibração especial do dia de aniversário número 11 sugere que o idealismo, a inspiração e a inovação são altamente importantes para você. Um misto de humildade e de confiança geralmente o desafia a trabalhar o próprio autocontrole, tanto material quanto espiritual. Mediante a experiência, você pode aprender a lidar com os dois lados da sua natureza e a desenvolver uma atitude menos radical, quando acredita nos próprios sentimentos. Embora tenha intuição, você pode desperdiçar as suas energias e muitas vezes precisa encontrar um objetivo sobre o qual possa concentrar a sua atenção. Usualmente, você é altamente enérgico e vigoroso, mas deve evitar se tornar excessivamente ansioso ou perder o senso prático.

Com o dia de aniversário número 11, você, na pior das hipóteses, pode ter dificuldade em separar os seus sentimentos do que deseja realizar. Na melhor, pode ter características geniais que podem gerar benefícios para as outras pessoas.

Positivo: equilíbrio, foco, objetividade, entusiasmo, inspiração, espiritualidade, idealismo, intuição, inteligência, natureza expansiva, inventividade, natureza artística, disposição para servir, habilidade de cura, humanitarismo, fé, habilidade psíquica

Negativo: complexo de superioridade, emotividade excessiva, desonestidade, falta de objetivos, facilidade para ser magoado, tensão, egoísmo, falta de clareza, dominação, mesquinhez

Dia 12

O desejo de estabelecer uma verdadeira individualidade é muitas vezes sugerido pelo dia de aniversário número 12. Em geral intuitivo, prestativo e amigável, você tem boa capacidade de raciocínio. Inovador, compreensivo e sensível, você também sabe usar o tato e métodos cooperativos para alcançar os seus objetivos e metas. Para os outros, você muitas vezes parece ser confiante, embora a dúvida quanto a si mesmo e a desconfiança possam minar a sua personalidade naturalmente expansiva e sua perspectiva positiva. Quando alcança o equilíbrio entre a necessidade de auto-expressão e a inclinação natural para apoiar as outras pessoas, você pode encontrar a satisfação emocional e a realização pessoal. No entanto, talvez precise desenvolver a autoconfiança ou aprender a não ser facilmente desencorajado pelas outras pessoas.

Positivo: criatividade, atração, iniciativa, disciplina, promoção dos outros

Negativo: reclusão, excentricidade, falta de cooperação, excesso de sensibilidade, falta de auto-estima

Dia 13

Sensibilidade, entusiasmo e inspiração são muitas vezes identificados com o dia de aniversário número 13. Numericamente, você está associado à ambição e ao trabalho árduo e pode conquistar muito por meio da auto-expressão criativa. Pode ser, contudo, que você precise desenvolver uma perspectiva pragmática, se quiser transformar os seus talentos criativos em resultado concreto. A sua abordagem original e inovadora inspira novas e excitantes idéias que, freqüentemente, resultam em trabalhos que impressionam as pessoas.

Com o dia de aniversário número 13, você é sério, romântico, charmoso e amante das diversões, e com dedicação pode prosperar na vida. As suas poderosas emoções e desejo de liberdade e de auto-expressão emocional podem ser os seus grandes trunfos. Porém, quando aprende a importância das parcerias e da cooperação, você tem mais oportunidades de compartilhar o seu grande talento com as outras pessoas. Como muitos outros que fazem aniversário no dia 13, você talvez queira viajar ou se estabelecer em um novo ambiente, em busca de uma vida melhor. Os idealistas podem escolher uma carreira no mundo do entretenimento e procurar caminhos para expressar seu talento criativo.

Positivo: ambição, criatividade, amor à liberdade, auto-expressão, iniciativa

Negativo: impulsividade, indecisão, autoritarismo, natureza pouco emotiva, rebeldia

Dia 14

Potencial intelectual, perspectiva pragmática e forte determinação são algumas das qualidades das pessoas nascidas no dia 14. Muitas vezes, você possui um forte desejo de estabelecer uma sólida base e de alcançar o sucesso por meio do trabalho árduo. De fato, com o dia de aniversário número 14, você normalmente prioriza o trabalho e julga a si próprio e aos outros tomando como base a realização profissional.

Embora você precise de estabilidade, a agitação indicada pelo número 14 impele-o a seguir adiante e a assumir novos desafios, em uma constante tentativa de aperfeiçoamento. Essa insatisfação inata também pode inspirá-lo a passar por grandes mudanças na vida, especialmente se não estiver satisfeito com sua situação profissional e com sua condição financeira. Como muitas pessoas associadas a este dia de aniversário, você pode muitas vezes chegar ao topo da sua profissão.

As características ocultas indicadas pelo dia de aniversário número 14 sugerem que você sempre será beneficiado se explorar os seus talentos criativos e se aprender a expressar os seus sentimentos mais abertamente. O amor pode, em algumas ocasiões, apresentar-se como um verdadeiro desafio, embora a sua versatilidade, senso prático e grande intuição possam atropelar a sua tendência à teimosia. Com a sua mente perceptiva, você reage rapidamente aos problemas e gosta de resolvê-los. Tendo o dia de aniversário 14, você gosta de jogos e de correr riscos, e pode ter bastante sorte.

Positivo: ações decisivas, trabalho árduo, sorte, criatividade, pragmatismo, imaginação, diligência

Negativo: cautela excessiva ou impulsividade excessiva, instabilidade, imprevidência, teimosia

Dia 15

Versatilidade, generosidade e inquietude são qualidades sugeridas pelo dia de aniversário número 15. Geralmente, você é uma pessoa rápida e animada e tem uma personalidade carismática. Os seus grandes trunfos são a sua grande intuição e a habilidade para aprender rapidamente mediante a combinação entre prática e teoria. Em muitas ocasiões, você consegue conciliar o ganho financeiro com o aprendizado de novas habilidades. Muitas vezes, você pode utilizar a sua intuição e perceber rapidamente as oportunidades que surgem. Com o aniversário número 15, você possui talento para atrair dinheiro e receber ajuda de outros. Habitualmente despreocupado e animado, você saúda o inesperado. Embora seja naturalmente aventureiro, você precisa ter uma base verdadeira, ou algum local que considere a sua verdadeira casa. Embora tenha muito vigor e ambição, às vezes você pode se tornar teimoso ou obstinado. Evite a mesmice. Se combinar as suas habilidades práticas com suas idéias originais e superar a tendência a ser agitado e a se sentir insatisfeito, você pode ser mais bem-sucedido nos seus empreendimentos.

Positivo: disposição, generosidade, responsabilidade, amabilidade, cooperação, apreço, idéias criativas

Negativo: destrutividade, agitação, irresponsabilidade, egocentrismo, medo de mudanças, perda da fé, preocupação, indecisão, materialismo, mau uso do poder

Dia 16

O dia de aniversário número 16 sugere que você é uma pessoa ambiciosa, mas emotiva, cuidadosa e amigável. O seu grande desejo de se realizar e a necessidade de conhecer o mundo podem encorajá-lo a se afastar da sua família. Muitas vezes, você julga a vida de acordo com os seus sentimentos e tem a capacidade de compreender profundamente as pessoas e as situações. Como uma personalidade de número 16, no entanto, você pode sofrer tensões interiores quando se defronta com a necessidade de conciliar a sua auto-expressão com a responsabilidade para com os outros.

Com o dia de aniversário número 16, você pode se interessar por assuntos mundanos e trabalhar em corporações internacionais ou ligadas a meios de comunicação internacionais. Mas você pode também se envolver com organizações de caridade e trabalhar em prol de causas justas. Os que são criativos podem ter talento para escrever e receber súbitos rasgos de inspiração. A inquietude interior indicada pelo dia de aniversário 16 freqüentemente indica um despertar espiritual do "eu", especialmente nos períodos de instabilidade ou de mudança. Se você fizer aniversário no dia 16, precisa aprender a equilibrar o excesso de confiança com a insegurança. Embora muitos de vocês venham de famílias unidas, sempre preferem viver sozinhos ou viajar muito.

Positivo: educação elevada, responsabilidade para com a casa e a família, intuição, sociabilidade, cooperação, discernimento

Negativo: preocupação, inabilidade para se sentir satisfeito, irresponsabilidade, autopromoção, dogmatismo, ceticismo, alvoroço, irritabilidade, egoísmo, falta de solidariedade

Dia 17

Com o dia de aniversário número 17, você é muitas vezes uma pessoa arguta, de natureza reservada e dotada de habilidade analítica. Com capacidade para pensar de forma independente, você é uma pessoa culta ou cheia de habilidades e confia em sua experiência pessoal. Usualmente, você se vale de seu conhecimento de forma específica para se desenvolver na sua especialização e tem capacidade para o sucesso material ou para ocupar uma posição proeminente, como especialista ou pesquisador. Reservado, retrospectivo e distante, com um grande interesse por fatos e números, você, em geral, tem um comportamento sério e ponderado e gosta de fazer as coisas em um ritmo próprio. Mas se desenvolver a sua capacidade de comunicação, você pode descobrir muito mais acerca de si mesmo com o auxílio das outras pessoas. Contudo, depois de optar por um curso de ação, pode ser bastante determinado e não dar ouvidos ao conselho dos outros. Freqüentemente capaz de longos períodos de concentração e de resistência, você pode aprender muito mais com a experiência. Não obstante, você pode aprender mais rapidamente se deixar o ceticismo de lado.

Positivo: ponderação, capacidade para se tornar um especialista, planejamento, aptidão para os negócios, habilidade para atrair dinheiro, pensamento independente, natureza trabalhadora, precisão, habilidade para o trabalho de pesquisa, habilidade científica

Negativo: distanciamento, solidão, teimosia, falta de cuidado, mudanças de humor, excesso de sensibilidade, estreiteza mental, criticismo, tendência à solidão, preocupação, desconfiança

Dia 18

Determinação, assertividade e ambição são alguns dos atributos associados ao dia de aniversário número 18. Dinâmico e ativo, você muitas vezes deseja o poder e precisa de desafios constantes. Muitas vezes uma pessoa capaz, trabalhadora e responsável, você alcança posições de autoridade e tem inclinação para carreiras ligadas à justiça, à organização social e ao governo. Mas o seu grande senso para os negócios e sua capacidade de organização podem levá-lo ao mundo do comércio. Com o aniversário no dia 18, você pode ser uma pessoa com tendência a discussões, uma pessoa crítica ou difícil de contentar. Há também uma inclinação ao excesso de trabalho. Por isso talvez você precise aprender a relaxar ou a diminuir o ritmo de vez em quando.

Como uma personalidade número 18, você tem poder de curar, aconselhar ou resolver problemas dos outros. Contudo, talvez precise aprender a distinguir entre o bom e mau uso do poder, aprendendo a viver com os outros.

Positivo: evolução, assertividade, intuição, coragem, resolução, capacidade de cura, eficiência, habilidade para aconselhar

Negativo: descontrole das emoções, preguiça, falta de ordem, egoísmo, insensibilidade, incapacidade de concluir trabalhos ou projetos, engano

Dia 19

Criativo, radiante, ambicioso e dinâmico, embora humanitário e sensível, com o dia de aniversário número 19, você é uma pessoa decidida e cheia de recursos. Você tem profundidade de visão, mas o lado sonhador da sua natureza é compassivo, idealista e sensível. A necessidade de se tornar alguém pode ser a força que o leva a ser uma pessoa dramática e a querer ocupar o centro das atenções. Muitas vezes, há um grande desejo de criar uma identidade individual. Contudo, para tanto, você precisa primeiro superar a influência exercida pela pressão dos outros.

Somente por meio de diversas experiências, você poderá desenvolver a sua autoconfiança e capacidade de liderança. Para os outros, você pode aparentar ser uma pessoa confiante, resistente e cheia de recursos, mas as suas tensões internas podem causar instabilidade emocional. Embora seja orgulhoso e sinta necessidade de achar que as outras pessoas apreciam os seus esforços, você precisa também aprender que o mundo não gira ao seu redor. Isso muitas vezes indica que a sua tendência a ser egoísta e arrogante deve ser superada. É provável que você precise aprender algo acerca de coragem, planejamento e estrutura, bem como a superar o medo de ficar sozinho. Criativo e carismático, você sente que o mundo está aí para ser explorado e terá mais possibilidade de ser bem-sucedido se trabalhar sozinho ou em grandes corporações.

Positivo: dinamismo, centramento, criatividade, liderança, sorte, progressão, otimismo, fortes convicções, competitividade, independência, espírito gregário

Negativo: autocentramento, depressão, preocupação, medo de rejeição, instabilidade, materialismo, egoísmo, impaciência

Dia 20

Com o dia de aniversário número 20, você é uma pessoa intuitiva, sensível, adaptável e compreensiva, e muitas vezes se vê fazendo parte de um grupo maior. Em geral, você gosta de atividades cooperativas nas quais possa interagir, compartilhar experiências ou aprender com os outros. Influenciado pelo seu ambiente, você pode ser artístico ou musical. Normalmente charmoso e gracioso, você tem habilidades diplomáticas e sociais e pode freqüentar com facilidade diversos círculos sociais. Todavia, talvez precise desenvolver a autoconfiança ou superar a tendência a ser facilmente magoado pelas atitudes e críticas alheias. Em relacionamentos e sociedades em geral, você deve evitar a inclinação a se martirizar, a ser desconfiado ou a ser excessivamente dependente dos outros. Você é um mestre quando se trata de criar uma atmosfera agradável e harmônica e pode ser chamado a atuar como mediador em assuntos familiares ou apaziguador no trabalho, onde freqüentemente assiste aos outros.

Positivo: boas parcerias, gentileza, tato, receptividade, intuição, consideração, harmonia, agradável, amigável, boa vontade extrema

Negativo: desconfiança, subserviência, timidez, excesso de sensibilidade, egoísmo, tendência a ser facilmente magoado, ilusão

Dia 21

Vigor dinâmico e personalidade expansiva estão sempre presentes nas pessoas nascidas no dia 21. Com inclinação social, você tem muitos interesses e contatos e costuma ter sorte. Geralmente, você mostra aos outros a sua personalidade gregária e amigável. Altamente original e intuitivo, você possui um espírito independente.

Se você nasceu no dia 21, pode ser amante das diversões, magnético, criativo e dotado de charme social. Mas pode ser que você seja tímido e reservado, com necessidade de desenvolver a assertividade, especialmente nas relações mais próximas.Você tem muitas oportunidades e alcança o sucesso com as outras pessoas. Embora possa ter inclinação para relacionamentos cooperativos ou para o casamento, sempre quer ser reconhecido pelos próprios talentos e habilidades. As personalidades de número 21, contudo, devem evitar ser muito egoístas ou procurar a própria identidade nos sonhos de outras pessoas.Você pode também despender muito tempo com os seus relacionamentos e, assim, acabar se tornando uma pessoa dependente.

- **Positivo**: inspiração, criatividade, amor a uniões, relacionamentos duradouros
- **Negativo**: dependência, nervosismo, emotivo ao extremo, falta de visão, desapontamento, medo de mudança

Dia 22

Com o dia de aniversário 22, você é uma pessoa orgulhosa, prática, disciplinada e altamente intuitiva. Este é um número mestre, que pode vibrar tanto como número 22 quanto como número 4. Muitas vezes honesto, trabalhador, com capacidade natural de liderança, você tem uma personalidade carismática e uma capacidade de compreender profundamente as pessoas e suas motivações. Embora seja reservado, você sempre mostra uma preocupação cuidadosa e protetora com o bem-estar das pessoas. No entanto, você nunca perde de vista a sua posição pragmática ou realista. Freqüentemente culto e mundano, você tem muitos amigos e admiradores. Seus atributos mais evidentes são as suas habilidades práticas e executivas. A sua personalidade direta, mas tranqüila, ajuda-o a conquistar cargos gerenciais. Os que são mais competitivos alcançam o sucesso e prosperidade com a ajuda e o encorajamento de outros. Muitas pessoas nascidas neste dia têm fortes vínculos com irmãos e irmãs e muitas vezes os apóiam e protegem.

- **Positivo**: universalidade, intuição, pragmatismo, habilidade manual e construtora, organização, realismo, resolução de problemas, realização
- **Negativo**: vontade de enriquecimento rápido, nervosismo, complexo de inferioridade, autoritarismo, materialismo, falta de visão, preguiça, egoísmo, autopromoção

Dia 23

Intuição, sensibilidade emocional e criatividade são alguns dos atributos do dia de aniversário 23. Você é versátil, apaixonado, tem rapidez de raciocínio, atitude profissional e mente cheia de idéias criativas. Com a influência do número 23, você pode aprender novos assuntos facilmente, mas prefere a prática à teoria.Você precisa, contudo, superar a tendência a criticar os outros e desenvolver uma atitude menos egoísta. Amante das viagens, aventuras e desejoso de conhecer novas pessoas, sua inquietude leva-o a ter diversas experiências, às quais você se adapta para tirar o melhor proveito da situação. Em geral amigável e amante das diversões, dotado de coragem e vigor, você precisa levar uma vida ativa para realizar o seu verdadeiro potencial. Embora goste de ajudar os outros, se tiver propensão à indecisão e a mudar de idéia, pode aparentar ser uma pessoa irresponsável. Algumas pessoas de número 23 podem ter diversos relacionamentos curtos antes de encontrar a felicidade e o parceiro ideal.

⬆ **Positivo**: lealdade, responsabilidade, viagens, comunicação, intuição, criatividade, versatilidade, confiabilidade, fama

⬇ **Negativo**: egoísmo, insegurança, teimosia, natureza inflexível, criticismo, ciúme, retraimento, agitação

Dia 24

Percepção, responsabilidade e empreendimento são algumas das qualidades encontradas nas pessoas nascidas no dia 24. Embora você possa não gostar da rotina, é, na maioria das vezes, uma pessoa trabalhadora, dotada de senso prático e de boa capacidade de julgamento. A sensibilidade emocional do número 24 indica que você precisa de estabilidade, lei e ordem.Você também é sensível à forma e à estrutura e pode facilmente criar um sistema complexo, mas eficiente. Muitas vezes honesto, confiável e preocupado com a própria segurança, você precisa do amor e do apoio de um parceiro e deseja construir uma sólida base para si e para sua família. Confiável e justo, mas reservado, você se inclina a acreditar que as ações falam mais alto do que as palavras. A sua maneira pragmática de encarar a vida também lhe confere aptidão para os negócios e habilidade para ser materialmente bem-sucedido na vida. Com o dia de aniversário 24, você talvez precise superar períodos de instabilidade e a tendência a ser teimoso ou a ter idéias fixas. Aprendendo a confiar na sua intuição e a desenvolver habilidades sociais, você pode adquirir autodisciplina. Você deve, no entanto, evitar se comportar de forma destrutiva, pois isso pode ser interpretado pelos outros como rudeza e materialismo. O maior desafio para o dia de aniversário número 24 é aprender a conviver com as pessoas e superar a tendência à desconfiança, bem como construir uma base segura.

⬆ **Positivo**: energia, idealismo, habilidades práticas, determinação, honestidade, franqueza, imparcialidade, generosidade, amor à casa, atividade

⬇ **Negativo**: rudeza, materialismo, avareza, aversão à rotina, preguiça, infidelidade, dominação, teimosia, vingança

Dia 25

Intuitivo e ponderado, embora rápido e vigoroso, você precisa se expressar mediante experiências diferentes, como, por exemplo, idéias, pessoas ou lugares novos e empolgantes. O desejo de perfeição associado ao dia de aniversário 25 muitas vezes leva ao trabalho árduo e à produtividade. Porém, quando as coisas não acontecem conforme o planejado, você precisa ser menos impaciente ou crítico.

A sensibilidade emocional e o talento artístico e criativo são apenas alguns dos seus atributos ocultos. Talvez você precise evitar se subestimar, pois isso pode levar à frustração ou a um comportamento destrutivo. A sua grande necessidade de ter relacionamentos pessoais próximos duradouros, amor e afeição pode ser minada pela vibração agitada do número 25. Você, em geral, é uma pessoa instintiva e alerta, que pode ampliar o seu conhecimento por meio da aplicação prática, mais do que pela teoria. Sua capacidade de julgamento e a atenção que dispensa aos detalhes garantem o seu sucesso. Talvez seja importante desenvolver uma atitude menos cética e superar a tendência a tomar decisões impulsivas. Você pode sentir-se emocionalmente tenso ou mal-humorado devido ao medo que tem de mudanças. Como número 25, você possui uma grande energia mental; quando se concentra, ela o ajuda a considerar todos os fatos e a chegar a uma conclusão mais rapidamente do que qualquer outra pessoa. O sucesso e a felicidade serão seus quando aprender a confiar na própria intuição e quando desenvolver a perseverança e a paciência.

Positivo: intuição, busca da perfeição, percepção, criatividade, habilidade em lidar com as pessoas

Negativo: impulsividade, impaciência, irresponsabilidade, emotividade excessiva, ciúme, hermetismo, criticismo, mau humor, nervosismo

Dia 26

O dia de aniversário 26, freqüentemente, sugere que você aspira a grandes realizações e possui uma natureza ambiciosa. Muitas vezes, você tem uma maneira pragmática de encarar a vida, habilidade executiva e aptidão para os negócios. A força e o poder sugeridos pelo número 26 mostram que você tem uma personalidade cautelosa, princípios e boa capacidade de julgamento. Se você nasceu no dia 26 é, normalmente, uma pessoa responsável, com senso estético inato. O amor à vida doméstica e o forte instinto paternal podem também sugerir que você tem uma grande necessidade de construir uma sólida base ou uma estabilidade genuína. Mas, devido à teimosia ou à falta de autoconfiança, você pode, às vezes, desistir muito facilmente. Não obstante, com autocontrole e planejamento cuidadoso, você pode alcançar o sucesso.

A sua inclinação para causas idealistas e humanitárias pode levá-lo a se envolver em atividades educacionais ou comunitárias. Muitas vezes, você é um manancial de força para outras pessoas, apóia os amigos e familiares que o procuram em momentos de dificuldade. Você deve, no entanto, evitar as tendências materialistas e o desejo de controlar as situações e as pessoas.

Positivo: criatividade, praticidade, cuidado, responsabilidade, orgulho da família, entusiasmo, coragem

Negativo: teimosia, rebeldia, falta de entusiasmo, falta de persistência, instabilidade, dominação

Dia 27

O dia de aniversário 27 indica que você pode ter uma maior profundidade de pensamento se desenvolver a paciência e o autocontrole. Intuitivo, mas analítico, você é muitas vezes vigoroso, determinado e observador e presta muitas atenção aos detalhes. Muitas vezes idealista e sensível, dotado de uma mente fértil e criativa, você pode impressionar os outros com os seus pensamentos e idéias originais. Embora às vezes possa aparentar ser uma pessoa reservada, racional ou distante, na verdade, você pode estar escondendo uma tensão interna, que pode se manifestar como uma tendência à impulsividade, à indecisão, à confusão ou à desconfiança em face de mudanças iminentes. Se desenvolver a sua capacidade de se comunicar, você pode superar a relutância em expressar seus sentimentos mais profundos. Muitas vezes, a inspiração é a chave para o sucesso. Quando desenvolve uma perspectiva mais universal, você consegue controlar rompantes ou evitar se preocupar com o que os outros possam pensar ou dizer. A educação e a cultura são essenciais para as pessoas nascidas no dia 27 e, com as devidas qualificações, você pode ser bem-sucedido se escrever, pesquisar ou trabalhar em grandes organizações. Naturalmente versátil e imaginativo, dotado de grande intuição ou habilidade psíquica, você pode ser uma pessoa ambiciosa e cheia de idéias. No entanto, a inquietação pode levá-lo a se comportar de forma instável e impulsiva. Talvez você precise aprender a converter as suas idéias em resultados concretos. Embora seja muitas vezes afetivo e tenha consideração pelos outros, você pode, ocasionalmente, dar a impressão de ser uma pessoa excessivamente sensível e distante. Se desenvolver uma perspectiva mais neutra, você será capaz de ouvir e de aceitar as críticas ou idéias alheias.

Positivo: versatilidade, imaginação, criatividade, decisão, coragem, boa compreensão, capacidade mental, espiritualidade, inventividade, força mental

Negativo: mau humor, facilidade de se ofender, tendência a discutir com os outros, inquietação, nervosismo, desconfiança, sentimentalismo excessivo, tensão

Dia 28

Independente, idealista e anticonvencional, embora pragmático e determinado, você é, muitas vezes, a sua própria lei. O conflito interno entre o desejo de ser independente e o de querer pertencer a um grupo também é patente. Como o indivíduo número 1, você é ambicioso, direto e empreendedor. Sempre pronto para a ação e para se lançar em novos empreendimentos, você assume corajosamente os desafios da vida e, com o seu entusiasmo, pode facilmente inspirar os outros — se não a juntar-se a você, pelo menos a apoiá-lo no seu empreendimento mais recente. Entre as suas diversas qualidades incluem-se fortes convicções, abundância de recursos, bom juízo e habilidade para acumular conhecimento e usá-lo na solução dos problemas. Com o dia de aniversário 28, você normalmente tem capacidade de liderança e confia no seu senso comum, lógica e clareza de pensamento. Embora se preocupe com o sucesso e seja ambicioso, a sua família e a vida doméstica são muito importantes para você. Encontrar a estabilidade e cuidar dos entes queridos pode às vezes ser um desafio para você. Muitas vezes, você assume responsabilidades, mas pode também se tornar uma pessoa excessivamente entusiasmada, impaciente ou intolerante. Você deve também evitar o autoritarismo, o dogmatismo ou a rebeldia.

Positivo: compaixão, progressão, audácia, habilidade artística, criatividade, idealismo, ambição, capacidade para o trabalho árduo, vida familiar estável, força de vontade

Negativo: sonhador, sem compaixão, pouco sensato, autoritarismo, mau juízo, agressividade, falta de cooperativismo, falta de confiança, dependência de outras pessoas, orgulho

Dia 29

Visionários idealistas, dotados de uma natureza vigorosa, os indivíduos número 29 possuem uma personalidade poderosa e um extraordinário potencial. Você é muitas vezes altamente intuitivo, sensível e emotivo. Sua natureza compassiva e compreensiva inspira um sentimento humanitário e pode encorajar os outros a realizar as suas esperanças e sonhos. De fato, a inspiração é a chave para o seu sucesso... sem ela você pode experimentar uma falta de sentido na vida. Embora seja um verdadeiro sonhador, com freqüência, os aspectos extremos da sua natureza indicam que você tem de se resguardar contra a instabilidade emocional. Você pode oscilar entre ser muito amigável e caloroso e ser frio e indiferente com os outros; ou pode oscilar entre o otimismo e o pessimismo. Embora quem nasce no dia 29 seja uma pessoa competitiva e ambiciosa, você tem necessidade de ser popular e se interessa pelo que os outros pensam a seu respeito. No entanto, você precisa aprender a ser menos crítico, desconfiado, tímido ou distante e a ter mais consideração com os que estão ao seu redor. Se confiar nos seus sentimentos mais íntimos e se abrir o seu coração para os outros, você pode superar a tendência a se preocupar ou a usar a sua mente como escudo protetor. Use os seus pensamentos criativos para realizar alguma coisa de especial e única, que possa inspirar ou servir aos outros.

- **Positivo**: inspiração, equilíbrio, paz interior, generosidade, sucesso, criatividade, intuição, misticismo, sonhos poderosos, interesse pelo mundo, fé
- **Negativo**: falta de concentração, insegurança, nervosismo, temperamental, pessoa difícil, extremismo, isolamento, sensibilidade excessiva

Dia 30

Artístico e criativo, amigável e sociável são apenas alguns dos adjetivos usados para caracterizar as pessoas que fazem aniversário no dia 30. Você gosta de levar uma vida confortável e de se socializar e pode ser excepcionalmente carismático, leal e amigável. Emotivo e ambicioso, dotado de potencial criativo, você apreende as idéias e as expande no seu próprio estilo dramático. Com temperamento estável e espírito gregário, dotado de bom gosto e talento estético, você pode ser bem-sucedido em todos os tipos de trabalho relativos à arte, ao *design* e à música. O orgulho e a ambição, combinados com boas oportunidades, muitas vezes permitem que você chegue ao topo da sua profissão. Se você nasceu no dia 30, possui sentimentos fortes: estar apaixonado ou sentir-se contente é um requisito vital. Na sua busca de felicidade, evite ser preguiçoso, excessivamente indulgente, impaciente ou invejoso, pois isso pode provocar uma instabilidade emocional. Entre as pessoas que nasceram no dia 30, muitas têm reconhecimento ou fama, especialmente os músicos, atores e comediantes, mas talvez precisem fazer ainda alguns sacrifícios pelas pessoas que amam.

- **Positivo**: amor à diversão, lealdade, amizade, capacidade de síntese, talento com as palavras, criatividade, sorte
- **Negativo**: preguiça, obstinação, comportamento errático, impaciência, indulgência excessiva, indiferença, indecisão, inveja

Dia 31

Forte força de vontade, determinação e ênfase na auto-expressão são indicados pelo dia de aniversário 31. Você, muitas vezes, combina a sua intuição com a capacidade prática de tomar as decisões certas. Geralmente, você é incansável e determinado e tem necessidade de progredir materialmente; contudo, talvez você precise aprender a aceitar as limitações da vida e, por isso, precise construir uma sólida base. Se você nasceu no dia 31, é uma pessoa com idéias originais, dotada de senso estético e habilidade para ser bem-sucedida nos negócios, se não se precipitar e se seguir um plano de ação prático. Boa sorte e oportunidades também são sugeridas pelo número 31, além da capacidade de transformar passatempos em empreendimentos lucrativos. Contudo, talvez você precise aprender a não se desencorajar facilmente e a ter mais consideração pelos outros. Para você, é crucial ter tempo para o amor e para as diversões, dado que tende a ser uma pessoa muito trabalhadora. No entanto, precisa evitar a tendência a ser excessivamente indulgente ou egoísta, ou ser excessivamente otimista. Os indivíduos mais fracos associados ao dia de aniversário 31 são inseguros e desistem muito facilmente dos seus sonhos ou se deixam levar pelo mundo da fantasia.

Positivo: sorte, criatividade, originalidade, capacidade para construir e ser construtivo, persistência, praticidade, capacidade de comunicação, responsabilidade

Negativo: insegurança, impaciência, desconfiança, tendência a se desencorajar facilmente, falta de ambição, egoísmo, teimosia, materialismo

Os 30 dias de LIBRA

23 de setembro a 22 de outubro

23 de Setembro

A influência do seu dia de aniversário sugere que você é uma pessoa inteligente, ainda que emotiva, e dotada de um estilo direto e charmoso. Como nasceu na cúspide de Virgem e Libra, você conta com a vantagem dos regentes dos dois signos. Um lhe dá uma inteligência aguçada e prática e o outro, talento artístico. Infelizmente, essa influência dupla também pode torná-lo uma pessoa perfeccionista e com inclinação à auto-indulgência. Contudo, a combinação de sua mente curiosa, capacidade de liderança e sensibilidade emocional tem o potencial de levá-lo ao topo da sua carreira.

Com a influência adicional do regente do seu decanato, Libra, você atrai as pessoas com o seu jeito agradável e sua voz doce. Mentalmente progressista, você gosta de se informar e de iniciar projetos que o mantenham mentalmente estimulados. Mesmo que pareça despreocupado, como é ambicioso e tem força de vontade, você tem fortes convicções e persiste até alcançar os seus objetivos. Com boa capacidade de comunicação, você é um idealista produtivo que, com disciplina e determinação, é capaz de transformar os seus sonhos em realidade.

♎

SOL: CÚSPIDE DE VIRGEM/LIBRA
DECANATO: LIBRA/VÊNUS
GRAU: 29°30'- 0°30' LIBRA
MODO: CARDEAL
ELEMENTO: AR

♎

Um pensador criativo, com capacidade de compreensão rápida, você tem talento para se comunicar. Apesar de idealista, você também sabe o valor do dinheiro e gosta de beleza e luxo. Contudo, você precisa se prevenir contra a tendência à extravagância ou à vaidade. O seu poder intelectual é um elemento importante do seu sucesso e, por isso, você precisa trabalhar ou ter outras atividades que despertem o seu interesse.

Antes dos 29 anos de idade, você provavelmente estará voltado para questões ligadas a dinheiro, criatividade e construção da harmonia nos seus relacionamentos. Aos 30 anos, quando o seu Sol progredido entra no signo de Escorpião, a sua vida passa por uma virada e você passa a dar importância à mudança profunda e à transformação. Você pode também se envolver em transações financeiras conjuntas ou com o dinheiro de outras pessoas. Sua vida passa por outra mudança aos 60 anos de idade, quando o seu Sol progredido entra no signo de Sagitário, indicando a necessidade de você se tornar mais aventureiro e com desejo de ser livre, além de um interesse maior por educação e viagens.

O Seu Eu Secreto

Ainda que aparente ser confiante, você é uma pessoa muito ligada aos seus parceiros e relacionamentos. Afetuoso e diplomático, você pode ser uma companhia amigável e estimulante. Entretanto, se você perder o seu equilíbrio emocional, pode se tornar mal-humorado, frio ou perder o interesse. Mesmo que precise das pessoas, é vital que, nos seus relacionamentos, você mantenha a sua independência. Isso quer dizer que para ser feliz você precisa de parceiros que sejam justos e saibam o quão é importante dar e receber.

Como você é solidário e capaz, os outros o procuram para pedir ajuda e apoio. Você tem uma visão idealista que se manifesta por meio da busca de relacionamentos amorosos ou de uma expressão artística, musical ou espiritual. Se a sua sensibilidade interior for reprimida, você pode se tornar medroso e hostil. Todavia, quando está com uma disposição positiva, você tem capacidade para trabalhar junto com outros, especialmente em parcerias produtivas e grupos.

Trabalho & Vocação

Flexibilidade e boa capacidade de comunicação sugerem que você gosta de lidar com pessoas e pode ser um bom *promoter* ou relações públicas. Com charme e habilidade para ser persuasivo, você muitas vezes fala pelos outros. Você sabe da importância do conhecimento e isso pode levá-lo a carreiras na área da educação, do jornalismo ou da literatura. Embora seja adaptável, os seus pensamentos pioneiros implicam que você pode introduzir novas idéias ou aprimorar antigos conceitos. Quando acredita em uma causa ou pessoa, você pode ser um bom vendedor ou porta-voz. Mas o seu amor pela música pode levá-lo ao mundo de entretenimento.

ESTRELAS FIXAS

Embora o grau do seu Sol não esteja associado a nenhuma estrela fixa, alguns de seus outros planetas certamente estão. Por meio do seu mapa astrológico, você pode encontrar a posição exata dos planetas na sua data de nascimento e poderá saber quais das estrelas fixas listadas neste livro são relevantes para você.

Numerologia

Intuição, sensibilidade emocional e criatividade são algumas das qualidades das pessoas nascidas no dia 23. Usualmente, você é uma pessoa versátil, apaixonada e que pensa com rapidez, dotado de uma atitude profissional e de uma mente cheia de idéias criativas. Com a influência do número 23, você pode aprender novos assuntos com facilidade, mas prefere a prática à teoria. Você gosta de viagens, aventuras e de conhecer pessoas novas; a inquietude indicada pelo número 23 o impele a ter diversos tipos de experiências. Você pode aproveitar ao máximo as situações. Amigável e amante das diversões, dotado de coragem e vigor, você precisa de uma vida ativa para desenvolver todo o seu verdadeiro potencial. A subinfluência do mês número 9 indica que você é intuitivo e imaginativo. Multitalentoso e prático, você precisa de ordem e desenvolver a paciência. A sua tendência a se entediar facilmente pode levá-lo a querer sempre mudar as coisas no meio do caminho. Você se beneficiará se concluir os trabalhos antes de aceitar novos desafios.

Positivo: leal, responsável, viagens, comunicativo, intuitivo, criativo, versátil, confiável, fama

Negativo: egoísta, inseguro, teimoso, inflexível, crítico, reservado, preconceituoso

Amor & Relacionamentos

Com o seu charme, você pode atrair amigos e parceiros facilmente. Você não gosta de se comprometer precipitadamente, mas, depois que o faz, esforça-se ao máximo para que os seus relacionamentos sejam harmoniosos. Como é uma pessoa romântica e que gosta de estabilidade emocional, você em geral é leal ao seu parceiro. Mesmo quando se desencanta, você continua tentando manter os seus relacionamentos agradáveis, especialmente se for mulher. Os homens podem não ser tão pacientes, mas acreditam na idéia de um relacionamento perfeito.

ALGUÉM ESPECIAL

Você pode encontrar aquele alguém especial entre as pessoas nascidas nas seguintes datas:

♥ **Amor & amizade:** jan: 1, 4, 27, 28, 29; fev: 2, 25, 27; mar: 23, 25; abr: 21, 23; mai: 19, 21, 29; jun: 17, 19, 27; jul: 15, 17, 25; ago: 13, 15, 23; set: 11, 13, 21; out: 9, 11, 19; nov: 7, 9, 17; dez: 5, 7, 15

Relacionamentos benéficos: jan: 3, 10, 15, 18; fev: 1, 8, 13, 16; mar: 6, 11, 14, 29, 31; abr: 4, 9, 12, 27, 29; mai: 2, 7, 10, 25, 27; jun: 5, 8, 23, 25; jul: 3, 6, 21, 23; ago: 1, 4, 19, 21; set: 2, 17, 19; out: 15, 17; nov: 13, 15; dez: 11, 13

Atrações fatais: mar: 19, 20, 21, 22; abr: 30; mai: 28; jun: 26; jul: 24; ago: 22; set: 20; out: 18; nov: 16; dez: 14

Relacionamentos desafiantes: jan: 9, 14, 16, 25; fev: 7, 12, 14, 23; mar: 5, 10, 12, 21, 28, 30; abr: 3, 8, 10, 19, 26, 28; mai: 1, 6, 8, 17, 24, 26; jun: 4, 6, 15, 22, 24; jul: 2, 4, 13, 20, 22; ago: 2, 11, 18, 20; set: 9, 16, 18; out: 7, 14, 16; nov: 5, 12, 14; dez: 3, 10, 12

Alma gêmea: dez: 29

24 de Setembro

A influência do seu dia de aniversário sugere que você é uma pessoa amigável, solidária, gentil, sociável e que tem muita noção do que é justo e correto. Você tem um interesse especial pela vida familiar e doméstica e pode usar a sua diplomacia em situações difíceis. Generoso e romântico, você combina carisma e liderança. Quando sabe usar socialmente a sua influência, você é capaz de se relacionar com pessoas de diferentes círculos sociais.

Com a influência adicional do regente do seu decanato, Libra, você gosta do luxo e de ambientes bonitos. As suas idéias inspiradas podem ajudá-lo a desenvolver os seus talentos artísticos ou criativos inatos. Contudo, você precisa ter a paciência e a disciplina necessárias para aproveitar ao máximo o seu maravilhoso potencial.

A sua vida geralmente melhora à medida que fica mais velho e se torna menos dependente dos outros. Você precisa defender o que acredita mesmo quando isso o leva a discordar das outras pessoas. No entanto, como tem habilidade para organizar e é muito sociável, você pode ser um excelente anfitrião. Com o seu amor pelo prazer e pelo conforto, pode ser muito fácil se deixar levar por uma rotina confortável. Mas, você tem uma inclinação humanitária rebelde e um desejo de ação que o podem ajudar a combater a mediocridade.

SOL: LIBRA
DECANATO: LIBRA/VÊNUS
GRAU: 0°30'-1°30' LIBRA
MODO: CARDEAL
ELEMENTO: AR

Até os 28 anos de idade, você provavelmente tem interesse pelos seus relacionamentos sociais e quer se cercar de um ambiente harmonioso e luxuoso. Contudo, a sua vida passa por uma mudança quando você faz 28 anos, quando o seu Sol progredido entra no signo de Escorpião, enfatizando as questões ligadas à mudança emocional e fazendo com que você tenha um desejo maior de que a sua vida tenha um sentido mais profundo. Sua vida passa por outra mudança aos 59 anos de idade, quando o seu Sol progredido entra no signo de Sagitário, estimulando-o a se tornar mais aventureiro e a explorar a vida mental ou fisicamente, especialmente por meio da educação ou de viagens ao exterior. Você pode também conhecer pessoas de diferentes culturas que podem ampliar os seus horizontes.

O Seu Eu Secreto

Quando está com uma disposição positiva, você consegue se distanciar e olhar a vida de uma forma leve, bem-humorada e divertida. Porém, quando está desanimado, a frustração ou o desapontamento podem se refletir no seu relacionamento com as pessoas, tornando-o controlador e não permitindo que elas o conectem em um nível emocional. Se isso acontecer, você pode equilibrar as suas fortes emoções mantendo-se responsável, mas não sério demais. Mas não é preciso muito tempo para que a sua alegria, generosidade e natureza amável reapareçam.

Como tem potencial para ser muito poderoso você mexe profundamente com as pessoas, especialmente quando atua como artista, político ou líder espiritual. Você respeita as pessoas que o mantêm mentalmente estimulado e tem sempre respostas rápidas. Por ser um excelente observador que sabe avaliar com perspicácia o caráter das pessoas, você pode compreender a natureza humana e fazer contatos sociais úteis.

Trabalho & Vocação

Criativo e idealista, você pode trabalhar em nome de uma causa e inspirar as pessoas a darem o melhor de si. Você é generoso e tem habilidades práticas, e a sua personalidade charmosa e irresistível implica que você pode liderar as pessoas, especialmente na organização de grandes eventos ou festas. Como tem habilidade diplomática e charme, você pode conquistar as pessoas e ser popular. Com capacidade para fazer redes de contatos e com uma natureza humanitária, você pode se envolver em atividades associadas ao trabalho de caridade. Disposto a ceder, você pode também ser um excelente mediador. Responsável e trabalhador, você pode ter interesse por advocacia e reformas. Quando busca expressar as suas poderosas emoções, você pode ser bem-sucedido escrevendo, atuando na área de *design*, teatro, música ou arte.

ESTRELAS FIXAS

Embora o grau do seu Sol não esteja associado a nenhuma estrela fixa, alguns de seus outros planetas certamente estão. Por meio do seu mapa astrológico, você pode encontrar a posição exata dos planetas na sua data de nascimento e poderá saber quais das estrelas fixas listadas neste livro são relevantes para você.

Numerologia

Como uma pessoa nascida no dia 23, você tem aversão à rotina, mas é trabalhador e dotado de habilidades práticas e boa capacidade de julgamento. A sensibilidade emocional do número 24 sugere que você precisa de estabilidade e ordem. Confiável e justo, embora às vezes possa ser reservado, você tem inclinação a acreditar que as ações falam mais alto do que a palavras. Com essa maneira pragmática de encarar a vida, você pode desenvolver um bom senso para os negócios e habilidade para superar os obstáculos e ser bem-sucedido. Com o dia de aniversário número 24, você precisa superar a tendência a ser teimoso ou a ter idéias fixas. A subinfluência do mês número 9 indica que você é uma pessoa imaginativa, generosa e que tem sentimentos profundos. Idealista e romântico, você pode ser um amigo e amante dedicado. A vida familiar e doméstica desempenha um papel importante na sua vida, e você está disposto a fazer sacrifícios pelas pessoas que ama. Para que se sinta feliz, é fundamental que você tenha alguma forma de se expressar criativamente, pois se não o fizer pode ficar com as suas emoções bloqueadas e sentir-se frustrado.

Positivo: idealista, habilidades práticas, grande determinação, honesto, franco, justo, generoso, amor à vida doméstica, vigoroso

Negativo: materialista, instável, aversão à rotina, preguiça, pouco confiável, dominador, teimoso

Amor & Relacionamentos

Charmoso e sociável, você não tem problemas para atrair amigos e parceiros. O amor e um relacionamento seguro são especialmente importantes para você, devido à sua grande necessidade de ter um ambiente doméstico seguro e caloroso. Para manter a paz e a harmonia, você está sempre disposto a fazer sacrifícios, mas a sua tendência à teimosia sugere que, quando acredita em algo, você pode ser inflexível. Um amigo leal, dotado de um coração generoso e apaixonado, você gosta de divertir as pessoas. Como valoriza o companheirismo, você também apóia o seu parceiro.

ALGUÉM ESPECIAL

Para encontrar aquele alguém especial, procure pelas pessoas nascidas nas seguintes datas:

Amor & amizade: jan: 2, 5, 28; fev: 3, 26; mar: 1, 24; abr: 22; mai: 20, 29, 30; jun: 18, 27, 28; jul: 16, 25, 26; ago: 14, 23, 24; set: 12, 21, 22; out: 10, 19, 20; nov: 8, 17, 18, 27, 29; dez: 6, 15, 16, 25, 27

Relacionamentos benéficos: jan: 2, 10, 13, 16; fev: 8, 11, 14; mar: 6, 9, 12; abr: 4, 7, 10; mai: 2, 5, 8; jun: 3, 6; jul: 1, 4, 30; ago: 2, 28, 30; set: 26, 28; out: 24, 26; nov: 22, 24; dez: 20, 22, 30

Atrações fatais: mar: 21, 22, 23; out: 31; nov: 29; dez: 27

Relacionamentos desafiantes: jan: 3, 9, 10; fev: 1, 7, 8; mar: 5, 6, 31; abr: 3, 4, 29; mai: 1, 2, 27; jun: 25; jul: 23; ago: 2, 21, 31; set: 19, 29; out: 17, 27; nov: 15, 25; dez: 13, 23

Alma gêmea: jan: 5; fev: 3; mar: 1; mai: 30; jun: 28; jul: 26; ago: 24; set: 22; out: 20; nov: 18; dez: 16

25 de Setembro

A influência do seu dia de aniversário sugere que você é uma pessoa charmosa, sensível, astuta e terna. Ainda que seja idealista, generoso e leve uma vida social agitada, você tem um forte senso de disciplina ou dever. Você tem dentro de si uma ampla gama de emoções e pode oscilar entre ser duro e distante e ser atencioso e compassivo.

Com a influência adicional do regente do seu decanato, Libra, o amor e a afeição são especialmente importantes para você. As suas habilidades sociais garantem o seu sucesso com as pessoas, particularmente quando usa o seu carisma especial. Como sabe organizar, você gosta de deixar as pessoas à vontade e, com a sua mente rápida, pode ser espirituoso e divertido. A sua necessidade de se expressar e a sua criatividade podem se manifestar por intermédio da arte, da música ou do teatro, ou, você pode, pelo menos, saber apreciá-los. As questões de ordem financeira também ocupam a sua atenção e, com a sua aptidão natural para os negócios, você tem o potencial para comercializar os seus diversos talentos.

SOL: LIBRA
DECANATO: LIBRA/VÊNUS
GRAU: 1°30'-2°30' LIBRA
MODO: CARDEAL
ELEMENTO: AR

Como é idealista, você considera importante trabalhar em projetos que o mantenham ocupado de forma construtiva. Você gosta de se manter ocupado. Intuitivo e mentalmente astuto, você busca inspiração e se sai bem trabalhando para ajudar os outros. Como é muito perfeccionista, você pode às vezes ser muito duro consigo mesmo e com os outros ou tornar-se autoritário e cético. Contudo, quando as suas emoções são construtivamente canalizadas, você pode alcançar um sucesso extraordinário.

Antes dos 27 anos de idade, você provavelmente estará interessado em desenvolver as suas habilidades sociais, seus talentos criativos e oportunidades para o sucesso financeiro. Aos 27 anos, quando o seu Sol progredido entra no signo de Escorpião, a sua vida sofre uma virada e você passa a dar mais importância à necessidade de mudança emocional, poder e transformação. Sua vida passa por outra mudança aos 28 anos de idade, quando o seu Sol progredido entra no signo de Sagitário, indicando que você se torna uma pessoa mais ousada e direta, com necessidade de expandir os seus horizontes e de buscar mais inspiração e liberdade.

O Seu Eu Secreto

Desenvolvendo a perseverança e a disposição para o trabalho, você pode ter a autodisciplina necessária para desenvolver o enorme potencial do dia do seu aniversário. Sempre pensando no sucesso, você deseja melhorar a sua situação. Com toda a sua sensibilidade e seu amor ao prazer, no entanto, você precisa evitar qualquer forma de indulgência ou escapismo.

Geralmente otimista e amigável, você tem uma imaginação maravilhosa, emoções dinâmicas e habilidade para brilhar ou se destacar. Todavia, o seu senso de sobriedade, sua frustração ou seu desapontamento podem torná-lo insatisfeito ou mesmo temperamental. Pensando em termos universais, você é capaz de esquecer as dificuldades ou perdoar. Quando aprende a confiar nas suas habilidades psíquicas naturais, você passa a lidar melhor com as pessoas e a ter mais autoconfiança.

Trabalho & Vocação

Imaginativo e artístico, você gosta de se expressar e de trabalhar em conjunto com os outros. Socialmente, você gosta de se dar com pessoas influentes, envolver-se com política ou trabalhar no mundo dos meios de comunicação, publicidade ou na área editorial. Com talento artístico, senso estético e bom gosto, você usualmente sabe reconhecer o que tem qualidade. Criativo e talentoso, você aprecia a beleza e em geral se interessa por arte, museus, antigüidades ou galerias. Mas os seus poderosos sentimentos podem se manifestar por meio de profissões ligadas à cura, como enfermagem e cuidado com os outros. Inteligente e ponderado, você gosta de compartilhar o seu conhecimento com as outras pessoas e aspira ser professor, especialmente nas áreas de literatura, teatro, arte ou música.

Numerologia

Rápido e vigoroso, embora intuitivo e ponderado, com o dia de aniversário número 25, você precisa se expressar por meio de diversas experiências, que podem envolver idéias, pessoas ou lugares empolgantes. O seu desejo de perfeição o impele a trabalhar duro e a ser produtivo. Entretanto, você precisa ser menos impaciente ou crítico se as coisas não acontecerem como planejou. Como uma pessoa número 25, você tem uma forte energia mental que, quando concentrada, ajuda-o a perceber todos os fatos e a chegar a uma conclusão mais rápido do que qualquer outra pessoa. O sucesso e a felicidade são seus quando aprende a confiar nos seus instintos e a desenvolver a perseverança e a paciência. A subinfluência do mês número 9 indica que você é sensível e imaginativo. Como sabe julgar o caráter das pessoas, você precisa aprender a confiar nos seus sentimentos e intuição em vez de se manter cético ou duvidar de si mesmo. Apesar de charmoso e sociável, você pode reagir com intensidade exagerada ou ficar muito emotivo e ser impulsivo.

ESTRELAS FIXAS

Embora o grau do seu Sol não esteja associado a nenhuma estrela fixa, alguns de seus outros planetas certamente estão. Por meio do seu mapa astrológico, você pode encontrar a posição exata dos planetas na sua data de nascimento e poderá saber quais das estrelas fixas listadas neste livro são relevantes para você.

Positivo: altamente intuitivo, perfeccionista, perceptivo, mentalmente criativo, capacidade para lidar com as pessoas

Negativo: impulsivo, impaciente, ciumento, reservado, instabilidade, crítico, mal-humorado, nervoso

Amor & Relacionamentos

Com todo o seu poder emocional e charme, você certamente atrai as pessoas. Embora seja romântico e dramático, você tem uma tendência à auto-indulgência e à indecisão, o que pode levá-lo a se envolver em relacionamentos questionáveis. Exercitando o discernimento, no entanto, você pode ter uniões com pessoas que estejam à altura da sua agilidade mental, vivacidade e amor. Você pode se sentir particularmente atraído por pessoas que transmitem poder e determinação. Depois que se compromete, você é um parceiro e amigo leal e confiável.

ALGUÉM ESPECIAL

Para encontrar aquele alguém especial, comece procurando entre as pessoas nascidas nas seguintes datas:

Amor & amizade: jan: 3, 8, 22, 25, 29, 30; fev: 1, 6, 20, 23, 27, 28; mar: 18, 21, 25, 26; abr: 2, 16, 19, 23, 24, 28; mai: 14, 17, 21, 22, 26, 31; jun: 12, 15, 19, 20, 24, 29; jul: 10, 13, 18, 22; ago: 8, 11, 15, 16, 20, 27, 29, 30; set: 6, 9, 13, 14, 18, 23, 27, 28; out: 4, 7, 11, 12, 16, 21, 25, 26; nov: 2, 5, 9, 10, 14, 19, 23, 24; dez: 3, 7, 8, 12, 17, 21, 22

Relacionamentos benéficos: jan: 17; fev: 15; mar: 13; abr: 11; mai: 9, 29; jun: 7, 27; jul: 5, 25; ago: 3, 23; set: 1, 21; out: 21, 26; nov: 17, 27, 30; dez: 15, 25, 28

Atrações fatais: mar: 21, 22, 23, 24; mai: 31; jun: 29; jul: 27; ago: 25, 30; set: 23, 28; out: 21, 26; nov: 19, 24; dez: 17, 22

Relacionamentos desafiantes: jan: 20, 23; fev: 18, 21; mar: 16, 19; abr: 14, 17; mai: 12, 15; jun: 10, 13; jul: 8, 11; ago: 6, 9; set: 4, 7; out: 2, 5; nov: 2; dez: 1

Alma gêmea: jan: 4, 31; fev: 2, 29; mar: 27; abr: 25; mai: 23; jun: 21; jul: 19; ago: 17; set: 15; out: 13; nov: 11; dez: 9

26 de Setembro

Você é uma pessoa charmosa, magnética e que tem uma personalidade calorosa e atraente. Como é sociável, amigável e dotado de uma certa graça, você é também mentalmente astuto e determinado. Romântico e sensível, você tem sentimentos fortes que podem ser a fonte de elevadas aspirações. Infelizmente, elas podem ser também uma fonte de frustração quando as outras pessoas não correspondem aos seus ideais elevados.

Com a influência adicional do regente do seu decanato, Libra, você tem senso estético e se sente mais feliz quando está em ambientes bonitos. Como é artístico e tem consciência da importância da imagem, além de gostar de um toque de *glamour*, você em geral tem estilo e gosta de causar uma boa impressão. Gracioso e refinado, você tem habilidades diplomáticas naturais e é capaz de fazer com que as pessoas se sintam à vontade. Embora goste de atividades sociais e possa atrair as pessoas com o seu jeito agradável, você precisa aprender a ser firme e decidido.

SOL: LIBRA
DECANATO: LIBRA/VÊNUS
GRAU: 2°30'-3°30' LIBRA
MODO: CARDEAL
ELEMENTO: AR

Divertido e jovial, você tem habilidades criativas naturais que podem ser desenvolvidas por meio da paciência e da perseverança em literatura, teatro ou música. Apenas tome cuidado para que todo esse maravilhoso potencial não seja absorvido pela auto-indulgência ou pela tentação em tomar o caminho mais fácil. Com interesse pelas pessoas, você as apóia emocionalmente e pode ser uma influência positiva em um nível pessoal ou em grupo. Um dos poucos obstáculos para o seu sucesso pode ser a sua falta de habilidade para se disciplinar quando é realmente necessário.

Antes dos 26 anos de idade, você provavelmente estará interessado em questões ligadas a dinheiro, criatividade e em buscar a harmonia nos seus relacionamentos. Aos 27 anos, quando o seu Sol progredido entra no signo de Escorpião, a sua vida sofre uma virada que indica um período de transformação e acentua uma crescente necessidade de intensidade e mudança emocional. Sua vida passa por outra mudança aos seus 27 anos de idade, quando o seu Sol progredido entra no signo de Sagitário. A partir dessa fase, você se torna mais aventureiro e passa a apreciar mais a liberdade, ou pode descobrir um novo interesse e iniciar algum curso de educação superior. Mas é possível que você se interesse em viajar para outros países ou conhecer pessoas de culturas diferentes.

O Seu Eu Secreto

Dramático, orgulhoso e nobre, você nem sempre revela a sua extrema sensibilidade ou vulnerabilidade. Isso indica que quando desenvolve a sua poderosa intuição e aprende a se manter neutro, você é capaz de perceber quando há algo de errado com as situações e pode evitá-las, o que o poupa de um desgaste emocional. Como é solidário e compreensivo, você pode se ver, algumas vezes, fazendo o papel de conselheiro. Lembre-se de equilibrar a sua generosidade e compaixão com um certo distanciamento, para não absorver os problemas alheios.

Caloroso e em sintonia com uma alegria de viver, você sempre tem um jeito jovial. Gentil e magnânimo, você precisa da companhia das pessoas e em geral busca o companheirismo e relacionamentos harmônicos. Quando encontra algo de que realmente gosta, você se torna uma pessoa dedicada e trabalhadora. Você pode descobrir que dar prazer aos outros é altamente gratificante.

Trabalho & Vocação

ESTRELA FIXA

Nome da estrela:
Zaniah

Posição:
3° 51' - 4° 43' de Libra, entre os anos de 1930 e 2000

Magnitude:
4

Força:
★★★★

Órb:
1° 30'

Constelação:
Eta Virgem

Dias:
26, 27, 28 e 29 de setembro

Qualidades da estrela:
Mercúrio/Vênus

Descrição:
uma estrela branca variável, localizada na asa sul da constelação de Virgem.

Apesar de ter jeito para os negócios, a sua natureza idealista e seu desejo de se expressar sugerem que você se sai melhor em profissões nas quais possa usar a sua criatividade e colaborar com os outros. Sociável e amigável, você tem uma personalidade charmosa e tranqüila que o pode levar a carreiras como relações públicas ou ocupações como serviço de atendimento ao cliente. Se trabalhar com vendas, você precisa acreditar no produto que está promovendo, senão não consegue ser convincente. A habilidade para combinar a vida social com os negócios sugere que você gosta de trabalhos em restaurantes, clubes e bares. Mas você pode querer ensinar, especialmente na área de cinema e teatro, literatura e música. Se tiver uma boa voz, pode ser levado a trabalhar no mundo do entretenimento, como músico ou cantor.

Numerologia

Com o dia de aniversário número 26, você tem uma maneira pragmática de abordar a vida, habilidade executiva e aptidão natural para os negócios. Normalmente responsável, dotado de um senso estético natural e de amor à vida doméstica, você precisa ter uma base ou estabilidade sólida. Muitas vezes um manancial de força para os outros, você tem disposição para apoiar os amigos e familiares que o procuram quando precisam. Contudo, você precisa se prevenir contra as tendências materialistas e o desejo de querer controlar as situações e pessoas. A subinfluência do mês número 9 indica que você é uma pessoa imaginativa e intuitiva, com fortes instintos. Quando se sente motivado e com ambição, você usa todo o seu conhecimento de forma criativa e individual. Mesmo que prefira o conforto e uma vida despreocupada, o seu idealismo implica que, quando se está inspirado, você pode ser dedicado e fazer grandes sacrifícios. Se tiver disciplina e compaixão, a sua gentileza para com as pessoas é reconhecida e o seu amor restaurado.

Positivo: criativo, prático, atencioso, responsável, orgulhoso da família, entusiasmo, coragem

Negativo: teimoso, rebelde, relacionamentos instáveis, falta de entusiasmo, falta de persistência, instabilidade

Amor & Relacionamentos

Amigável e charmoso, você tem uma vida social agitada e muitos amigos e admiradores. Você se sai bem em situações de grupo e pode ser a estrela das reuniões sociais. Independente, o seu idealismo e sua grande necessidade de amor podem, no entanto, levá-lo a relacionamentos românticos pouco adequados, por isto é necessário ser cauteloso em todos os seus assuntos pessoais. Um amante generoso, você precisa aprender a se manter neutro e a não dar muito de si, tornando-se sério demais. O seu comportamento altruísta e humanitário permite que você coloque a sua vida amorosa em perspectiva.

INFLUÊNCIA DA ESTRELA PRIMÁRIA

A influência de Zaniah confere refinamento, congenialidade e amor pela harmonia e pela ordem. Você, em geral, possui uma natureza amável, uma personalidade charmosa e provavelmente tem muitos amigos. Esta estrela concede popularidade, honra e sucesso por meio de contatos sociais.

Ligada ao grau do seu Sol, Zaniah favorece a educação, o aprendizado intelectual e concede um talento natural para a pesquisa e a literatura. Com a ajuda desta estrela, você pode se tornar um especialista na sua área de interesse. Você tem um bom relacionamento com as pessoas com as quais trabalha e é um bom cônjuge. Esta estrela sugere que você, quando não é provocado, tem uma natureza muito agradável.

- **Positivo**: visionário, mente aguçada, refinado, habilidade para lidar com trabalhos detalhados
- **Negativo**: vaidade, convencimento, falta de impulso, esbanjamento, busca por opções fáceis

ALGUÉM ESPECIAL

Você pode encontrar um parceiro confiável e amoroso entre as pessoas nascidas nas seguintes datas:

Amor & amizade: jan: 5, 9, 10, 18, 19, 26, 30; fev: 3, 8, 16, 17, 24, 28; mar: 1, 6, 14, 14, 22, 26; abr: 4, 12, 13, 20, 24; mai: 1, 2, 10, 11, 18, 22; jun: 8, 9, 16, 20, 30; jul: 6, 7, 14, 18, 28; ago: 4, 5, 12, 16, 26, 30; set: 2, 3, 10, 14, 28; out: 1, 8, 12, 22, 26; nov: 6, 10, 20, 24; dez: 4, 8, 18, 22, 30

Relacionamentos benéficos: jan: 13; fev: 11; mar: 9; abr: 7; mai: 5; jun: 3, 30; jul: 1, 28; ago: 26; set: 24; out: 22; nov: 20; dez: 18

Atrações fatais: mar: 22, 23, 24, 25

Relacionamentos desafiantes: jan: 14, 24; fev: 12, 22; mar: 10, 20; abr: 8, 18; mai: 6, 16; jun: 4, 14; jul: 2, 12; ago: 10; set: 8; out: 6; nov: 4; dez: 2

Alma gêmea: jul: 30; ago: 28; set: 26; out: 24; nov: 22; dez: 20

27 de Setembro

A influência do dia do seu aniversário implica que você é uma pessoa calorosa, com charme e espírito empreendedor. Honesto e direto, você gosta de compartilhar com as pessoas e ser uma excelente companhia. A ambição o leva muitas vezes a buscar oportunidades e, com os seus grandes projetos, você precisa se manter em atividade. Contudo, em virtude de suas fortes emoções, você precisa evitar os extremos ou agir de forma impulsiva.

Devido à influência adicional do regente do seu decanato, Libra, você gosta de luxo e beleza e possui uma sensibilidade estética para cores, formas e sons. Como gosta de criar uma boa imagem, você é em geral uma pessoa atraente que tem consciência da importância da sua aparência. Gentil, amigável e capaz de se entrosar bem com as pessoas, você tem uma habilidade diplomática natural e sabe deixar as pessoas à vontade. Com a sua boa capacidade intelectual, habilidade para organização e natureza aventureira, você sabe também como fazer dinheiro. Como você tem uma inclinação idealista ou espiritual, o melhor é que essa habilidade para ganhar dinheiro se associe a uma filosofia pessoal ou vontade de promover reformas sociais. Todavia, a falta de autodisciplina ou a indecisão podem desviá-lo do seu caminho e impedir que você desenvolva o maravilhoso potencial inerente ao seu dia de aniversário.

♎

SOL: LIBRA
DECANATO: LIBRA/VÊNUS
GRAU: 3°30'-4°30' LIBRA
MODO: CARDEAL
ELEMENTO: AR

♎

Embora seja em geral uma pessoa otimista, a sua tendência à teimosia pode, ocasionalmente, separá-lo das pessoas de quem você gosta. No entanto, quando sabe usar positivamente a sua criatividade e a sua habilidade para lidar com as pessoas, você adquire entusiasmo e espírito de luta.

Antes dos 27 anos de idade, a sua preocupação maior é desenvolver as suas habilidades sociais, talentos criativos e oportunidades para o sucesso financeiro. Aos 26 anos, quando o seu Sol progredido entra no signo de Escorpião, a sua vida sofre uma virada e você passa a dar mais importância às questões referentes à transformação e mudança emocional. A sua vida sofre uma outra virada aos 56 anos, quando o seu Sol progredido entra no signo de Sagitário, indicando que você se torna mais otimista e expansivo ou que busca a inspiração, seja por meio de contatos pessoais, de religião, de educação ou de viagens.

O Seu Eu Secreto

Como possui uma pureza jovial, você gosta de divertir as pessoas usando os seus diversos talentos. Essa característica um tanto infantil pode, às vezes, revelar uma certa imaturidade, por isso você precisa estar atento às suas responsabilidades. O seu desejo de movimento e mudança é freqüentemente um sinal de inquietude e impaciência, mas, se você se sentir inspirado, ele pode estimulá-lo a explorar e a investigar novos assuntos ou atividades. As viagens podem também desempenhar um papel significativo para a expansão de seus horizontes mentais ou para a satisfação de seu desejo de liberdade.

Como admira a inteligência, você respeita as pessoas que têm sabedoria e *insight.* Apesar de sensível, imaginativo e com uma inclinação idealista, você precisa ser persistente para aproveitar ao máximo os seus talentos naturais. Para evitar o tédio, você pode se beneficiar atualizando os seus conhecimentos e habilidades ou se desafiando com maiores e melhores oportunidades.

Trabalho & Vocação

Determinado e com poder de comando, você se sente melhor quando ocupa posições executivas ou gerenciais. Como precisa de liberdade para se expressar, você prefere trabalhar independentemente ou ter uma atividade que o deixe livre. Com a sua imaginação e sua criatividade, você pode ser muito bem-sucedido no mundo do entretenimento. O seu intelecto aguçado e seu poder persuasivo sugerem que, como humanitário, você pode obter êxito em trabalhos que envolvam reformas ou educação, na área de advocacia, ciência, literatura ou política. É necessário haver variedade e mudança em qualquer carreira que você siga. Compassivo e compreensivo, dotado da habilidade de animar as pessoas, você pode se sentir atraído por profissões ligadas a ajuda aos outros.

ESTRELA FIXA

Nome da estrela:
Zaniah

Posição:
3° 51' - 4° 43' de Libra, entre os anos de 1930 e 2000

Magnitude:
4

Força:
★★★★

Órb:
1° 30'

Constelação:
Eta Virgem

Dias:
26, 27, 28 e 29 de setembro

Qualidades da estrela:
Mercúrio/Vênus

Descrição:
uma estrela branca variável, localizada na asa sul da constelação de Virgem.

Numerologia

O dia de aniversário número 27 indica que você é idealista e sensível. Como uma pessoa intuitiva e analítica, dotada de uma mente fértil e criativa, você pode impressionar os outros com os seus pensamentos originais. Mesmo que possa às vezes ter uma aparência reservada ou distante, você na verdade pode estar escondendo tensões internas. Quando desenvolve a sua boa capacidade de comunicação, você pode superar a resistência em expressar os seus sentimentos mais profundos. A educação é um fator essencial para as pessoas com número 27, e quando amplia a sua perspectiva você se torna mais paciente e disciplinado. A subinfluência do mês número 9 indica que você é, em geral, uma pessoa magnética e carismática, dotada de uma mente perceptiva e de uma natureza humanitária. Embora possa ser generoso e compassivo, você pode se tornar emocionalmente frustrado, passar por oscilações de humor ou se deixar levar pelo escapismo e pela autopiedade. Você pode se beneficiar muito se desenvolver a compreensão e a tolerância e aprender a se tornar impessoal. Evite ser teimoso ou se envolver em discussões quando se sente emocionalmente inseguro.

Positivo: versátil, imaginativo, criativo, resoluto, corajoso, compreensivo, mentalmente capaz, espiritualizado, inventivo, força mental

Negativo: desagradável, ofende-se facilmente, propenso à discussões, inquieto, nervoso, pouco confiável, tenso

Amor & Relacionamentos

Com a sua personalidade carismática, você pode realmente causar uma impressão forte e duradoura. O seu jeito caloroso e despreocupado lhe dá o dom de colocar as pessoas à vontade. Como um perfeito anfitrião, você gosta de companhia e tem muitos amigos. Muito amoroso e com necessidade de receber muito amor e afeição, você busca um parceiro que possa retribuir o seu amor e sua gentileza. Atraído por pessoas poderosas e determinadas, você deve tomar cuidado para não se tornar dependente dos seus parceiros. Você tem a feliz habilidade de combinar negócios com prazer.

INFLUÊNCIA DA ESTRELA PRIMÁRIA

A influência de Zaniah confere refinamento, congenialidade e amor pela harmonia e pela ordem. Você, em geral, possui uma natureza amável, uma personalidade charmosa e provavelmente tem muitos amigos. Esta estrela concede popularidade, honra e sucesso por meio de contatos sociais.

Ligada ao grau do seu Sol, Zaniah favorece a educação, o aprendizado intelectual e concede um talento natural para a pesquisa e a literatura. Com a ajuda desta estrela, você pode se tornar um especialista na sua área de interesse. Você tem um bom relacionamento com as pessoas com as quais trabalha e é um bom cônjuge. Esta estrela sugere que você, quando não é provocado, tem uma natureza muito agradável.

Positivo: visionário, mente aguçada, refinado, habilidade para lidar com trabalhos detalhados

Negativo: vaidade, convencimento, falta de impulso, esbanjamento, busca por opções fáceis

ALGUÉM ESPECIAL

Para o amor e a afeição, você pode encontrar aquele alguém especial entre as pessoas nascidas nas seguintes datas:

Amor & amizade: jan: 2, 3, 6, 9, 10, 11, 21, 27, 31; fev: 1, 4, 7, 8, 9, 25, 29; mar: 2, 5, 7, 17, 23, 27; abr: 3, 5, 15, 21, 25; mai: 1, 2, 3, 13, 19, 23, 30; jun: 1, 11, 17, 21, 28; jul: 9, 15, 19, 26, 29; ago: 7, 13, 17, 24, 27; set: 5, 11, 15, 22, 25; out: 3, 9, 13, 20, 23; nov: 1, 7, 11, 18, 21, 30; dez: 5, 9, 16, 19, 28

Relacionamentos benéficos: jan: 11, 16, 30; fev: 9, 24, 28; mar: 7, 22, 26; abr: 5, 20, 24; mai: 3, 18, 22, 31; jun: 1, 16, 20, 29; jul: 14, 18, 27; ago: 12, 16, 25; set: 10, 14, 23; out: 8, 12, 21, 29; nov: 6, 10, 19, 27; dez: 4, 8, 17, 25

Atrações fatais: mar: 23, 24, 25, 26, 27

Relacionamentos desafiantes: jan: 15; fev: 13; mar: 11; abr: 9; mai: 7, 30; jun: 5, 28; jul: 3, 26; ago: 1, 24; set: 22; out: 20, 30; nov: 18, 28; dez: 16, 26

Alma gêmea: jan: 9, 29; fev: 7, 27; mar: 5, 25; abr: 3, 23; mai: 1, 21; jun: 19; jul: 17; ago: 15; set: 13; out: 11; nov: 9; dez: 7

28 de Setembro

Charmoso, amigável e inteligente, você tende a ser uma pessoa trabalhadora e perceptiva. Compassivo e carinhoso, você tem sentimentos profundos, mas pode ser astuto, prático e realista. Persuasivo, alerta e com capacidade de discernimento, você tem um interesse pelas pessoas que se manifesta como uma forte inclinação humanitária e o encoraja a lutar por causas idealistas.

Devido à influência adicional do regente do seu decanato, Libra, a demonstração de amor e afeição é particularmente importante para você. O seu magnetismo e suas habilidades sociais refinadas fazem com que você goste de deixar as pessoas à vontade e garantem o seu sucesso com elas. Você tem senso estético, o que pode se manifestar por meio da música, da pintura ou do teatro e também pelo desejo de se ver cercado por beleza, estilo e luxo.

As questões de ordem financeira ocupam muito da sua atenção e, com a sua aptidão natural para os negócios e sua disposição para trabalhar duro, você tem potencial para comercializar os seus talentos. Contudo, um dos seus desafios pode ser ter o equilíbrio entre o trabalho e a diversão e com isto não permitir que a sua vida seja encarada como um fardo ou com excesso de seriedade. Você sempre tem um desempenho melhor quando permite que a sua intuição perceba o melhor momento para uma idéia ou projeto e depois age espontaneamente, em vez de ficar restrito por aspectos formais.

SOL: LIBRA
DECANATO: LIBRA/VÊNUS
GRAU: 4°30'-5°30' LIBRA
MODO: CARDEAL
ELEMENTO: AR

Antes dos 24 anos de idade, você se preocupa com questões ligadas ao dinheiro, à criatividade e à harmonia nos seus relacionamentos. Aos 25 anos, quando o seu Sol progredido entra no signo de Escorpião, a sua vida passa por uma virada e você passa a dar mais importância à necessidade de mudança emocional, poder pessoal e transformação. A sua vida sofre uma outra virada aos 55 anos, quando o seu Sol progredido entra no signo de Sagitário. A partir dessa época, você se torna uma pessoa mais aventureira, livre e filosófica, com vontade de estudar ou de conhecer outros países e se envolver com estrangeiros.

O Seu Eu Secreto

Emocionalmente generoso com as pessoas de que gosta, você tem potencial para sentir um amor e compaixão universal poderosos. Como é tão sensível, você precisa de períodos regulares de solidão para refletir e se conectar com a sua inspiração mais profunda e, de vez em quando, afastar-se da sua via rotineira.

Você pode, ocasionalmente, assumir os problemas das outras pessoas como se fossem sua responsabilidade ou ter um conflito entre o seu senso de dever e o que realmente sente, o que pode fazer com que se torne cético ou retraído. O melhor é aceitar as coisas como elas são, aprendendo a se distanciar e acreditando que a vida naturalmente lhe dá tudo o que precisa na hora certa. Como todo mundo, você precisa de amor e de aprovação, mas pode ser que não os tenha se não corresponder às expectativas dos outros. Quanto mais valoriza a si mesmo e aos seus sentimentos, menos você se compromete para obter a afeição de que precisa e desenvolve a sua autoconfiança.

Trabalho & Vocação

Ambicioso e imaginativo, você é uma pessoa que tem grandes planos e idéias originais. Apesar de sensível e idealista, você tem uma personalidade magnética e autoritária. Você é um humanitário, e pode ser dedicado e trabalhador. Como busca o equilíbrio e a harmonia, você é uma pessoa justa e imparcial, disposta a lutar pelos oprimidos. Mas o seu poder de persuasão e suas idéias brilhantes podem motivá-lo a trabalhar no mundo da publicidade, dos meios de comunicação ou na área editorial. Se tiver inclinação artística, você pode expressar os seus sentimentos de forma criativa, especialmente por meio da música e do teatro.

ESTRELA FIXA

Nome da estrela:
Zaniah

Posição:
3° 51' - 4° 43' de Libra, entre os anos de 1930 e 2000

Magnitude:
4

Força:
★★★★

Órb:
1° 30'

Constelação:
Eta Virgem

Dias:
26, 27, 28 e 29 de setembro

Qualidades da estrela:
Mercúrio/Vênus

Descrição:
uma estrela branca variável, localizada na asa sul da constelação de Virgem.

Numerologia

Independente e idealista, com determinação e abordagem pragmática, você é, muitas vezes, a própria lei. Como as pessoas de número 1, você é ambicioso, direto e empreendedor. O conflito interno entre o desejo de ser independente e pertencer a um grupo é também indicado. Sempre pronto para a ação e novos empreendimentos, você aceita corajosamente os desafios da vida e, com o seus entusiasmo, pode facilmente inspirar os outros a se juntarem a você ou ao menos apoiá-lo. Com o dia de aniversário número 28, você tem capacidade de liderança e, com senso comum, pensa com clareza. Ainda que responsável, evite ser excessivamente entusiástico, impaciente ou intolerante. A subinfluência do mês número 9 indica que você é uma pessoa imaginativa e intuitiva, com fortes premonições. Você se beneficia se desenvolver a sua criatividade ou seguir uma carreira na qual tenha liberdade para se expressar. Embora deseje afeição e tenha necessidade de fazer parte de um grupo, evite se martirizar.

Positivo: compassivo, progressista, ousado, artístico, idealista, ambicioso, trabalhador, vida doméstica estável, força de vontade

Negativo: sonhador, desmotivado, sem compaixão, fora da realidade, autoritário, sem capacidade de julgamento, agressivo, falta de confiança, muito dependente dos outros, orgulho

Amor & Relacionamentos

O seu charme magnético e sua amizade natural podem fazer com que seja muito atraente para os outros. Afetuoso, carinhoso e diplomático, você pode ser muito generoso com as pessoas que ama, mesmo que possa ter momentos de oscilação no seu humor que o fazem ficar imprevisível. Sensível aos outros, você pode mudar muito para responder às necessidades do seu parceiro, por isto é importante manter-se independente. Você precisa de mudança e empolgação nos seus relacionamentos para não se sentir inquieto ou cair na rotina, por isto é vital ter tempo para relaxar, viajar e se divertir. O ideal é que você tenha um parceiro com o qual possa compartilhar os seus ideais.

INFLUÊNCIA DA ESTRELA PRIMÁRIA

A influência de Zaniah confere refinamento, congenialidade e amor pela harmonia e pela ordem. Você, em geral, possui uma natureza amável, uma personalidade charmosa e provavelmente tem muitos amigos. Esta estrela concede popularidade, honra e sucesso por meio de contatos sociais.

Ligada ao grau do seu Sol, Zaniah favorece a educação, o aprendizado intelectual e concede um talento natural para a pesquisa e a literatura. Com a ajuda desta estrela, você pode se tornar um especialista na sua área de interesse. Você tem um bom relacionamento com as pessoas com as quais trabalha e é um bom cônjuge. Esta estrela sugere que você, quando não é provocado, tem uma natureza muito agradável.

- **Positivo**: visionário, mente aguçada, refinado, habilidade para lidar com trabalhos detalhados
- **Negativo**: vaidade, convencimento, falta de impulso, esbanjamento, busca por opções fáceis

ALGUÉM ESPECIAL

Você pode ter sorte e encontrar aquele alguém especial entre as pessoas nascidas nas seguintes datas:

Amor & amizade: jan: 2, 9, 11, 12, 22, 25; fev: 7, 10, 20, 23, 26; mar: 5, 8, 18, 21; abr: 3, 6, 16, 19; mai: 1, 3, 4, 14, 17, 20, 24, 29; jun: 1, 2, 12, 15, 27; jul: 10, 13, 16, 20, 25, 30; ago: 9, 15, 24, 26; set: 7, 13, 22, 24; out: 4, 7, 10, 14, 19, 24, 28, 29; nov: 2, 5, 8, 12, 17, 22, 26, 27; dez: 3, 6, 10, 15, 20, 24, 25

Relacionamentos benéficos: jan: 12, 23, 29; fev: 10, 21, 27; mar: 22, 26; abr: 6, 17, 23; mai: 4, 15, 21; jun: 2, 13, 19, 28, 30; jul: 11, 17, 26, 28; ago: 9, 15, 24, 26; set: 7, 13, 22, 24; out: 5, 11, 20, 22; nov: 3, 9, 18, 20, 30; dez: 1, 7, 16, 18, 28

Atrações fatais: mar: 24, 25, 26, 27; jul: 29; ago: 27; set: 25; out: 23; nov: 21; dez: 19

Relacionamentos desafiantes: jan: 1, 4, 26, 30; fev: 2, 24, 28; mar: 22, 26; abr: 20, 24; mai: 18, 22, 31; jun: 16, 20, 29; jul: 14, 18, 27; ago: 12, 16, 25, 30; set: 10, 14, 23, 28; out: 8, 12, 21, 26; nov: 6, 10, 19, 24; dez: 4, 8, 17, 22

Alma gêmea: jan: 20; fev: 18; mar: 16; abr: 14; mai: 12; jun: 10; jul: 8; ago: 6; set: 4; out: 2

29 de Setembro

A influência do seu dia de aniversário mostra que você é uma pessoa imaginativa e romântica, ainda que tenha um poder emocional que o torna determinado e forte. Com o seu charme, seu dinamismo e sua aptidão natural para os negócios, você tem talento para combinar negócios com prazer. Como é muito divertido quando está na companhia de outras pessoas, você pode impressionar com a sua vivacidade e sua generosidade.

Devido à influência adicional do regente do seu decanato, Libra, você gosta de luxo e de ambientes harmônicos. Você aprecia a beleza, as cores e os sons e tem talentos artísticos inatos que podem ser desenvolvidos por meio de atividades como canto, música, artes ou teatro. Como gosta de *glamour*, você, em geral, tem uma aparência atraente e quer criar uma boa imagem. Delicado e amigável, você tem habilidade diplomática e é um excelente negociador. Você tem habilidade para fazer dinheiro, mas a falta de autodisciplina pode impedir o desenvolvimento do seu maravilhoso potencial.

♎

SOL: LIBRA
DECANATO: LIBRA/VÊNUS
GRAU: 5°30'-6°30' LIBRA
MODO: CARDEAL
ELEMENTO: AR

♎

A expressão do amor pode ser especialmente importante, pois você busca relacionamentos harmônicos. Porém, como libriano, você pode se desequilibrar e, embora tenha uma riqueza de sentimentos e seja em geral leve, pode ocasionalmente tornar-se mal-humorado ou obstinado. Isso costuma ocorrer quando você se desaponta porque as pessoas ou situações não correspondem aos seus elevados ideais ou se a sua intensidade emocional o leva a recorrer a jogos de poder.

Antes dos 23 anos de idade, você se preocupa com questões ligadas ao desenvolvimento das suas habilidades sociais e financeiras e aos seus relacionamentos. Aos 24 anos, quando o seu Sol progredido entra no signo de Escorpião, a sua vida passa por uma virada que enfatiza questões, presentes nos trinta anos seguintes, relativas à mudança emocional e à transformação. A sua vida sofre uma outra virada aos 54 anos, quando o seu Sol progredido entra no signo de Sagitário, sugerindo que você tem o desejo de ser mais aventureiro, de correr riscos ou de expandir a sua mente por meio de estudos ou viagens para outros países.

O Seu Eu Secreto

Altamente idealista, você irradia uma energia positiva quando se sente emocionalmente animado e inspira as outras pessoas. É importante que você tenha maneiras de canalizar a sua criatividade e sua habilidade para lidar com as pessoas para aproveitar ao máximo a sua maravilhosa espontaneidade, seu entusiasmo e seu espírito de luta.

Embora em geral seja otimista, a tendência à instabilidade emocional pode separá-lo das pessoas de que gosta. Nesses momentos, você pode se retrair ou ficar frio, por isso é necessário acreditar que a vida irá lhe dar tudo o precisa e encontrar saídas positivas para as suas poderosas emoções. Ainda que tenha uma vitalidade dinâmica, a sua sensibilidade pode levá-lo a buscas espirituais. Mas você pode usar a sua compaixão e sua compreensão para ajudar as pessoas à sua volta a terem uma vida melhor.

Trabalho & Vocação

Idealista e dinâmico, você tem uma personalidade carismática e vigorosa. Sociável e amigável, você sabe combinar as suas habilidades para os negócios com atividades prazerosas. A necessidade de realização emocional sugere que você busca uma vocação em vez de um simples trabalho. Você é mais adequado para trabalhos ligados a uma causa ou ideal. Mas você pode ser atraído pelo trabalho no setor público, na política ou em reforma social. Se deseja explorar a sua criatividade, você pode ser bem-sucedido no mundo do cinema. Com senso dramático, você pode ter sucesso como ator e prosperar no mundo do entretenimento, no qual pode compartilhar o seu conhecimento com os outros, escrevendo ou ensinando.

Numerologia

Como um indivíduo número 29, você tem uma personalidade poderosa e um potencial extraordinário. Você é altamente intuitivo, sensível e emotivo. A inspiração é a chave para o seu sucesso e sem ela você pode sentir uma falta de propósito. Você é um verdadeiro sonhador, mas os lados extremos da sua natureza indicam que deve evitar as oscilações de humor. Se confiar nos seus sentimentos mais profundos e abrir o seu coração para as pessoas, você pode superar a tendência a se preocupar ou usar a sua mente como um escudo protetor. Use os seus pensamentos criativos para obter algo de especial e único que motive ou ajude aos outros. A subinfluência do mês número 9 indica que você se preocupa com o bem-estar das pessoas. Embora possa ser generoso e amável, você coloca expectativas elevadas para si mesmo e para os outros e isto pode levá-lo ao desapontamento e à frustração. Você pode se sentir mais satisfeito com o que tem, aprendendo a ceder e a aceitar a imperfeição.

ESTRELA FIXA

Nome da estrela:
Zaniah

Posição:
3° 51' - 4° 43' de Libra, entre os anos de 1930 e 2000

Magnitude:
4

Força:
★★★★

Órb:
1° 30'

Constelação:
Eta Virgem

Dias:
26, 27, 28 e 29 de setembro

Qualidades da estrela:
Mercúrio/Vênus

Descrição:
uma estrela branca variável, localizada na asa sul da constelação de Virgem.

Positivo: inspirador, equilibrado, paz interior, generoso, bem-sucedido, criativo, intuitivo, místico, sonhos poderosos, mundano, fé

Negativo: falta de concentração, insegurança, nervosismo, mau humor, extremista, sem consideração, isolado, excessivamente sensível

Amor & Relacionamentos

Amigável e vivaz, você perceberá que as reuniões sociais são uma oportunidade para brilhar. Como é uma pessoa apaixonada e romântica, você gosta de flores, corações e poemas, mas, para relacionamentos duradouros, você precisa de um parceiro que lhe dê estabilidade e segurança. Como há a possibilidade de você se desiludir, deve tomar cuidado na escolha do seu parceiro e evitar se envolver em táticas de poder ou a ficar mal-humorado. Contudo, a sua personalidade carismática e seu charme podem fazer com que tenha muitos admiradores e amigos e, com o seu amor e generosidade, tem muito a dar aos outros.

INFLUÊNCIA DA ESTRELA PRIMÁRIA

A influência de Zaniah confere refinamento, congenialidade e amor pela harmonia e pela ordem. Você, em geral, possui uma natureza amável, uma personalidade charmosa e provavelmente tem muitos amigos. Esta estrela concede popularidade, honra e sucesso por meio de contatos sociais.

Ligada ao grau do seu Sol, Zaniah favorece a educação, o aprendizado intelectual e concede um talento natural para a pesquisa e a literatura. Com a ajuda desta estrela, você pode se tornar um especialista na sua área de interesse. Você tem um bom relacionamento com as pessoas com as quais trabalha e é um bom cônjuge. Esta estrela sugere que você, quando não é provocado, tem uma natureza muito agradável.

- **Positivo**: visionário, mente aguçada, refinado, habilidade para lidar com trabalhos detalhados
- **Negativo**: vaidade, convencimento, falta de impulso, esbanjamento, busca por opções fáceis

ALGUÉM ESPECIAL

Você pode se realizar emocionalmente e encontrar aquele alguém especial entre as pessoas nascidas nas seguintes datas:

Amor & amizade: jan: 8, 11, 12, 29; fev: 6, 9, 27; mar: 4, 7, 25, 29; abr: 2, 5, 23, 27; mai: 3, 4, 21, 25; jun: 1, 2, 19, 23; jul: 17, 21; ago: 15, 19, 29; set: 13, 17, 27; out: 11, 15, 25, 29, 30; nov: 9, 13, 23, 27, 28; dez: 7, 11, 21, 25, 26

Relacionamentos benéficos: jan: 13, 30; fev: 11, 28; mar: 9, 26; abr: 7, 24, 30; mai: 5, 22, 28; jun: 3, 20, 26; jul: 1, 18, 24, 29; ago: 16, 22, 25; set: 14, 20, 25; out: 12, 18, 23; nov: 10, 16, 21; dez: 8, 14, 19

Atrações fatais: mar: 25, 26, 27, 28; out: 30; nov: 28; dez: 26

Relacionamentos desafiantes: jan: 5, 19; fev: 3, 17; mar: 1, 15; abr: 13; mai: 11; jun: 9, 30; jul: 7, 28, 30; ago: 5, 26, 28; set: 3, 24, 26; out: 1, 22, 24; nov: 20, 22; dez: 18, 20

Alma gêmea: set: 30; out: 28; nov: 26; dez: 24

30 de Setembro

Imaginativo e analítico, você é uma pessoa sensível que tem uma maneira única de abordar a vida e sabe combinar, de uma maneira interessante, o idealismo e o ceticismo. Muitos dos seus maiores desafios têm a ver com a sua vulnerabilidade emocional e a incapacidade das pessoas de corresponder às suas elevadas aspirações. Contudo, você pode usar o seu charme e ser um pensador altamente criativo.

Devido à influência adicional do regente do seu decanato, Libra, o amor e a afeição são importantes para você. A necessidade de se expressar e a sua criatividade podem se manifestar por intermédio da arte, da literatura, da música ou do teatro. Refinado e delicado, você tem um jeito agradável e uma voz atraente.

Com uma maneira de pensar progressista, você quer acumular conhecimento e gosta de projetos que o mantenham mentalmente estimulado. Você tem habilidades críticas e analíticas e, muitas vezes, habilidade técnica. A sua tendência à desconfiança ou à preocupação, no entanto, pode interferir na sua atitude leve e despreocupada.

SOL: LIBRA
DECANATO: LIBRA/VÊNUS
GRAU: 6°30'-7°30' LIBRA
MODO: CARDEAL
ELEMENTO: AR

Pode ser que a primeira metade da sua vida seja mais difícil do que a segunda, devido à sua sensibilidade emocional. Todavia, isso pode estimular o lado intuitivo ou místico da sua natureza, o que será benéfico mais tarde na sua vida.

Antes dos 22 anos de idade, você se preocupa em criar relacionamentos harmônicos, desenvolver as suas habilidades criativas e sociais e encontrar oportunidades de sucesso financeiro. Aos 23 anos, quando o seu Sol progredido entra no signo de Escorpião, você passa, nos trinta anos seguintes, a dar mais importância a questões referentes à intensidade emocional, à mudança e à transformação. A sua vida sofre uma outra virada aos 53 anos, quando o seu Sol progredido entra no signo de Sagitário, indicando que você deseja expandir os seus horizontes e busca inspiração na vida, seja por meio de contatos pessoais, religião, educação ou viagens.

O Seu Eu Secreto

As suas poderosas emoções interiores precisam de um canal positivo de expressão, senão você poderá ser tomado pelo mau humor. Porém, você possui um enorme potencial para concretizar o poder do amor e canalizá-lo para a vida das outras pessoas. Nesses momentos, você pode se tornar carismático e determinado, inspirando ou influenciando as pessoas com a sua espontaneidade, seu calor humano e sua generosidade. Organizando-se e sendo persistente e profissional, você pode transformar muitos dos seus desejos em realidade.

A sua busca por formas superiores de conhecimento pode levá-lo a projetos que envolvam o aperfeiçoamento espiritual. Você precisa estar constantemente trabalhando e se desafiando para alcançar algo que tenha sentido e propósito. Isso evita que você se torne muito sério ou egocêntrico. Paradoxalmente, ainda que se preocupe com a possibilidade de ficar sozinho ou ser abandonado, você precisa de momentos de solidão para contemplação e auto-análise.

Trabalho & Vocação

Gregário e amigável, você se sai melhor em ocupações que envolvam o pensamento criativo ou o trato com o público. Como uma pessoa idealista e leal, você gosta de trabalhar em parcerias com os outros. Como um indivíduo multitalentoso e dotado, você prefere atividades que lhe dêem tempo para se divertir. Se quiser ser bem-sucedido, você precisa trabalhar duro para alcançar o estrelato. Com as suas habilidades diplomáticas naturais, você prefere carreiras como relações-públicas ou serviço de atendimento ao cliente, e a sua habilidade para lidar com as pessoas pode ajudá-lo a ser bem-sucedido na área editorial ou de promoções. Como gosta de se divertir, você pode combinar trabalho com atividades sociais em clubes ou restaurantes, ou pode sentir-se atraído pelo *show business* ou pela indústria musical.

ESTRELAS FIXAS

Embora o grau do seu Sol não esteja associado a nenhuma estrela fixa, alguns de seus outros planetas certamente estão. Por meio do seu mapa astrológico, você pode encontrar a posição exata dos planetas na sua data de nascimento e poderá saber quais das estrelas fixas listadas neste livro são relevantes para você.

Numerologia

Criatividade, amizade e sociabilidade são apenas algumas das qualidades associadas ao dia de aniversário número 30. Ambicioso, dotado de potencial criativo, você pode apreender as idéias e expandi-las em seu estilo dramático. Com o dia de aniversário 30, você quer ter uma vida boa e pode ser excepcionalmente carismático e expansivo. Como tem sentimentos fortes, é vital sentir-se apaixonado ou satisfeito. Na sua busca pela felicidade, evite ser preguiçoso ou excessivamente indulgente e evite também ser impaciente ou ciumento, pois isso pode deixá-lo emocionalmente instável. Entre as pessoas nascidas no dia 30, muitos serão reconhecidos e famosos, especialmente músicos, atores e comediantes. A subinfluência do mês número 9 indica que você é imaginativo e intuitivo. Contudo, como é idealista e dramático, é possível que só realize os seus desejos tornando-se mais realista. Se estiver disposto a ser perseverante, trabalhar duro e seguir as suas crenças e convicções com coragem, você pode aprender a gostar das suas responsabilidades. Evite o escapismo, senão os seus objetivos e desejos não se realizarão.

Positivo: amante das diversões, leal, amigável, boa capacidade de síntese, talento com as palavras, criativo, sortudo

Negativo: preguiçoso, obstinado, sem rumo, impaciente, temperamento difícil, inseguro, indiferente, desperdício de energia

Amor & Relacionamentos

Apesar de sensível e idealista, você também gosta de ter aventuras para não se entediar ou sentir-se inquieto. O amor pode trazer muitas mudanças na sua vida, por isso é necessário aprender a se ajustar em vez de se desencorajar. Como pode, ocasionalmente, ser levado a assumir os problemas das outras pessoas, você deve ter bastante discernimento na sua escolha de parceiros para evitar o desapontamento emocional. A demonstração de amor e afeição pode ser especialmente importante para você, assim é preciso aprender a ser justo e aberto quando se relaciona com as pessoas. Você precisa ter uma vida amorosa empolgante para não se sentir entediado.

ALGUÉM ESPECIAL

Você pode começar a procurar um parceiro que o empolgue entre as pessoas nascidas nas seguintes datas:

Amor & amizade: jan: 9, 13, 30; fev: 7, 11, 28; mar: 5, 26, 30; abr: 3, 24, 28; mai: 1, 22, 26; jun: 3, 20, 24; jul: 18, 22, 31; ago: 16, 20, 29, 30; set: 14, 18, 27, 28; out: 12, 16, 25, 26, 31; nov: 10, 14, 23, 24, 29; dez: 8, 12, 21, 22, 27

Relacionamentos benéficos: jan: 15, 22, 31; fev: 13, 20, 29; mar: 11, 18, 27; abr: 9, 16, 25; mai: 7, 14, 23, 30; jun: 5, 12, 21, 28; jul: 3, 10, 19, 26, 30; ago: 1, 8, 17, 24, 28; set: 6, 15, 22, 26; out: 4, 13, 20, 24; nov: 2, 11, 18, 22; dez: 9, 16, 20

Atrações fatais: jan: 11; fev: 9; mar: 7, 26, 27, 28, 29; abr: 5; mai: 3; jun: 1; out: 31; nov: 29; dez: 27

Relacionamentos desafiantes: jan: 5, 8, 16, 21; fev: 3, 6, 14, 19; mar: 1, 4, 12, 17; abr: 2, 10, 15; mai: 8, 13; jun: 6, 11; jul: 4, 9, 29; ago: 2, 7, 27; set: 5, 25; out: 3, 23; nov: 1, 21; dez: 19

Alma gêmea: jan: 13; fev: 11; mar: 9; abr: 7; mai: 5; jun: 3; jul: 1; ago: 31; set: 29; out: 27; nov: 25; dez: 23

1º de outubro

Independente e com força de vontade, você é um libriano dinâmico mas charmoso e diplomático. Como é ambicioso, você está sempre querendo melhorar a sua situação e, com determinação, aptidão para os negócios e habilidade de organização que se escondem atrás da sua fachada agradável e amigável, se você for persistente e tiver autodisciplina, tem tudo para ser bem-sucedido.

A influência do regente do seu decanato, Libra, sugere que a demonstração de amor e afeição é especialmente importante para você. O seu magnetismo e sua habilidade social refinada fazem com que você deixe as pessoas à vontade e tenha sucesso social. O seu senso estético pode se expressar por meio de música, pintura ou teatro, bem como por intermédio do seu desejo de se cercar de beleza, estilo e luxo.

SOL: LIBRA
DECANATO: LIBRA/VÊNUS
GRAU: 7°30'-8°30' LIBRA
MODO: CARDEAL
ELEMENTO: AR

As forças motivadoras da sua natureza forte podem ser uma necessidade de segurança e poder ou o desejo de ter sucesso material e reconhecimento. Com a capacidade de pensar em grandes termos, você precisa ocupar alguma posição de autoridade. Entretanto, a tendência a ser orgulhoso, autoritário ou egocêntrico sugere que você não aceita bem a crítica e algumas vezes precisa aprender as coisas da maneira mais difícil.

Talentoso e espirituoso, você, em geral, é uma pessoa ativa e produtiva, dotada de uma inteligência aguçada, mas deve evitar a tendência a ser impaciente ou obstinado. Porém, se for estimulado por um projeto que considere valer a pena, você tem o talento, a vitalidade e a capacidade para realizações extraordinárias.

Antes dos 21 anos de idade, a sua preocupação maior é quanto aos seus relacionamentos e desenvolvimento das suas habilidades sociais e financeiras. Aos 22 anos, quando o seu Sol progredido entra no signo de Escorpião, você passa, nos trinta anos seguintes, a dar mais importância a questões ligadas ao poder pessoal, à mudança e à transformação. A sua vida sofre uma outra virada aos 52 anos, quando o seu Sol progredido entra no signo de Sagitário, o que sugere que você deseja correr mais riscos na sua vida ou expandir a sua mente por meio de estudos ou viagens. Você pode também ampliar a sua ligação com pessoas e lugares estrangeiros.

O Seu Eu Secreto

Quando confia no seu *insight* rápido e intuitivo, você sempre exibe uma sabedoria estóica apreendida por meio da experiência. Como a sua liderança natural se revela por intermédio do autocontrole, você pode ficar aquém do seu verdadeiro potencial quando se atém a posições subalternas. Dramático e criativo, a sua força é a dedicação que você tem por um propósito ou meta; assim, é melhor pensar em grandes termos e almejar o topo.

Um dos possíveis obstáculos à sua realização é a tendência a sobrecarregar o seu sistema nervoso tendo uma atitude cética ou preocupada. Isso pode isolá-lo dos outros, então você precisa ter fé em si mesmo e nas suas habilidades e aproveitar ao máximo as suas idéias originais e inventivas. Usualmente competitivo e ousado, você pode ser espirituoso e espontâneo e inspirar os outros com os seus talentos. Você tem um lado oculto que pode se manifestar como desejo de solidão ou auto-análise.

Trabalho & Vocação

Intuitivo e original, com habilidade social, você tem talento para combinar negócios com prazer. Ainda que goste de trabalhar com as outras pessoas, você prefere liderar em vez de seguir os outros. Com habilidade diplomática e executiva, você usualmente ocupa posições executivas, como gerente, organizador ou supervisor. Mas, pode ser que você prefira trabalhar por conta própria. Como sabe entender as necessidades das outras pessoas, você pode ser levado a atividades de serviço público, como conselheiro financeiro ou advogado. O apreço que tem pela beleza e pelas artes implica que você pode, entre outras atividades, administrar galerias de arte. Se quiser seguir o caminho da educação mais elevada, você pode se interessar por Teosofia, Filosofia ou Astrologia.

ESTRELA FIXA

Nome da estrela:
Vindemiatrix, também conhecida como Vindemiator

Posição:
8°57'-9°57' de Libra, entre os anos de 1930 e 2000

Magnitude:
3

Força:
★★★★★★

Órb:
1° 40'

Constelação:
Epsilon Virgo

Dias:
1, 2, 3 e 4 de outubro

Qualidades da estrela:
várias interpretações: Mercúrio/Saturno e Saturno/Vênus/Mercúrio

Descrição:
uma estrela amarela brilhante, localizada na asa direita da constelação de Virgem.

Numerologia

Como uma pessoa número 1, você tem mais inclinação para ser individualista, inovador e corajoso, dotado de muita energia. Muitas vezes, há a vontade de estabelecer um senso forte de individualidade e desenvolver a assertividade. O espírito pioneiro aqui indicado o encoraja a fazer as coisas sozinho, o que pode estimulá-lo a desenvolver a sua habilidade executiva ou de liderança. Cheio de entusiasmo e idéias novas, você pode mostrar para as pessoas o caminho a seguir. Com o dia de aniversário número 1, você precisa também aprender que o mundo não gira ao seu redor e deve evitar a inclinação a ser autocentrado ou ditatorial. A subinfluência do mês número 10 indica que, como uma pessoa altamente intuitiva, você se expressa por meio de pensamentos inspirados e de idéias originais. Embora seja ousado e resoluto, você pode, às vezes, ter dificuldade de expressar os seus sentimentos mais íntimos. Como uma pessoa dramática e ambiciosa, você pode causar um forte impressão nas pessoas, mas o sucesso só vem quando aprende a colaborar com os outros.

Positivo: liderança, criativo, progressista, vigoroso, otimista, fortes convicções, competitivo, independente, gregário

Negativo: arrogante, ciumento, muito orgulhoso, antagonismo, falta de controle, egoísta, fraco, hesitante, impaciente

Amor & Relacionamentos

Amigável e charmoso, você deseja ser popular e ter um amplo círculo de amigos e conhecidos. Leal e disposto a fazer grandes sacrifícios pelas pessoas que ama, você, no entanto, precisa superar a tendência a ser manipulador ou egocêntrico. Mesmo que julgue o amor muito importante, você pode, ocasionalmente, ficar indeciso ou preocupado quanto às suas ligações com os outros. O amor que tem pela arte e o apreço pela beleza e música sugerem que você tem necessidade de se expressar emocionalmente e gosta da companhia de pessoas criativas.

INFLUÊNCIA DA ESTRELA PRIMÁRIA

A influência de Vindemiatrix indica que, embora tenha uma mente rápida, você pode, ocasionalmente, ser impulsivo ou indiscreto. Esta estrela confere capacidade de concentração, pensamento lógico e habilidade para ir direto ao cerne das questões. Você tende a abordar os problemas de maneira metódica e persiste até resolvê-los. Vindemiatrix, contudo, também sugere que você pode ser uma pessoa obstinada ou inflexível.

Ligada ao grau do seu Sol, esta estrela concede capacidade de liderança, orgulho e impulso para a realização e o reconhecimento. Você, muitas vezes, esconde a sua inteligência e tem a tendência a fazer afirmações pouco substanciais. Esta estrela também indica que o sucesso será alcançado principalmente por meio de esforço e sugere que a tendência à preocupação é desnecessária quanto a questões de ordem financeira e fracasso.

- **Positivo**: reservado, inteligente, consistente, paciente, metódico
- **Negativo**: depressão, preocupação, perdas se não tomar cuidado com questões financeiras

ALGUÉM ESPECIAL

Você pode encontrar um parceiro que compreenda a sua sensibilidade e sua necessidade de amor entre as pessoas nascidas nas seguintes datas:

Amor & amizade: jan: 1, 7, 17, 20, 30; fev: 5, 15, 18, 28; mar: 3, 13, 16, 29, 31; abr: 1, 11, 14, 27, 29; mai: 9, 12, 22, 25, 27; jun: 7, 10, 23, 25; jul: 5, 8, 21, 23; ago: 3, 6, 19, 21; set: 1, 4, 17, 19; out: 2, 15, 17; nov: 13, 15, 30; dez: 11, 13, 28

Relacionamentos benéficos: jan: 15, 17, 28; fev: 13, 15, 26; mar: 11, 13, 24; abr: 9, 11, 22; mai: 7, 9, 20; jun: 5, 7, 18; jul: 3, 5, 16; ago: 1, 3, 14; set: 1, 12; out: 10, 29; nov: 8, 27; dez: 6, 25

Atrações fatais: jan: 5; fev: 3; mar: 1, 27, 28, 29, 30

Relacionamentos desafiantes: jan: 4, 5, 14; fev: 2, 3, 12; mar: 1, 10; abr: 8, 30; mai: 6, 28; jun: 4, 26; jul: 2, 24; ago: 22; set: 20; out: 18; nov: 16; dez: 14

Alma gêmea: jan: 2; mar: 29; abr: 27; mai: 25; jun: 23; jul: 21; ago: 19; set: 17; out: 15; nov: 13; dez: 11

2 de Outubro

Sociável, charmoso e trabalhador, você é um humanitarista persuasivo que aprecia a beleza e a arte. Idealista, você tem uma consciência prática arguta que lhe dá a habilidade de transformar sonhos inspirados em realidade concreta.

Devido à influência adicional do regente do seu decanato, Libra, você tem habilidades diplomáticas naturais e sabe deixar as pessoas à vontade. As pessoas se sentem atraídas por sua gentileza e maneiras refinadas e você sabe trabalhar em conjunto. Você pode ser um amigo leal, um excelente pai e faz questão de proteger os seus familiares.

Como aprecia a beleza e tem bom gosto, você sabe da importância da sua imagem e gosta de criar uma boa impressão. Com um senso elevado quanto a cores e sons, os seus inatos talentos artísticos e criativos podem ser desenvolvidos por meio do canto, da música, da arte ou do teatro. Como é sensível ao ambiente que o cerca, é provável que a sua casa seja confortável e atraente.

SOL: LIBRA
DECANATO: LIBRA/VÊNUS
GRAU: 8°30'-9°30' LIBRA
MODO: CARDEAL
ELEMENTO: AR

O seu idealismo e seu romantismo podem levá-lo a se envolver com causas significativas, nas quais você generosamente dedica o seu tempo ou dinheiro. A segurança material também é importante, e você costuma fazer planos a longo prazo. Muito determinado quando tem uma meta em vista, você tem disposição para trabalhar duro para se realizar materialmente. Porém, você precisa aprender a equilibrar o seu trabalho e suas responsabilidades com o seu desejo de amor e prazer.

Antes dos 20 anos de idade, você se envolve em atividades sociais relacionadas aos seus negócios e relações pessoais. Aos 21 anos, quando o seu Sol progredido entra no signo de Escorpião, você passa a dar mais importância à sua necessidade de mudança emocional e intensidade. Isso pode fazer com que você se torne uma pessoa mais decidida e confiável. A sua vida sofre uma outra virada aos 51 anos, quando o seu Sol progredido entra no signo de Sagitário, indicando que você se torna mais aventureiro ou ousado, com desejo de viajar ou buscar alguma forma de inspiração para a sua vida por meio de estudos filosóficos.

O Seu Eu Secreto

A sua sensibilidade interior pode não ser aparentemente perceptível. Você é uma pessoa solidária e, com os seus sentimentos fortes, tem empatia com os problemas dos outros, revelando a sua profunda compaixão e seu amor universal. Quando consegue ver as pessoas e situações a partir dessa perspectiva maior, você pode dar muito de si, ao mesmo tempo em que se mantém distante, confiando que a vida irá naturalmente resolver as coisas no tempo devido. Essa conscientização o impede de dar vazão à necessidade de controlar tudo e se tornar muito sério, rígido ou frustrado.

Apesar de amigável e atencioso, você pode ser uma pessoa de extremos. Quando se sente inspirado, você é uma pessoa divertida, amorosa e espontânea, com uma jovialidade infantil. Você aceita a vida como ela é e acredita no presente. Todavia, quando está com uma disposição negativa, você corre o risco de se sacrificar ou de se deixar levar pela autopiedade ou auto-indulgência. Ao encontrar um equilíbrio saudável entre o lado material e o lado espiritual, você pode descobrir que guarda dentro de si um grande amor que o ajuda a superar os obstáculos e a fazer com que os seus sonhos se realizem.

Trabalho & Vocação

ESTRELAS FIXAS

Vindemiatrix, também conhecida como Vindemiator; Caphir, também chamada de Porrima

ESTRELA PRIMÁRIA

Nome da estrela:
Vindemiatrix, também conhecida como Vindemiator
Posição:
8°57'-9°57' de Libra, entre os anos de 1930 e 2000
Magnitude:
3
Força:
★★★★★★
Órb:
1° 40'
Constelação:
Epsilon Virgo
Dias:
1, 2, 3 e 4 de outubro
Qualidades da estrela:
várias interpretações: Mercúrio/Saturno e Saturno/Vênus/Mercúrio
Descrição:
uma estrela amarela brilhante, localizada na asa direita da constelação de Virgem.

Criativo e ambicioso, você é altamente intuitivo, dotado de uma personalidade charmosa. Você gosta de trabalhar com as outras pessoas e pode ser bem-sucedido em ocupações que envolvam o trato com o público. Você pode sentir-se atraído pelo mundo da mídia ou de relações-públicas, ou em atividades como assistente social ou negociador. Intelectual e idealista, você se interessa por atividades como professor, psicólogo ou conselheiro. Como tem veia artística e idéias originais, você pode usar o seu charme e personalidade tranqüila atuando no corpo diplomático e combinando atividades sociais, trabalho e viagens. A sua habilidade para trabalhar com diferentes pessoas sugere que você pode se envolver com vendas ou promoções ou, ainda, lutar por causas justas como mediador.

Numerologia

Sensibilidade e grande necessidade de pertencer a um grupo são sugeridos pelo dia de aniversário número 2. Adaptável e compreensivo, você gosta de atividades cooperativas nas quais possa interagir com os outros. Mas, na sua vontade de agradar as pessoas de que gosta, você corre o risco de se tornar excessivamente dependente. Contudo, desenvolvendo a autoconfiança, você pode superar a tendência a se magoar facilmente com as atitudes e críticas alheias. A subinfluência do mês número 10 indica que você é uma pessoa idealista e original, dotada de fortes convicções e personalidade carismática. Quando se sente inspirado por uma idéia ou causa, você tem o poder de influenciar os outros a se integrar aos seus projetos. No entanto, quando se sente inseguro, pode ficar preocupado ou indeciso com relação a suas necessidades pessoais e seus desejos e perder o rumo da sua vida. Receptivo e influenciado pelo ambiente que o cerca, você precisa se expressar por meio de alguma atividade criativa e está sempre disposto a trabalhar com os outros para realizar os seus objetivos.

Positivo: boas parcerias, gentil, tato, receptivo, ágil, atencioso, harmônico, agradável, embaixador da boa vontade

Negativo: desconfiado, falta de confiança, subserviência, excesso de sensibilidade, egoísta, magoa-se facilmente

Amor & Relacionamentos

Gregário e amigável, você não encontrar dificuldades para fazer amigos e conquistar admiradores. Como é uma pessoa romântica, a expressão do amor, pessoal ou universal, é muito importante para você. Você está sempre disposto a fazer sacrifícios em nome do amor; contudo, evite fazer as coisas somente por obrigação pois isso pode fazer com que você não se sinta apreciado. Como precisa da influência constante de um parceiro estável, é necessário que você escolha bem antes de se comprometer em um relacionamento duradouro. Você se sente particularmente atraído por pessoas inteligentes e criativas.

INFLUÊNCIA DA ESTRELA PRIMÁRIA

A influência de Vindemiatrix indica que, embora tenha uma mente rápida, você pode, ocasionalmente, ser impulsivo ou indiscreto. Esta estrela confere capacidade de concentração, pensamento lógico e habilidade para ir direto ao cerne das questões. Você tende a abordar os problemas de maneira metódica e persiste até resolvê-los. Vindemiatrix, contudo, também sugere que você pode ser uma pessoa obstinada ou inflexível.

Ligada ao grau do seu Sol, esta estrela concede capacidade de liderança, orgulho e impulso para a realização e o reconhecimento. Você, muitas vezes, esconde a sua inteligência e tem a tendência a fazer afirmações pouco substanciais. Esta estrela também indica que o sucesso será alcançado principalmente por meio de esforço e sugere que a tendência à preocupação é desnecessária quanto a questões de ordem financeira e fracasso.

Positivo: reservado, inteligente, consistente, paciente, metódico

Negativo: depressão, preocupação, perdas se não tomar cuidado com questões financeiras

Consulte o Apêndice para obter informações adicionais a respeito das estrelas fixas.

ALGUÉM ESPECIAL

Você pode encontrar um parceiro que compreenda a sua sensibilidade e sua necessidade de amor entre as pessoas nascidas nas seguintes datas:

Amor & amizade: jan: 4, 8, 9, 17, 18, 19, 23; fev: 2, 6, 16, 17, 21; mar: 4, 14, 15, 19, 28; abr: 2, 12, 13, 17, 26, 28, 30; mai: 1, 10, 11, 15, 24, 26, 28; jun: 7, 8, 9, 13, 22, 24, 26; jul: 6, 7, 11, 20, 22, 24, 30; ago: 4, 5, 9, 18, 20, 22, 28; set: 2, 3, 7, 16, 18, 20, 26; out: 1, 5, 14, 16, 18, 24; nov: 3, 12, 14, 16, 22; dez: 1, 10, 12, 14, 20

Relacionamentos benéficos: jan: 5, 16, 27; fev: 3, 14, 25; mar: 1, 12, 23; abr: 10, 21; mai: 8, 19; jun: 6, 17; jul: 4, 15; ago: 2, 13; set: 11; out: 9, 30; nov: 7, 28; dez: 5, 26, 30

Atrações fatais: jan: 17; fev: 15; mar: 13, 28, 29, 30, 31; abr: 11; mai: 9; jun: 7; jul: 5; ago: 3; set: 1

Relacionamentos desafiantes: jan: 1, 19, 15; fev: 8, 13; mar: 6, 11; abr: 4, 9; mai: 2, 7; jun: 5; jul: 3, 29; ago: 1, 27; set: 25; out: 23; nov: 21; dez: 19, 29

Alma gêmea: ago: 30; set: 28; out: 26; nov: 24; dez: 22

3 de Outubro

Criativo, gentil e carismático, você é uma pessoa otimista, dotada de poderosa imaginação e mente ativa. A combinação da sua habilidade de organização, capacidade para pensar em grandes termos e forte necessidade de se expressar pode se manifestar de forma positiva e ajudá-lo a se realizar.

Com a influência adicional do regente do seu decanato, Libra, você gosta de luxo e ambiente harmônico. O seu magnetismo e sua habilidade social refinada lhe garantem o sucesso com as pessoas e você pode ser um excelente anfitrião. Como gosta de um toque de *glamour*, você em geral tem uma aparência atraente e sabe da importância de ter uma boa imagem. Você sabe apreciar a beleza, cores e sons, e tem um talento artístico e criativo inato que pode ser desenvolvido por meio do canto, da musica, da arte ou do teatro. Uma possível ameaça à realização do seu maravilhoso potencial pode ser a combinação de motivação e inércia, que pode fazer com que se acomode em uma rotina confortável. Felizmente, o seu grande desejo de desfrutar as coisas boas da vida pode encorajá-lo a se esforçar.

SOL: LIBRA
DECANATO: LIBRA/VÊNUS
GRAU: 9°30'-10°30' LIBRA
MODO: CARDEAL
ELEMENTO: AR

Você não defende com ardor as suas próprias necessidades, mas o faz para ajudar os oprimidos ou em nome de uma causa significativa. Inspirado por muitas idéias, você pode ser uma pessoa determinada e organizada quando tem uma meta definida e um senso de propósito. Infelizmente, você pode às vezes estar sujeito à irritação ou à teimosia, mas, quando está bem, é delicado e generoso e tem um bom senso de humor.

Antes dos 19 anos de idade, a sua maior preocupação são os seus relacionamentos e a vontade de desenvolver os seus prospectos sociais e financeiros. Aos 20 anos, quando o seu Sol progredido entra no signo de Escorpião, você passa a dar mais importância às questões relacionadas ao seu poder pessoal, mudança e transformação. A sua vida sofre uma outra virada aos 50 anos, quando o seu Sol progredido entra no signo de Sagitário por um período de trinta anos, sugerindo que você tem mais vontade de correr riscos ou expandir a sua mente por meio dos estudos e de viagens. Nessa fase, você também passa a se conectar com pessoas e lugares estrangeiros.

O Seu Eu Secreto

Criativo, imaginativo e altamente intuitivo, você precisa fortalecer o seu poder pessoal por meio da auto-expressão. Ocasionalmente, a preocupação, a dúvida quanto a si mesmo ou a indecisão podem fazer com que você não utilize os seus diversos talentos. Conseqüentemente, é necessário que você saiba quais são os seus objetivos para não se perder no seu contato com as pessoas ou situações. Utilizando a maneira aberta e universal com que encara a vida, você é capaz de se livrar das situações que impedem o seu progresso.

Como é sociável e tem sensibilidade para se colocar no lugar das pessoas, você tem um interesse genuíno pelos outros. Infelizmente, as pessoas à sua volta podem às vezes deixá-lo desapontado ou frustrado, por isso é importante manter-se distanciado e frio. Mantendo uma atitude mental positiva, você tem capacidade de combinar o seu bem-estar com o conforto físico e a segurança econômica prometidos pelo seu dia de aniversário.

Trabalho & Vocação

Dinâmico e versátil, você tem uma personalidade charmosa e habilidade para promover as suas idéias. Quanto mais se dedicar ao trabalho, melhores serão os resultados e recompensas. Você pode ser bem-sucedido como vendedor se estiver envolvido com o mundo do comércio. Criativo e com muitos dons, você provavelmente usa a sua intuição para se antecipar às necessidades do público. Justo e imparcial, você pode se dedicar à advocacia ou à política para defender os oprimidos. Se a educação superior o inspirar, você pode ser um excelente professor. Sociável e amigável, você sabe combinar negócios com prazer, trabalhando em restaurantes ou clubes. Se tiver interesse por música ou artes, você pode seguir atividades na área do teatro, do cinema ou na indústria do entretenimento.

Numerologia

Como um indivíduo número 3, você é sensível e tem necessidade de se expressar criativa e emocionalmente. Amante das diversões e boa companhia, você gosta de atividades sociais e tem muitos interesses. Apesar de versátil e expressivo, com necessidade de ter experiências diferentes e empolgantes, a sua inclinação para se entediar com facilidade por torná-lo indeciso ou fazer com que queira abraçar o mundo com as pernas. Embora o dia de aniversário número 3 faça com que você seja artístico e charmoso, dotado de um bom senso de humor, você precisa desenvolver a auto-estima e evitar as tendências a se preocupar ou se sentir emocionalmente inseguro. A subinfluência do mês número 10 indica que você é altamente intuitivo e independente. Multitalentoso e original, a vontade de ter uma vida fácil e a tendência à insegurança emocional sugerem, no entanto, que você precisa aprender a ter disciplina e autocontrole. Geralmente, você expressa a sua natureza humanitária ajudando ou apoiando os outros em tempos de crise. Magnético e charmoso, dotado de sabedoria interior, você precisa confiar nos seus sentimentos interiores e aprender a ser paciente.

ESTRELAS FIXAS

Vindemiatrix, também conhecida como Vindemiator; Caphir, também chamada de Porrima

ESTRELA PRIMÁRIA

Nome da estrela:
Vindemiatrix, também conhecida como Vindemiator

Posição:
8°57'-9°57' de Libra, entre os anos de 1930 e 2000

Magnitude:
3

Força:
★★★★★★

Órb:
1° 40'

Constelação:
Epsilon Virgo

Dias:
1, 2, 3 e 4 de outubro

Qualidades da estrela:
várias interpretações: Mercúrio/Saturno e Saturno/Vênus/Mercúrio

Descrição:
uma estrela amarela brilhante, localizada na asa direita da constelação de Virgem.

Positivo: bem-humorado, feliz, amigável, produtivo, criativo, artístico, poder é querer, amante da liberdade, talento com as palavras

Negativo: entedia-se facilmente, vaidoso, imaginativo ao extremo, exagerado, pouco amoroso, arrogante, extravagante, auto-indulgente, preguiçoso, hipócrita, esbanjador

Amor & Relacionamentos

Gregário e amigável, você pode ser a alma de uma festa. Com um grande senso de justiça, você usualmente cuida e protege as pessoas que ama e apóia os seus amigos com palavras encorajadoras. Você nunca se esquece das pessoas que o trataram bem no passado. Como pode ser muito amoroso e generoso, não permita que as outras pessoas dependam muito você. Você é um amigo e parceiro leal e confiável e, com o seu charme natural, é muitas vezes popular com um grande círculo de amigos e conhecidos.

INFLUÊNCIA DA ESTRELA PRIMÁRIA

A influência de Vindemiatrix indica que, embora tenha uma mente rápida, você pode, ocasionalmente, ser impulsivo ou indiscreto. Esta estrela confere capacidade de concentração, pensamento lógico e habilidade para ir direto ao cerne das questões. Você tende a abordar os problemas de maneira metódica e persiste até resolvê-los. Vindemiatrix, contudo, também sugere que você pode ser uma pessoa obstinada ou inflexível.

Ligada ao grau do seu Sol, esta estrela concede capacidade de liderança, orgulho e impulso para a realização e o reconhecimento. Você, muitas vezes, esconde a sua inteligência e tem a tendência a fazer afirmações pouco substanciais. Esta estrela também indica que o sucesso será alcançado principalmente por meio de esforço e sugere que a tendência à preocupação é desnecessária quanto a questões de ordem financeira e fracasso.

- **Positivo**: reservado, inteligente, consistente, paciente, metódico
- **Negativo**: depressão, preocupação, perdas se não tomar cuidado com questões financeiras

Consulte o Apêndice para obter informações adicionais a respeito das estrelas fixas.

ALGUÉM ESPECIAL

Para segurança, estímulo mental e amor, comece procurando entre as pessoas nascidas nas seguintes datas:

Amor & amizade: jan: 5, 9, 10, 18, 19; fev: 3, 7, 8, 16, 17; mar: 1, 5, 14, 15, 31; abr: 3, 4, 12, 13, 29; mai: 1, 10, 11, 27, 29; jun: 8, 9, 25, 27; jul: 6, 7, 23, 25, 31; ago: 4, 5, 21, 23, 29; set: 2, 3, 19, 21, 27, 30; out: 1, 17, 19, 25, 28; dez: 13, 15, 21, 24

Relacionamentos benéficos: jan: 1, 6, 17; fev: 4, 15; mar: 2, 13; abr: 11; mai: 9; jun: 7; jul: 5; ago: 3; set: 1; out: 31; nov: 9; dez: 27

Atrações fatais: mar: 28, 30, 31; abr: 1, 2

Relacionamentos desafiantes: jan: 2, 16; fev: 14; mar: 12; abr: 10; mai: 8; jun: 6; jul: 4; ago: 2; dez: 30

Alma gêmea: jan: 11, 31; fev: 9, 29; mar: 7, 27; abr: 5, 25; mai: 3, 23; jun: 1, 21; jul: 19; ago: 17; set: 15; out: 13; nov: 11; dez: 9

4 de Outubro

O seu dia de aniversário revela que você é um libriano imaginativo, sensível, criativo e dotado de espírito aventureiro. Honesto e direto, você tem habilidades diplomáticas naturais e sabe da importância dos relacionamentos. Como é amigável e socialmente inclinado, você tem um charme atraente e, de uma forma geral, preocupa-se com a sua imagem. Com a sua personalidade versátil, você busca experiências novas e empolgantes, mas deve evitar a tendência a ser muito impaciente ou inquieto.

Com a influência adicional do regente do seu decanato, Aquário, você pensa de forma criativa e original. Interessado na psicologia das relações humanas, você é mentalmente aberto e gosta de participar de discussões. Como sabe apreciar a beleza e o luxo, você tem talentos criativos inatos que podem ser desenvolvidos e se manifestar por meio da literatura, da música, das artes ou do teatro. Com poder de se concentrar em um objetivo específico e dar a ele total atenção, quando toma uma decisão, pode ser uma pessoa determinada.

SOL: LIBRA
DECANATO: AQUÁRIO/URANO
GRAU: 10°30'-11°30' LIBRA
MODO: CARDEAL
ELEMENTO: AR

Mesmo que as viagens muitas vezes desempenhem um papel importante na sua vida, você precisa também da segurança e do conforto da própria casa. Você tem um conflito entre a tendência a ser idealista e materialista ao mesmo tempo, o que sugere que a incerteza, a indecisão e a perda de concentração nos seus objetivos podem ser os seus maiores desafios.

Aos 19 anos de idade, quando o seu Sol progredido entra no signo de Escorpião por um período de trinta anos, a sua vida sofre uma mudança e você passa a ter uma maior necessidade de mudança emocional, intensidade e transformação. A sua vida sofre uma outra virada aos 49 anos, quando o seu Sol progredido entra no signo de Sagitário, indicando que você se torna uma pessoa mais aventureira ou filosófica. Isso o encoraja a estudar e a ampliar os seus horizontes, ou a ter um interesse maior por pessoas e lugares estrangeiros.

O Seu Eu Secreto

Sensível, cheio de idéias criativas e com senso de visão, você tem potencial para expressar os seus conceitos originais e inspirados. Isso pode ajudá-lo a superar possíveis preocupações quanto à sua instabilidade financeira e a tomar as decisões corretas. Porém, a sua necessidade de auto-expressão e seu amor à liberdade garantem que, quando fica desanimado, não é por muito tempo.

Inteligente, você aprende rápido, mas precisa desenvolver o distanciamento para evitar as frustrações ou os desapontamentos. O lado humanitário da sua natureza, contudo, leva-o a superar problemas pessoais e a ter uma perspectiva mais universal. Apesar de ter uma inclinação à extravagância, o seu talento para perceber quando as oportunidades trazem recompensas financeiras pode ajudá-lo a progredir rapidamente na vida.

Trabalho & Vocação

Ambicioso, capaz e versátil, você tem muitos interesses e explora diversas alternativas antes de se estabelecer em uma carreira. Com o seu amor pela variedade, é vital que você escolha uma carreira que ofereça oportunidades de progresso e mudança e que não envolva um trabalho rotineiro. Como tem um forte senso visual, você pode se sair bem em atividades ligadas aos meios de comunicação, *design* gráfico ou fotografia. Em geral uma pessoa trabalhadora e com habilidades sociais, você gosta de atividades criativas e artísticas e pode ser bem-sucedido em trabalhos que tenham ligação com países estrangeiros. Com a sua capacidade de pensar com profundidade, você pode se envolver em carreiras que utilizem as suas habilidades mentais, como pesquisa, filosofia ou educação.

ESTRELAS FIXAS

Vindemiatrix, também conhecida como Vindemiator; Caphir, também chamada de Porrima

ESTRELA PRIMÁRIA

Nome da estrela:
Vindemiatrix, também conhecida como Vindemiator

Posição:
8°57'-9°57' de Libra, entre os anos de 1930 e 2000

Magnitude:
3

Força:
★★★★★★

Órb:
1° 40'

Constelação:
Epsilon Virgo

Dias:
1, 2, 3 e 4 de outubro

Qualidades da estrela:
várias interpretações: Mercúrio/Saturno e Saturno/Vênus/Mercúrio

Descrição:
uma estrela amarela brilhante, localizada na asa direita da constelação de Virgem.

Numerologia

A sólida estrutura e o poder de organização sugeridos pelo dia de aniversário número 4 indicam que você precisa de estabilidade e gosta de ordem. Dotado de energia, habilidades práticas e forte determinação, você pode ser bem-sucedido por meio do trabalho duro. Preocupado com a sua segurança, você quer construir uma sólida base para si e para a sua família. A maneira pragmática com que encara a vida lhe dá um bom senso para os negócios e habilidade para conquistar sucesso material na vida. Como uma pessoa número 4, você é usualmente honesto, franco e justo. Entre os desafios que as pessoas número 4 devem enfrentar, estão superar períodos de instabilidade e preocupação financeira. A subinfluência do mês número 10 indica que você é ambicioso e independente, dotado de fortes instintos e de uma mente curiosa. Progressista e adaptável, você quer liberdade para ter experiências diferentes, que podem incluir viagens a negócios e lazer. Embora seja espirituoso e entusiástico, disposto a experimentar coisas novas, você pode ser imprevisível ou inconsistente e agir de maneira irresponsável.

Positivo: organizado, disciplinado, firme, trabalhador, engenhosidade, habilidade com as mãos, pragmatismo, confiabilidade, precisão

Negativo: pouco comunicativo, reprimido, rígido, preguiçoso, protelador, muito econômico, autoritário, afeições ocultas, ressentimento, inflexibilidade

Amor & Relacionamentos

Carismático e divertido, você costuma ter muitos admiradores. Como é um nativo de Libra e tem inclinação social, o amor e as amizades são especialmente importantes para você. Com a sua capacidade de conquistar rapidamente as pessoas e senso de humor natural, você pode ser uma companhia divertida. O ideal é que você se relacione com pessoas inteligentes e com as quais possa compartilhar os seus interesses. Contudo, às vezes, você pode se tornar uma pessoa reservada e não mostrar os seus verdadeiros sentimentos.

INFLUÊNCIA DA ESTRELA PRIMÁRIA

A influência de Vindemiatrix indica que, embora tenha uma mente rápida, você pode, ocasionalmente, ser impulsivo ou indiscreto. Esta estrela confere capacidade de concentração, pensamento lógico e habilidade para ir direto ao cerne das questões. Você tende a abordar os problemas de maneira metódica e persiste até resolvê-los. Vindemiatrix, contudo, também sugere que você pode ser uma pessoa obstinada ou inflexível.

Ligada ao grau do seu Sol, esta estrela concede capacidade de liderança, orgulho e impulso para a realização e o reconhecimento. Você, muitas vezes, esconde a sua inteligência e tem a tendência a fazer afirmações pouco substanciais. Esta estrela também indica que o sucesso será alcançado principalmente por meio de esforço e sugere que a tendência à preocupação é desnecessária quanto a questões de ordem financeira e fracasso.

- **Positivo**: reservado, inteligente, consistente, paciente, metódico
- **Negativo**: depressão, preocupação, perdas se não tomar cuidado com questões financeiras

Consulte o Apêndice para obter informações adicionais a respeito das estrelas fixas.

ALGUÉM ESPECIAL

Você pode encontrar um parceiro que o ajude a se expressar e o mantenha mentalmente estimulado entre as pessoas nascidas nas seguintes datas:

Amor & amizade: jan: 2, 6, 10, 20, 25, 29; fev: 4, 8, 18, 27; mar: 2, 6, 16, 25, 28, 30; abr: 4, 14, 23, 26, 28, 30; mai: 2, 12, 21, 24, 26, 28, 30; jun: 10, 15, 19, 22, 24, 26, 28; jul: 8, 17, 20, 22, 24, 26; ago: 6, 15, 18, 20, 22, 24; set: 4, 13, 16, 18, 20, 22; out: 2, 11, 14, 16, 18, 20; nov: 9, 12, 14, 16, 18; dez: 7, 10, 12, 14, 16

Relacionamentos benéficos: jan: 7, 13, 18, 28; fev: 5, 11, 16, 26; mar: 3, 9, 14, 24; abr: 1, 7, 12, 22; mai: 5, 10, 20; jun: 3, 8, 18; jul: 1, 6, 16; ago: 4, 14; set: 2, 12, 30; out: 10, 28; nov: 8, 26, 30; dez: 6, 24, 28

Atrações fatais: jan: 25; fev: 23; mar: 21, 30, 31; abr: 1, 2, 19; mai: 17; jun: 15; jul: 13; ago: 11; set: 9; out: 7; nov: 5; dez: 3

Relacionamentos desafiantes: jan: 3, 17; fev: 1, 15; mar: 13; abr: 11; mai: 9, 30; jun: 7, 28; jul: 5, 26, 29; ago: 3, 24, 27; set: 1, 22, 25; out: 20, 23; nov: 18, 21; dez: 16, 19

Alma gêmea: jan: 18; fev: 16; mar: 14; abr: 12; mai: 10, 29; jun: 8, 27; jul: 6, 25; ago: 4, 23; set: 2, 21; out: 19; nov: 17; dez: 15

5 de Outubro

Uma interessante combinação de visão emocional e praticidade arguta é sugerida pelo seu dia de aniversário. Charmoso, dotado de uma habilidade natural para lidar com o público, você passa constantemente por novas experiências na sua busca pelo autoconhecimento. A sua generosidade carismática conquista a afeição das pessoas, mas, por mais que os relacionamentos sejam importantes na sua vida, você pode se sentir insatisfeito se não tiver uma ocupação ou atividade interessante que o preencha.

Com a influência adicional do regente do seu decanato, Aquário, você tem idéias inventivas e produtivas e gosta de uma boa discussão. Com uma abordagem liberal, você se interessa pelas pessoas e por questões ligadas à liberdade. Você tem habilidades diplomáticas naturais e capacidade para trabalhar em conjunto com os outros. A atração que sente pelas artes pode se expressar por meio da música, da pintura ou do teatro, bem como por intermédio do desejo de se cercar de beleza, estilo e luxo.

SOL: LIBRA
DECANATO: AQUÁRIO/URANO
GRAU: 11°30'-12°45' LIBRA
MODO: CARDEAL
ELEMENTO: AR

Com astúcia para perceber as oportunidades, você tem um bom potencial para ganhar dinheiro e sabe negociar. Como é versátil, você também tem a habilidade de combinar negócios e prazer. Quando está envolvido com alguma atividade, você quer fazê-la bem, pois se orgulha do seu trabalho. Portanto, com todos os seus talentos, você precisa apenas trabalhar duro, valorizar-se e ter responsabilidade para ser bem-sucedido em grande estilo.

Até os 17 anos de idade, a sua maior preocupação são os seus relacionamentos e o desenvolvimento da sua conciência social. Aos 18 anos, quando o seu Sol progredido entra no signo de Escorpião por um período de trinta anos, a sua vida sofre uma mudança que passa a enfatizar uma crescente necessidade de mudança emocional, intensidade e regeneração. A sua vida sofre uma outra virada aos 48 anos, quando o seu Sol progredido entra no signo de Sagitário, o que sugere que você tem mais disposição de correr riscos e expandir a sua mente por intermédio dos estudos, da inspiração ou de viagens. A partir dos 78 anos de idade, quando o seu Sol entra no signo de Capricórnio, você passa a dar mais ênfase à estrutura, à estabilidade e à segurança.

O Seu Eu Secreto

Embora seja pragmático, você tem uma sensibilidade interior que pode levá-lo a apoiar causas idealistas, com a possibilidade de vir a ser uma figura proeminente em movimentos humanitários e religiosos. Com os seus instintos rápidos, você compreende intuitivamente as pessoas ou situações antes de usar o pensamento racional. Desenvolvendo e confiando nessa habilidade intuitiva, você amplia o seu *insight* e sua capacidade para resolver os problemas.

Como se entusiasma quando se envolve com novos projetos ou idéias, você pode vir a ter experiências físicas e mentais na sua tentativa de evitar o tédio e a rotina. Se a necessidade que sente de experiências novas e empolgantes for reprimida, você pode se sentir inquieto ou impaciente e tentar compensar por meio de mecanismos escapistas ou se excedendo nas coisas boas da vida.

Trabalho & Vocação

Como uma pessoa inteligente e criativa, que precisa de diversidade, você foi feito para exercer atividades que ofereçam mudança e novidades. O jeito que tem para lidar com as pessoas e a aversão que sente pela rotina sugerem que você se sai melhor em ocupações relacionadas ao trato com o público. Se for uma pessoa dotada e idealista, você pode seguir uma carreira no mundo do entretenimento e da música. Se alguma causa moral ou injustiça social o motivar, você pode se envolver com movimentos ligados a reformas sociais ou trabalhos em grupos humanitários. Ainda que passe por períodos de prosperidade, você pode relaxar e experimentar o oposto. Para ter segurança e estabilidade, você precisa adotar uma política de poupança de longo prazo.

ESTRELA FIXA

Nome da estrela:
Algorab, também chamada de Ghirab ou O Corvo

Posição:
12°28'-13°22' de Libra, entre os anos de 1930 e 2000

Magnitude:
3

Força:
★★★★★★

Órb:
1° 30'

Constelação:
Delta Corvi

Dias:
5, 6, 7 e 8 de outubro

Qualidades da estrela:
Marte/Saturno

Descrição:
uma estrela binária amarela e roxa clara, localizada na asa direita da constelação O Corvo.

Numerologia

Instintos fortes, natureza aventureira e desejo de liberdade são indicados pelo dia de aniversário número 5. A sua disposição para experimentar qualquer coisa nova e uma abordagem entusiástica sugerem que a vida tem muito a lhe oferecer. As viagens e muitas oportunidades de mudança, algumas inesperadas, podem levá-lo a uma verdadeira transformação nos seus pontos de vista e crenças. Com o dia de aniversário número 5, você precisa sentir que a vida é excitante; mas, você deve também desenvolver uma atitude responsável e evitar a tendência a ser imprevisível, os excessos e a inquietação. O talento natural do indivíduo nascido no dia 5 é saber acompanhar o fluxo da vida e manter-se distanciado. A subinfluência do mês número 10 indica que você é ambicioso e determinado quando decide levar adiante um plano ou ideal. Carismático e gregário, dotado da habilidade de atrair oportunidades, você tem um amplo círculo de amigos e muitos contatos. Criativo e multitalentoso, você, em geral, consegue virar a situação a seu favor, mas evite ser crítico ou muito exigente.

Positivo: versátil, adaptável, progressista, fortes instintos, magnético, sortudo, ousado, amante da liberdade, rápido e espirituoso, curioso, místico, sociável

Negativo: pouco confiável, instável, protelador, inconsistente, confiança excessiva, cabeça-dura

Amor & Relacionamentos

Você atrai as pessoas com o seu charme e seu carisma. Como é sociável e gosta de estar com os outros, você não tem problemas para atrair amigos e parceiros românticos. Quando está apaixonado, tem sentimentos profundos e poderosos. Como há a possibilidade de se desapontar nos seus relacionamentos, você deve tomar cuidado para não se envolver em jogos emocionais de poder ou brigas. Você se sente atraído por pessoas poderosas que têm grandes planos e ambições e pode se beneficiar com a ajuda de pessoas influentes.

INFLUÊNCIA DA ESTRELA PRIMÁRIA

Algorab confere talento para os negócios e empreendimentos e concede determinação e poder para superar os desafios com charme e graça. Esta estrela indica uma natureza reservada e consciencioso, com ambição para ter reconhecimento e sucesso. Algorab também adverte contra a destrutividade e o engano advindos de terceiros.
Ligada ao grau do seu Sol, esta estrela confere talento para causar uma boa impressão e sucesso no trato com o público e na obtenção de apoio ou promoção de outras pessoas. Se ocupar alguma posição pública, você pode ganhar fama e popularidade, mas deve tomar cuidado com escândalos que o façam perder a posição.

- **Positivo**: persistência, grandes empreendimentos, popularidade, honra militar
- **Negativo**: métodos pouco ortodoxos, trabalho contra as instituições

ALGUÉM ESPECIAL

Você pode encontrar o seu verdadeiro parceiro entre as pessoas nascidas nas seguintes datas:

Amor & amizade: jan: 7, 11, 12, 22; fev: 5, 9, 10, 20; mar: 3, 7, 18, 31; abr: 1, 5, 16, 29; mai: 3, 14, 27, 29; jun: 1, 2, 12, 25, 27; jul: 10, 23, 25; ago: 8, 21, 23, 31; set: 6, 19, 21, 29; out: 4, 17, 19, 27, 30; nov: 2, 15, 17, 25, 28; dez: 13, 15, 23, 26

Relacionamentos benéficos: jan: 8, 14, 19; fev: 6, 12, 17; mar: 4, 10, 15; abr: 2, 8, 13; mai: 6, 11; jun: 4, 9; jul: 2, 7; ago: 5; set: 3; out: 1; nov: 29; dez: 25, 29

Atrações fatais: abr: 1, 2, 3, 4, 5

Relacionamentos desafiantes: jan: 9, 18, 20; fev: 7, 16, 18; mar: 5, 14, 16; abr: 3, 12, 14; mai: 1, 10, 12; jun: 8, 10; jul: 6, 8, 29; ago: 4, 6, 27; set: 2, 4, 25; out: 2, 23; nov: 21; dez: 19

Alma gêmea: jan: 9; fev: 7; mar: 5; abr: 3; mai: 1; out: 30; nov: 28; dez: 26

6 de Outubro

O seu dia de aniversário mostra que você é leve, amigável e agradável – um libriano inteligente, criativo e com idéias originais. Diplomático mas direto, você se interessa pelas pessoas e é delicado e capaz. Como tem uma astúcia natural no que diz respeito a questões financeiras, você valoriza a segurança e aprecia os luxos da vida.

Com a influência adicional do regente do seu decanato, Aquário, você tem capacidade mental e se interessa pelos movimentos de vanguarda. Embora tenha um toque de charme gentil e elegância, você é muito independente e tem necessidade de liberdade. Você pode, às vezes, ser crítico, mas, de uma forma geral, é despreocupado e tem uma habilidade maravilhosa para fazer contatos sociais. Uma possível ameaça à sua estabilidade pode ser a inclinação à preocupação, especialmente no tocante a assuntos financeiros.

Você tem muita necessidade de se expressar e sabe apreciar a beleza, as cores e os sons, o que o pode levar a desenvolver os seus talentos criativos por meio da literatura, da música, da arte ou do teatro. Qualquer coisa que faça, você tem bom gosto e atração pelo fora do comum. Ainda que às vezes seja indeciso, depois que se decide por algo, você pode ser determinado para atingir os seus objetivos.

SOL: LIBRA
DECANATO: AQUÁRIO/URANO
GRAU: 12°30'-13°30' LIBRA
MODO: CARDEAL
ELEMENTO: AR

Aos 17 anos, quando o seu Sol progredido entra no signo de Escorpião, você passa a dar mais importância à sua necessidade crescente de intensidade emocional, poder pessoal e transformação. A sua vida sofre uma outra virada aos 47 anos, quando o seu Sol progredido entra no signo de Sagitário, estimulando-o a ser mais livre e a correr mais riscos. A partir dessa fase, você pode também se envolver com pessoas e lugares estrangeiros ou expandir a sua mente por meio da inspiração ou do estudo. A partir dos 77 anos de idade, quando o seu Sol entra no signo de Capricórnio, você passa a dar mais ênfase à sua segurança, à disciplina e às questões práticas.

O Seu Eu Secreto

Você é confiável e consciencioso e como sabe quais são as suas responsabilidades dá muita importância à vida doméstica e familiar. Como aprende muito rapidamente e tem habilidade para solucionar problemas, você freqüentemente aconselha as outras pessoas. Apenas tome cuidado para que, no seu desejo de ajudar, você não interfira nos assuntos alheios ou se torne ansioso. Você pode fazer grandes sacrifícios pelas pessoas que ama, mas raramente se deixa levar pela emoção. O seu desejo de harmonia e paz mental pode se manifestar como uma necessidade regular de períodos para descanso e recuperação.

Rápido para avaliar as coisas e dotado de um senso dramático interior, você naturalmente assume posições de liderança. Com aptidão para os negócios, você precisa superar a tendência a se preocupar demais com a sua segurança ou com questões materiais.

Trabalho & Vocação

Criativo e multitalentoso, dotado de uma inteligência aguda, você tem um excelente senso para os negócios e talento para comercializar as suas idéias únicas. Você se sai melhor quando trabalha por conta própria, mas em qualquer carreira que escolha estará sempre procurando melhorar as suas condições de trabalho. Intuitivo e amigável, você é capaz de criar um ambiente agradável e harmônico. A habilidade que tem para escrever e o interesse em assuntos e reformas públicos sugerem que você pode ser atraído pelo mundo da arte, do teatro, da literatura ou da música. Com o seu senso natural para os negócios, você também tem talento para atividades de promoção ou produção. Mas a sua inclinação filosófica ou humanitária pode ser preenchida por intermédio de carreiras como magistério ou política.

ESTRELA FIXA

Nome da estrela:
Algorab, também chamada de Ghirab ou O Corvo

Posição:
12°28'-13°22' de Libra, entre os anos de 1930 e 2000

Magnitude:
3

Força:
★★★★★★

Órb:
1° 30'

Constelação:
Delta Corvi

Dias:
5, 6, 7 e 8 de outubro

Qualidades da estrela:
Marte/Saturno

Descrição:
uma estrela binária amarela e roxa clara, localizada na asa direita da constelação O Corvo.

Numerologia

Compaixão, idealismo e natureza atenciosa são algumas das qualidades sugeridas pelo dia de aniversário número 6. Esse é o número do perfeccionismo ou da amizade universal e indica que você, muitas vezes, é uma pessoa humanitária que pode ser responsável, amorosa e que apóia os outros. Com o número 6, você freqüentemente tem inclinação doméstica e é um pai dedicado. Os mais sensíveis têm necessidade de encontrar alguma forma de expressão criativa e se sentem atraídos pelo mundo do entretenimento, da arte ou do *design*. Pode ser que você precise desenvolver a sua autoconfiança e superar a tendência a interferir nos assuntos alheios, à preocupação ou solidariedade pelas pessoas erradas. A subinfluência do mês número 10 indica que você é altamente intuitivo e original, mas também um perfeccionista. Mesmo que deseje paz e harmonia, a tendência ao ceticismo e desengano sugere que a dúvida quanto a si mesmo e a preocupação podem fazê-lo se perguntar a quem e a quê você deve ser leal. Se perder a confiança ou a fé em si mesmo e nos outros, você pode se sentir sempre insatisfeito ou infeliz.

Positivo: mundano, fraternidade universal, amigável, compassivo, confiável, compreensivo, solidário, idealista, doméstico, humanitário, artístico

Negativo: insatisfeito, ansioso, tímido, pouco razoável, desarmônico, dominador, falta de responsabilidade, egoísmo, desconfiança, cinismo, autocentrado

Amor & Relacionamentos

Amigável e charmoso, você se adapta a qualquer situação social e pode ser um parceiro amoroso e um pai atencioso. Normalmente você é espontâneo, leal e generoso, mas, se ficar envolvido demais com os próprios assuntos, pode aparentar frieza e distância. Se tiver metas muito elevadas, pode ser difícil encontrar alguém que esteja à altura das suas expectativas. A sua personalidade gregária e hospitaleira lhe garante muitos amigos e o torna um bom anfitrião. Como é criativo e imaginativo, você pode ser espirituoso e divertido.

INFLUÊNCIA DA ESTRELA PRIMÁRIA

Algorab confere talento para os negócios e empreendimentos e concede determinação e poder para superar os desafios com charme e graça. Esta estrela indica uma natureza reservada e conscienciosa, com ambição para ter reconhecimento e sucesso. Algorab também adverte contra a destrutividade e o engano advindos de terceiros.

Ligada ao grau do seu Sol, esta estrela confere talento para causar uma boa impressão e sucesso no trato com o público e na obtenção de apoio ou promoção de outras pessoas. Se ocupar alguma posição pública, você pode ganhar fama e popularidade, mas deve tomar cuidado com escândalos que o façam perder a posição.

- **Positivo**: persistência, grandes empreendimentos, popularidade, honra militar
- **Negativo**: métodos pouco ortodoxos, trabalho contra as instituições

ALGUÉM ESPECIAL

Para encontrar o seu parceiro ideal, você pode começar procurando por alguém que tenha nascido em uma das seguintes datas:

Amor & amizade: jan: 4, 8, 13, 22, 26; fev: 2, 6, 20, 24; mar: 4, 18, 22; abr: 2, 16, 20, 30; mai: 14, 18, 28, 30; jun: 3, 12, 16, 26, 28; jul: 10, 14, 24, 26; ago: 8, 12, 22, 24; set: 6, 10, 20, 22, 30; out: 4, 8, 18, 20, 28; nov: 2, 6, 16, 18, 26; dez: 4, 14, 16, 24

Relacionamentos benéficos: jan: 9, 20; fev: 7, 18; mar: 5, 16, 29; abr: 3, 14, 27; mai: 1, 12, 25; jun: 10, 23; jul: 8, 21; ago: 6, 19; set: 4, 17; out: 2, 15, 30; nov: 13, 28; dez: 11, 26, 30

Atrações fatais: jan: 27; fev: 25; mar: 23; abr: 2, 3, 4, 5, 21; mai: 19; jun: 17; jul: 15; ago: 13; set: 11; out: 9; nov: 7; dez: 5

Relacionamentos desafiantes: jan: 2, 10, 19; fev: 8, 17; mar: 6, 15; abr: 4, 13; mai: 2, 11; jun: 9; jul: 7, 30; ago: 5, 28; set: 3, 26; out: 1, 24; nov: 22; dez: 20, 30

Alma gêmea: jan: 15; fev: 13; mar: 11; abr: 9; mai: 7; jun: 5; jul: 3; ago: 1; out: 29; nov: 27; dez: 25

7 de Outubro

A influência do seu dia de aniversário revela que você é um libriano amigável, astuto e honesto, dotado de uma excelente habilidade para lidar com as pessoas. Como gosta de se manter ativo, você está sempre planejando algum esquema ou estratégia. Depois que se decide por alguma coisa, a sua determinação e sua concentração são admiráveis. Empreendedor, atraído pelo conforto material, você tem talento para fazer contatos que lhe trazem vantagens.

Com a influência adicional do regente do seu decanato, Aquário, você tem idéias originais e uma compreensão perspicaz da humanidade. Criativo, você se interessa e se diverte dando forma às coisas, e pode ter um interesse especial por arte, música ou assuntos metafísicos e religiosos. Compreensivo e liberal, você defende os seus princípios e o que considera justo.

SOL: LIBRA
DECANATO: AQUÁRIO/URANO
GRAU: 13°30'-14°30' LIBRA
MODO: CARDEAL
ELEMENTO: AR

A grande ênfase nos relacionamentos e parcerias, associada ao seu dia de aniversário, revela que você se sai melhor quando trabalha em conjunto com as outras pessoas. Pode ser que às vezes você tenha um medo infundado de não ter dinheiro suficiente, mas sempre terá proteção material advinda da sua habilidade estratégica natural e talento para vender idéias. Depois que se compromete com alguma idéia ou atividade, você transmite um grande entusiasmo, resistência e decisão. O lado humanitário da sua natureza é sensível e idealista e pode se manifestar por meio de ajuda à família, aos amigos ou a causas de apoio aos necessitados.

Até os 15 anos de idade, a sua maior preocupação diz respeito ao desenvolvimento da sua consciência social. Contudo, aos 16 anos de idade, quando o seu Sol progredido entra no signo de Escorpião, você passa, nos trinta anos seguintes, a dar mais importância a questões relacionadas a mudança emocional, poder e regeneração. A sua vida sofre uma outra virada aos 46 anos de idade, quando o seu Sol progredido entra no signo de Sagitário. Essa mudança sugere que você se torna mais idealista e otimista, querendo correr mais riscos na vida ou expandindo a sua auto-expressão por intermédio de estudos e viagens. A partir dos 76 anos de idade, quando o seu Sol entra no signo de Capricórnio, você passa a dar mais ênfase às suas obrigações e aos objetivos práticos e a ter uma perspectiva realista.

O Seu Eu Secreto

A sua grande necessidade de reconhecimento e *status* é muitas vezes uma força motivadora. Quando esse poder se combina com o seu idealismo, você pode ter o impulso para se lançar em novas oportunidades para o sucesso ou lutar pelo bem da sua comunidade. Isso o ajuda a superar a tendência a sucumbir à inércia ou à protelação. Entretanto, depois que se coloca em ação, você tem uma consciência inata de que todos os esforços serão recompensados no futuro.

Embora seja extremamente generoso com as pessoas que ama e admira, a sua tendência a se preocupar com o dinheiro explica por que ocasionalmente tem uma atitude materialista. Porém, você tem a energia e a determinação para se realizar, mas a sua maior satisfação pode vir da ajuda que presta aos outros. Unindo a sua ambição e seu vigor com a sua diplomacia e esforços colaborativos, você pode realmente ser bem-sucedido.

Trabalho & Vocação

Intuitivo e idealista, você gosta de colaborar com as outras pessoas mesmo que prefira tomar as próprias decisões. Mas pode ser que você prefira ser independente ou ajudar os outros atuando como agente, em vendas ou promoções. A sua habilidade para colocar em palavras os seus pensamentos e sentimentos sugere que você tem talento para a literatura. A educação é uma vocação que pode ser especialmente significativa para você. Você pode se sair particularmente bem vendendo ou promovendo uma idéia ou produto. O seu talento para os negócios e sua habilidade para organização garantem o seu sucesso em ocupações como conselheiro financeiro e negociador. Sua capacidade de ser sociável e sua excelente capacidade para conhecer pessoas indicam que você tem habilidade para fazer contatos pessoais e se destacar em carreiras que envolvam o trato com o público.

ESTRELA FIXA

Nome da estrela:
Algorab, também chamada de Ghirab ou O Corvo

Posição:
12°28'-13°22' de Libra, entre os anos de 1930 e 2000

Magnitude:
3

Força:
★★★★★★

Órb:
1° 30'

Constelação:
Delta Corvi

Dias:
5, 6, 7 e 8 de outubro

Qualidades da estrela:
Marte/Saturno

Descrição:
uma estrela binária amarela e roxa clara, localizada na asa direita da constelação O Corvo.

Numerologia

Analítico e ponderado, o indivíduo número 7 tem capacidade de discernimento e pode ser egocêntrico. Com necessidade constante de adquirir uma maior autoconsciência, você gosta de reunir informações e pode ter interesse em ler, escrever ou por questões espirituais. Apesar de arguto, você tem a tendência a racionalizar demais e se perder em detalhes. A tendência a ser enigmático ou reservado sugere que você pode, em algumas ocasiões, sentir-se mal interpretado. A subinfluência do mês número 10 indica que você é ambicioso, independente e dotado com a habilidade de concretizar as coisas. Como uma pessoa perfeccionista, que tem expectativas realistas, você tem capacidade de combinar as suas habilidades com uma precisão delicada. Culto e divertido, você tem capacidade de compreender as pessoas, o que indica que é intuitivo e sensível. Ainda que precise de momentos de solidão, o seu talento para os negócios e o seu jeito amigável sugerem que você prefere estar na companhia de outras pessoas. Sempre cheio de idéias, você precisa se manter em atividade e testar as suas habilidades. Caso sinta desejo de atender aos seus ideais humanitários, você pode usar o seu poder de cura para levantar o ânimo das outras pessoas.

Positivo: educado, confiável, meticuloso, idealista, honesto, poderes psíquicos, científico, racional, reflexivo

Negativo: dissimulado, pouco comunicativo, pouco amigável, fingido, cético, confuso, frio

Amor & Relacionamentos

Mesmo se sentindo atraído pode pessoas poderosas e inteligentes, a intimidade e os relacionamentos podem ser muito importantes para você, embora nem sempre esta seja uma área fácil. Caloroso e generoso com as pessoas que ama, há momentos em que você se retrai e fica absorto em sua vida. Como é charmoso, você não tem dificuldades em atrair as pessoas, e, como gosta de desafios mentais, deve evitar se envolver em conflitos com os outros. Como é inteligente, você normalmente gosta do estímulo mental proporcionado por pessoas que têm uma maneira de pensar parecida com a sua e pode ser um amigo e parceiro leal.

INFLUÊNCIA DA ESTRELA PRIMÁRIA

Algorab confere talento para os negócios e empreendimentos e concede determinação e poder para superar os desafios com charme e graça. Esta estrela indica uma natureza reservada e consciencioso, com ambição para ter reconhecimento e sucesso. Algorab também adverte contra a destrutividade e o engano advindos de terceiros.

Ligada ao grau do seu Sol, esta estrela confere talento para causar uma boa impressão e sucesso no trato com o público e na obtenção de apoio ou promoção de outras pessoas. Se ocupar alguma posição pública, você pode ganhar fama e popularidade, mas deve tomar cuidado com escândalos que o façam perder a posição.

- **Positivo**: persistência, grandes empreendimentos, popularidade, honra militar
- **Negativo**: métodos pouco ortodoxos, trabalho contra as instituições

ALGUÉM ESPECIAL

Para ter segurança, estímulo mental e amor, você pode começar procurando entre as pessoas nascidas nas seguintes datas:

Amor & amizade: jan: 3, 5, 23; fev: 1, 11, 21; mar: 9, 19, 28, 31; abr: 7, 17, 26, 29, 30; mai: 5, 15, 24, 27, 28, 29, 31; jun: 3, 13, 22, 25, 27, 29; jul: 1, 11, 20, 23, 25, 27, 29; ago: 9, 18, 21, 23, 25, 27; set: 7, 16, 19, 21, 23, 25; out: 5, 14, 17, 19, 21, 23; nov: 3, 12, 15, 17, 19, 21; dez: 1, 10, 13, 15, 17, 19

Relacionamentos benéficos: jan: 3, 4, 10, 21; fev: 1, 2, 8, 19; mar: 6, 17, 30; abr: 4, 15, 28; mai: 2, 13, 26; jun: 11, 24; jul: 9, 22; ago: 7, 20; set: 5, 18; out: 3, 16, 31; nov: 1, 14, 29; dez: 12, 27

Atrações fatais: jan: 22, 28; fev: 20, 26; mar: 18, 24; abr: 2, 3, 4, 5, 6, 16, 22; mai: 14, 20; jun: 12, 18; jul: 10, 16; ago: 8, 14; set: 6, 12; out: 4, 10; nov: 2, 8; dez: 6

Relacionamentos desafiantes: jan: 11, 20; fev: 9, 18; mar: 7, 16; abr: 5, 14; mai: 3, 12, 30; jun: 1, 10, 28; jul: 8, 26, 31; ago: 6, 24, 29; set: 4, 22, 27; out: 2, 20, 25; nov: 18, 23; dez: 16, 21

Alma gêmea: jan: 26; fev: 24; mar: 22, 30; abr: 20, 28; mai: 18, 2; jun: 16, 24; jul: 14, 22; ago: 12, 20; set: 10, 18; out: 8, 16; nov: 6, 14; dez: 4, 12

8 de Outubro

Embora seja charmoso e amigável, a grande necessidade de ação e realização pessoal revelada pelo seu dia de aniversário sugere que você é uma pessoa obstinada e ambiciosa. Carismático e determinado, você tem liderança intuitiva e habilidade para combinar negócios com prazer. Com capacidade para apreender rapidamente as situações, você é honesto e direto. Empreendedor e voltado para obter o sucesso, você tem idéias felizes e sabe compartilhá-las com as outras pessoas, habilidade que pode desempenhar um papel fundamental para o seu sucesso.

Com a influência adicional do regente do seu decanato, Aquário, você pode ser inventivo e produtivo e é, muitas vezes, um bom psicólogo. Com uma abordagem liberal, você tem uma excelente capacidade para lidar com as pessoas e valoriza a liberdade. Apesar de independente, você pode exercitar a sua habilidade diplomática natural para trabalhar em equipe. No entanto, em alguns momentos você corre o risco de se tornar muito autoritário ou ditatorial, especialmente com as pessoas que não estão à altura das suas expectativas.

SOL: LIBRA
DECANATO: AQUÁRIO/URANO
GRAU: 14°30'-15°30' LIBRA
MODO: CARDEAL
ELEMENTO: AR

A sua imaginação ativa e a capacidade para apreciar a arte podem se manifestar por meio da literatura, da música, da pintura ou do teatro, bem como por intermédio do desejo de se cercar de beleza, estilo e luxo. Porém, você deve tomar cuidado para que o grande desejo de levar uma vida boa não o leve a ser auto-indulgente ou a dar muita importância ao sucesso material.

Aos 15 anos de idade, quando o seu Sol progredido entra no signo de Escorpião, você passa, nos trinta anos seguintes, a dar mais importância a questões relacionadas à mudança e transformação pessoal. A sua vida sofre uma outra virada aos 45 anos de idade, quando o seu Sol progredido entra no signo de Sagitário, indicando uma crescente necessidade de liberdade e um desejo de expandir os seus horizontes e de se arriscar mais. A partir dos 75 anos de idade, quando o seu Sol entra no signo de Capricórnio, você passa a encarar as suas obrigações e considerações práticas com mais seriedade.

O Seu Eu Secreto

Como é um visionário prático, você sabe que pode confiar nos seus poderosos instintos e trabalha melhor quando se sente inspirado. Você precisa de aventuras e mudanças constantes para não se entediar e gosta de viajar e liderar novas tendências e idéias. Mesmo que tenha um grande desejo de ter dinheiro, poder e *status*, você pode ser um humanitário idealista e sensível, o que implica que você precisa equilibrar a sua compaixão natural com a tendência a usar táticas de poder ou ser egoísta.

Magnânimo, gentil e generoso, você se torna uma força dinâmica que ajuda as outras pessoas unindo a intensidade da sua vontade com o poder das suas emoções. Quando pensa em grande escala você faz grandes planos, mas precisa levá-los adiante de forma independente. Muitas vezes, isso envolve correr alguns riscos ou fazer especulações, mas seu talento para perceber as oportunidades sugere que você sabe qual é o valor do dinheiro. Com a sua imaginação ativa, seu poder de persuasão e uma excelente habilidade para negociação, você tem potencial para realizações extraordinárias.

Trabalho & Vocação

ESTRELA FIXA

Nome da estrela:
Algorab, também chamada de Ghirab ou O Corvo

Posição:
12°28'-13°22' de Libra, entre os anos de 1930 e 2000

Magnitude:
3

Força:
★★★★★★

Órb:
1° 30'

Constelação:
Delta Corvi

Dias:
5, 6, 7 e 8 de outubro

Qualidades da estrela:
Marte/Saturno

Descrição:
uma estrela binária amarela e roxa clara, localizada na asa direita da constelação O Corvo.

Dinâmico e trabalhador, você tem muitas aspirações e é, na maioria das vezes, um empresário imaginativo e empreendedor. Ainda que possa ser bem-sucedido no mundo comercial, você pode se sentir tentado a explorar os seus talentos criativos em uma carreira artística. Como tem uma personalidade cativante e emoções poderosas, você pode ser apaixonado e idealista no que diz respeito a reformas sociais e se sente satisfeito quando trabalha no setor público ou na política. Com a sua excelente habilidade para negociação, você pode seguir uma carreira em grandes corporações como chefe de departamento. O amor à justiça e honestidade pode levá-lo à política ou a trabalhar na área de advocacia. Mas como aprecia a beleza e a arte, você pode seguir uma carreira ligada a museus e galerias de arte ou antiquários. Quando acredita em uma idéia ou pessoa, você pode trabalhar como vendedor ou promotor.

Numerologia

O poder sugerido pelo dia de aniversário número 8 mostra uma personalidade com valores fortes e boa capacidade de julgamento. O número 8 indica que você aspira a grandes realizações e tem uma natureza ambiciosa. O seu desejo de dominação, segurança e sucesso material também é indicado por este dia de aniversário. Como indivíduo número 8, você tem uma aptidão natural para os negócios e será muito beneficiado se desenvolver as habilidades de organização e execução. A sua grande necessidade de se sentir seguro ou de se estabelecer o impele a fazer planos e investimentos de longo prazo. A subinfluência do mês número 10 indica que você é altamente intuitivo, dotado de uma personalidade dinâmica. Confiar nas suas habilidades e na sua sabedoria interior permite que você combine a sua criatividade com o sucesso material e pode provocar uma forte impressão. Como é motivado pelas suas elevadas aspirações e pelo jeito para lidar com as pessoas, você pode transformar as suas idéias originais em empreendimentos lucrativos. Muitas vezes, você inicia projetos e atua à frente de reformas ou na modernização de sistemas já existentes.

Positivo: liderança, meticulosidade, trabalhador, tradição, autoridade, proteção, poder de cura, bom julgamento de valores

Negativo: impaciente, esbanjador, intolerante, econômico, inquieto, excesso de trabalho, sede de poder, dominador, desencoraja-se com facilidade, falta de planejamento

Amor & Relacionamentos

Amigável, charmoso e gregário, mas assertivo e franco, você, em geral, tem uma vida social agitada. Preocupado com a sua segurança, você pode se sentir tentado a se casar por outras razões que não o amor. Devido à sua ambição e sua determinação, o seu parceiro ideal deve ser bem-sucedido por meio dos próprios esforços. Como pode ficar inquieto nos seus relacionamentos e ter propensão a mudar de idéia, você precisa desenvolver a paciência para não ficar entediado. Essa tendência pode ser contrabalançada por viagens ou experiências novas e empolgantes.

INFLUÊNCIA DA ESTRELA PRIMÁRIA

Algorab confere talento para os negócios e empreendimentos e concede determinação e poder para superar os desafios com charme e graça. Esta estrela indica uma natureza reservada e conscienciosa, com ambição para ter reconhecimento e sucesso. Algorab também adverte contra a destrutividade e o engano advindos de terceiros.
Ligada ao grau do seu Sol, esta estrela confere talento para causar uma boa impressão e sucesso no trato com o público e na obtenção de apoio ou promoção de outras pessoas. Se ocupar alguma posição pública, você pode ganhar fama e popularidade, mas deve tomar cuidado com escândalos que o façam perder a posição.

- **Positivo**: persistência, grandes empreendimentos, popularidade, honra militar
- **Negativo**: métodos pouco ortodoxos, trabalho contra as instituições

ALGUÉM ESPECIAL

Você pode ter relacionamentos duradouros e estabilidade com alguém que tenha nascido em uma das seguintes datas:

Amor & amizade: jan: 6, 14, 24, 31; fev: 4, 12, 22, 29; mar: 2, 10, 20, 27; abr: 8, 18, 25; mai: 6, 16, 23, 30; jun: 4, 14, 21, 28, 30; jul: 2, 12, 19, 26, 28, 30; ago: 10, 17, 24, 26, 28; set: 8, 15, 22, 24, 26; out: 6, 13, 20, 22, 24, 30; nov: 4, 11, 18, 20, 22; dez: 2, 9, 16, 18, 20, 26, 29

Relacionamentos benéficos: jan: 5, 22, 30; fev: 3, 20, 28; mar: 1, 18, 26; abr: 16, 24; mai: 14, 22; jun: 12, 20; jul: 10, 18, 29; ago: 8, 16, 27, 31; set: 6, 14, 25, 29; out: 4, 12, 23, 27; nov: 2, 10, 21, 25; dez: 9, 19, 23

Atrações fatais: jan: 12; fev: 10; mar: 8; abr: 4, 5, 6, 7; mai: 4; jun: 2

Relacionamentos desafiantes: jan: 16, 21; fev: 14, 19; mar: 12, 17, 30; abr: 10, 15, 28; mai: 8, 13, 26; jun: 6, 11, 24; jul: 4, 9, 22; ago: 2, 7, 20; set: 5, 18; out: 3, 16; nov: 1, 14; dez: 12

Alma gêmea: jan: 25; fev: 23; mar: 21; abr: 19; mai: 17; jun: 15; jul: 13; ago: 11; set: 9; out: 7; nov: 5; dez: 3, 30

9 de Outubro

O seu dia de aniversário revela que você é um libriano independente e inteligente, dotado de uma personalidade forte, honesto e direto e naturalmente confiante. A liderança inerente ao seu dia de aniversário está à altura do seu poder de conhecimento, embora você possa sofrer tensões emocionais que o podem deixar insatisfeito e minar a sua usual confiança.

Com a influência adicional do regente do seu decanato, Aquário, você tem idéias originais e uma compreensão perspicaz da humanidade. As mulheres nascidas neste dia freqüentemente assumem o controle das situações. Você é um potencial iniciador de movimentos progressistas, que gosta do novo e da vanguarda. Compreensivo e liberal, você defende os seus princípios, a justiça e a imparcialidade. Ironicamente, você não tem paciência com pessoas enfadonhas e pode, às vezes, ser autoritário ou dominador.

SOL: LIBRA
DECANATO: AQUÁRIO/URANO
GRAU: 15°30'-16°30' LIBRA
MODO: CARDEAL
ELEMENTO: AR

Com o seu *insight* e seu desejo de se expressar, você pode ter um interesse especial pela literatura, pela arte, pela música ou por assuntos metafísicos e filosóficos. Ainda que seja uma pessoa pragmática por natureza, você pode, às vezes, ser radical ou pouco convencional. Evite a tendência a ser do contra e aprenda a ser mais compassivo e tolerante com os defeitos das outras pessoas, pois assim você pode aumentar as chances de ser bem-sucedido nos seus relacionamentos.

Aos 14 anos de idade, quando o seu Sol progredido entra no signo de Escorpião, você passa, nos trinta anos seguintes, a dar mais importância a questões relacionadas à mudança e à transformação da sua motivação pessoal. A sua vida sofre uma outra virada aos 44 anos de idade, quando o seu Sol progredido entra no signo de Sagitário, ampliando a sua perspectiva e indicando que deseja expandir a sua mente e explorar outras possibilidades por meio de estudos, inspiração e viagens. A partir dos 74 anos de idade, quando o seu Sol entra no signo de Capricórnio, você passa a dar mais ênfase à disciplina e à segurança prática.

O Seu Eu Secreto

Com a sua capacidade de ter reações rápidas, você defende aquilo em que acredita e pode até gostar de rivalidades e discussões amigáveis. Quando aprende a confiar na própria intuição você aceita os desafios colocados pela vida, tais como desenvolver talento artístico original ou perspicácia para os negócios. De uma forma geral você gosta de manter o controle, mas às vezes pode perder o rumo, ter ataques temperamentais ou oscilar entre ser excessivamente confiante ou duvidar de si mesmo. Contudo, você tem uma força interna que pode vir à tona e ajudá-lo a triunfar sobre as adversidades.

Tenaz quando se trata de alcançar os seus objetivos, você, em geral, tem disposição para trabalhar duro, o que pode envolver manter a perseverança e utilizar a sua inflexível determinação, especialmente para a realização de metas de longo prazo. Apesar disso, você talvez precise desenvolver a autodisciplina para aproveitar ao máximo o seu extraordinário potencial. Você é, no fundo, uma pessoa de valores humanitários, e a combinação entre o seu poder interior e a habilidade para lidar com as pessoas pode ajudá-lo a transformar os seus ideais em realidade.

Trabalho & Vocação

Inteligente, intuitivo e altamente imaginativo, você costuma ter muitas oportunidades profissionais. Interessado por reformas sociais, você se adapta a profissões intelectuais como advocacia, educação, pesquisa científica e literatura. Com a sua mente rápida e sua capacidade de liderança, você tem habilidades estratégicas e administrativas que muito podem lhe valer no mundo dos negócios. O seu desejo de criar e seu dom natural de comunicação indicam que você precisa expressar a sua individualidade em carreiras no mundo das belas artes e *design* ou do cinema e das artes performáticas, particularmente da música. Como é uma pessoa humanitária, você pode ser levado a trabalhar na área da saúde.

Numerologia

Benevolência, prudência e sensibilidade emocional são qualidades associadas ao dia de aniversário 9. Tolerante e amável, você pode ser generoso e liberal. Intuição e habilidades psíquicas apontam para uma receptividade universal que, se for positivamente canalizada, pode inspirá-lo a buscar o caminho espiritual. Este dia de aniversário sugere a necessidade de superar desafios e a tendência a ser excessivamente sensível e a ter instabilidade emocional. Você se beneficia muito com viagens internacionais e interação com pessoas de diversos círculos sociais, mas deve evitar ter sonhos irreais ou a inclinação ao escapismo. A subinfluência do mês número 10 indica que, como é, ao mesmo tempo, autônomo e humanitário, você pode inspirar as pessoas com a sua perspectiva positiva e sua determinação. Se for abençoado com um toque de genialidade, você precisa manter a perseverança diante dos obstáculos para realizar algo único ou fora do comum. Evite a tendência a ser teimoso ou dominador se deseja que os outros o procurem em busca de apoio e conselhos.

ESTRELA FIXA

Nome da estrela:
Seginus

Posição:
16°38'-17°20' de Libra, entre os anos de 1930 e 2000

Magnitude:
3

Força:
★★★★★★

Órb:
1°40'

Constelação:
Gama Bootes

Dias:
9, 10, 11 e 12 de outubro

Qualidades da estrela:
Mercúrio/Saturno

Descrição:
uma pequena estrela branca e amarela, localizada no ombro esquerdo de Bootes.

Positivo: idealista, criativo, sensível, generoso, magnético, poético, caridoso, desapegado, sortudo, popular

Negativo: frustrado, nervoso, fragmentado, inseguro, egoísta, pouco prático, amargo, sem ética, facilmente levado, preocupado, isolado

Amor & Relacionamentos

Com o seu carisma e sua inteligência aguçada, você atrai amigos e admiradores. Franco e direto, você gosta de ser verdadeiro em todas as transações pessoais. Embora seja sincero, romântico e na maioria das vezes um parceiro leal, você pode, às vezes, afastar as pessoas queridas com o seu autoritarismo ou sua impaciência. Entretanto, você é uma pessoa que apóia os seus parceiros, especialmente dando conselho e ajuda prática. O ideal é que o seu parceiro o mantenha mentalmente estimulado e que seja honesto e direto como você. Você precisa de um parceiro que compreenda a sua oscilação entre autoconfiança e dúvida quanto a si mesmo.

INFLUÊNCIA DA ESTRELA PRIMÁRIA

A influência de Seginus confere uma mente rápida e aguçada, muitos contatos e popularidade. Esta estrela indica que você é versátil e aprende rapidamente, mas adverte contra a inclinação para ser inconsistente e fazer muitas mudanças bruscas.
Ligada ao grau do seu Sol, Seginus confere sucesso nos negócios, aptidão natural para Astrologia e Filosofia ou inclinação por assuntos de natureza pouco comum. Sociável e amigável, você tem muitos amigos que o ajudam quando necessário.

- **Positivo**: cooperativo, popularidade, versatilidade
- **Negativo**: perdas por intermédio de amizades e parcerias

ALGUÉM ESPECIAL

Para ter um relacionamento duradouro e segurança, você pode começar procurando por alguém que tenha nascido em uma das seguintes datas:

Amor & amizade: jan: 7, 11, 13, 15, 16, 17, 25; fev: 9, 11, 13, 14, 15, 23; mar: 7, 9, 11, 12, 13, 21; abr: 5, 7, 9, 11, 19; mai: 3, 5, 7, 9, 17, 31; jun: 1, 3, 5, 6, 7, 15, 29; jul: 1, 3, 5, 27, 29, 31; ago: 1, 3, 11, 25, 27, 29; set: 1, 9, 23, 25, 27; out: 7, 21, 23, 25; nov: 5, 19, 21, 23; dez: 3, 17, 19, 21, 30

Relacionamentos benéficos: jan: 1, 5, 20; fev: 3, 18; mar: 1, 16; abr: 14; mai: 12; jun: 10; jul: 8; ago: 6; set: 4; out: 2

Atrações fatais: abr: 5, 6, 7, 8

Relacionamentos desafiantes: jan: 6, 22, 24; fev: 4, 20, 22; mar: 2, 18, 20; abr: 16, 18; mai: 16, 14; jun: 12, 14; jul: 10, 12; ago: 8, 10, 31; set: 6, 8, 29; out: 4, 6, 27; nov: 2, 4, 25, 30; dez: 2, 23, 28

Alma gêmea: jan: 6, 12; fev: 4, 10; mar: 2, 8; abr: 6; mai: 4; jun: 2

10 de Outubro

A sua mente aguçada e observações penetrantes se combinam bem com o seu idealismo e sua ambição. Como nativo de Libra, você pode também ser charmoso e gregário, dotado da habilidade de lidar com todos os tipos de pessoas. Generoso e amável, você gosta de ajudar aos outros, mas deve tomar cuidado com todas as formas de indulgência excessiva. Você aprecia as cores, a arte e a beleza, tem muita criatividade e gosta de luxo.

Com a influência adicional do regente do seu decanato, Aquário, você gosta de estar à frente das novas tendências ou idéias e é muito individualista. Embora tenha um toque de charme e elegância, você pode ser voluntarioso e independente. Mentalmente competitivo e algumas vezes crítico, você ainda assim costuma ser uma pessoa serena. O seu carisma o ajuda muito quando se trata de fazer contatos sociais. Contudo, um possível desafio à sua estabilidade pode revelar uma inclinação a ser teimoso e a não ouvir o conselho dos outros.

♎

SOL: LIBRA
DECANATO: AQUÁRIO/URANO
GRAU: 16°30'-17°30' LIBRA
MODO: CARDEAL
ELEMENTO: AR

♎

Amigável e divertido, você gosta de atividades sociais. Como precisa de liberdade e novidade, é provável que você inclua as viagens em suas prioridades. A tendência a se tornar impaciente, no entanto, pode impedi-lo de desenvolver plenamente os seus talentos inatos. Felizmente, a sua perspectiva otimista pode ajudá-lo a se recuperar rapidamente de qualquer desapontamento ou contrariedade.

A partir dos 13 anos de idade, quando o seu Sol progredido entra no signo de Escorpião, você passa a dar mais importância a questões relacionadas à sua sensibilidade emocional, seu poder pessoal e sua transformação. A sua vida sofre uma outra virada aos 43 anos de idade, quando o seu Sol progredido entra no signo de Sagitário, desafiando-o a expandir os seus pontos de vista e a se tornar mais aventureiro, seja no nível mental, físico ou espiritual. A partir dos 73 anos de idade, quando o seu Sol entra no signo de Capricórnio, você passa a dar mais importância a estrutura, estabilidade e objetivos práticos.

O Seu Eu Secreto

Como deseja adquirir conhecimento e pensar em grandes termos, você tem muitas idéias que lhe podem trazer recompensas financeiras. Se superar a inclinação a permitir que questões materialistas dominem a sua vida, você pode perceber que há muitas coisas que o dinheiro não pode comprar. Somente mantendo a fé em si mesmo e desenvolvendo a confiança na sua intuição natural é que você pode realmente ser bem-sucedido.

Como é uma pessoa criativa e sensível, você precisa ter alguma forma de auto-expressão para dar voz à sua mente ativa e sentimentos mais profundos. Isso inclui a criação de oportunidades positivas para a utilização de todo o seu conhecimento. Com um senso forte para o drama, você gosta de receber os amigos e isso pode ser um excelente antídoto para os seus sentimentos de dúvida e indecisão.

Trabalho & Vocação

Capaz e multitalentoso, você é tanto um idealista humanitário quanto um grande empreendedor. A habilidade para assumir o comando das situações e liderar as pessoas sugere que você se sente melhor dando ordens do que recebendo. Com a sua capacidade de organização e seu desejo de se realizar, você precisa de uma carreira desafiante na qual possa expandir o seu conhecimento. Você é uma pessoa astuta que tem talento com as palavras e espirituosidade, e pode se destacar na área de literatura, educação ou advocacia. Mas, você pode usar a sua habilidade administrativa trabalhando em grandes corporações ou alcançar o sucesso no mundo dos negócios. Charmoso e sociável, você pode sentir atração pelo trabalho público, como líder sindical ou político. Você pode também dar início a grandes projetos de ajuda à comunidade. A sua necessidade de expressão artística pode levá-lo ao mundo da arte e do entretenimento por meio da música e do teatro.

ESTRELA FIXA

Nome da estrela:
Seginus

Posição:
16°38'-17°20' de Libra, entre os anos de 1930 e 2000

Magnitude:
3

Força:
★★★★★★

Órb:
1°40'

Constelação:
Gama Bootes

Dias:
9, 10, 11 e 12 de outubro

Qualidades da estrela:
Mercúrio/Saturno

Descrição:
uma pequena estrela branca e amarela, localizada no ombro esquerdo de Bootes.

Numerologia

Como as pessoas que nascem no dia 1, você normalmente se esforça para conquistar grandes realizações. Porém, você precisa superar alguns obstáculos antes de atingir os seus objetivos. Vigoroso e original, você defende as suas crenças mesmo quando elas divergem das crenças das outras pessoas. A sua habilidade para dar início às coisas o encoraja a ir longe e tentar as coisas por conta própria. O sucesso e a realização são importantes para todas as pessoas nascidas no dia 10, e freqüentemente você chega ao topo da sua profissão. A subinfluência do mês número 10 indica que você é empreendedor e trabalhador. Ainda que confie na sua inteligência e seja rápido para avaliar as situações e pessoas, você tem uma grande intuição que pode dominar os seus pensamentos e que o impele a seguir os seus sentimentos. Na maioria das vezes uma pessoa amigável, você pode usar a sua persuasão e sua habilidade diplomática para influenciar os outros. Você precisa também aprender que o mundo não gira ao seu redor e deve evitar o egoísmo e ser muito emotivo.

Positivo: liderança, criatividade, progressista, vigoroso, otimista, fortes convicções, competitivo, independente, gregário

Negativo: arrogante, ciumento, egocêntrico, muito orgulhoso, antagônico, falta de controle, egoísmo, hesitação, impaciente

Amor & Relacionamentos

Amigável, inteligente e magnético, você não tem problemas para atrair amigos e parceiros. Todavia, uma certa inquietude subjacente sugere que você pode se entediar facilmente ou se sentir inseguro quanto ao que realmente sente nos seus relacionamentos. Isso pode ser evitado se você tiver um parceiro inteligente e ativo, que o mantenha mentalmente estimulado. Você pode vir a ter prazer experimentando novas atividades, visitando novos lugares ou estudando em locais onde possa conhecer pessoas inteligentes. Com excelente capacidade de fazer contatos, você gosta de ocasiões sociais quando pode se dar com diferentes tipos de pessoas.

INFLUÊNCIA DA ESTRELA PRIMÁRIA

A influência de Seginus confere uma mente rápida e aguçada, muitos contatos e popularidade. Esta estrela indica que você é versátil e aprende rapidamente, mas adverte contra a inclinação para ser inconsistente e fazer muitas mudanças bruscas.

Ligada ao grau do seu Sol, Seginus confere sucesso nos negócios, aptidão natural para Astrologia e Filosofia ou inclinação por assuntos de natureza pouco comum. Sociável e amigável, você tem muitos amigos que o ajudam quando necessário.

Positivo: cooperativo, popularidade, versatilidade

Negativo: perdas por intermédio de amizades e parcerias

ALGUÉM ESPECIAL

Para ter segurança, estímulo mental e amor, você pode começar procurando entre as pessoas nascidas nas seguintes datas:

Amor & amizade: jan: 4, 9, 12, 16, 25; fev: 2, 10, 14, 23, 24; mar: 8, 12, 22, 31; abr: 6, 10, 20, 29; mai: 4, 8, 18, 27; jun: 2, 6, 16, 25, 30; jul: 4, 14, 23, 28; ago: 2, 12, 21, 26, 30; set: 10, 19, 24, 28; out: 8, 17, 22, 26; nov: 6, 15, 20, 24, 30; dez: 4, 13, 18, 22, 28

Relacionamentos benéficos: jan: 2, 13, 22, 24; fev: 11, 17, 20, 22; mar: 9, 15, 18, 20, 28; abr: 7, 13, 16, 18, 26; mai: 5, 11, 16, 18, 26; jun: 3, 9, 12, 14, 22; jul: 1, 7, 10, 12, 20; ago: 5, 8, 10, 18; set: 3, 6, 8, 16; out: 1, 4, 6, 14; nov: 2, 4, 12; dez: 2, 10

Atrações fatais: jan: 25; fev: 23; mar: 21; abr: 5, 6, 7, 8, 9, 19; mai: 17; jun: 15; jul: 13; ago: 11; set: 9; out: 7; nov: 5; dez: 3

Relacionamentos desafiantes: jan: 7, 23; fev: 5, 21; mar: 3, 19, 29; abr: 1, 17, 27; mai: 15, 25; jun: 13, 23; jul: 11, 21, 31; ago: 9, 19, 29; set: 7, 17, 27, 30; nov: 3, 13, 23, 26; dez: 1, 11, 21, 24

Alma gêmea: jan: 17; fev: 15; mar: 13; abr: 11; mai: 9; jun: 7; jul: 5; ago: 3; set: 1; nov: 30; dez: 28

11 de Outubro

Muito inteligente, dotado do talento de expressar as suas idéias, você transmite entusiasmo, calor humano e tem magnetismo pessoal. Embora seja idealista, você costuma ter disposição para defender as suas crenças por meio de ações. Naturalmente otimista e jovial, você precisa apenas ser responsável e ter a autodisciplina necessária para aproveitar o seu maravilhoso potencial.

Com a influência adicional do regente do seu decanato, Aquário, você pensa de forma diferente e original. Além de ter espírito empreendedor e desejo de liberdade, você pensa em grandes termos e pode lutar pelas suas convicções. Como tem charme e uma capacidade psicológica natural, você tem habilidade para lidar com pessoas de diferentes círculos sociais. O seu poder de persuasão e sua habilidade para organizar certamente o ajudarão na sua escalada para o sucesso.

SOL: LIBRA
DECANATO: AQUÁRIO/URANO
GRAU: 17°30'-18°30' LIBRA
MODO: CARDEAL
ELEMENTO: AR

Com a forte influência de Libra, você gosta da beleza, natureza e arte e tem muita necessidade de se expressar. Muitas pessoas nascidas neste dia possuem uma qualidade andrógina, sendo ao mesmo tempo independente e sensível. O seu senso de refinamento pode lhe dar bom gosto e amor pelo conforto e pelo luxo. Quando usa o seu conhecimento, amplia a sua assertividade e sua confiança. Com o seu potencial de liderança e sua habilidade diplomática natural, você é capaz de trabalhar em conjunto com outras pessoas. Contudo, você precisa evitar o estresse que aparece quando fica sobrecarregado ou ser manipulador em vez de lidar francamente com as pessoas.

A partir dos 12 anos de idade o seu Sol progredido entra no signo de Escorpião. Nessa fase, você se torna mais intenso e passa a dar cada vez mais importância à mudança emocional e à necessidade de poder pessoal. A sua vida sofre uma outra virada aos 42 anos de idade, quando o seu Sol progredido entra no signo de Sagitário, estimulando-o a ampliar os seus horizontes, a ser mais livre e a buscar inspiração, seja por meio do estudo, de contatos pessoais ou de viagens. A partir dos 72 anos de idade, o seu Sol entra no signo de Capricórnio, acentuando a necessidade de ter uma maneira mais prática e realista de encarar a vida.

O Seu Eu Secreto

Você tem um magnetismo que cativa e encanta as pessoas, pois projeta o grande amor e a emoção que tem dentro de si. Essa capacidade sugere uma delicadeza interior, jovialidade e desejo de amor e afeição. Quando se sente inspirado para se expressar, você pode ser espirituoso, alegre e cheio de entusiasmo para ajudar os outros seres humanos ou uma causa idealista. No entanto, o seu desejo de ser bem-sucedido pode levá-lo a ser uma pessoa de extremos ou autoritária.

Você, de uma forma geral, tem talento para lidar com questões financeiras e tem habilidade para acumular recursos para si e para os outros. No seu plano geral de vida, a segurança material pode ser um aspecto importante, pois você precisa de algo sólido e estável. Mas evite a tentação a sempre optar pelo caminho seguro em vez de se desafiar. Apesar do seu medo, contanto que desenvolva a paciência a perseverança, os seus assuntos financeiros geralmente são bem-sucedidos a longo prazo.

Trabalho & Vocação

Inteligente e intuitivo, você é multitalentoso e idealista, e tem uma ampla gama de opções profissionais. Você pode ser atraído pelo mundo do comércio e usar o seu charme persuasivo para atuar na área de vendas, promoção ou negociação. Com habilidade para expressar as suas idéias de maneira divertida, você pode ser levado a seguir ocupações na área da educação ou do treinamento de pessoas no mundo dos negócios. Você pode também escrever ou atuar nas áreas de advocacia, serviço público ou política. Uma pessoa idealista e com espírito empreendedor, você pode querer se expressar de alguma forma e desenvolver os seus talentos artísticos, o que pode levá-lo ao mundo da arte e *design* ou de publicidade e meios de comunicação.

ESTRELA FIXA

Nome da estrela:
Seginus
Posição:
16°38'-17°20' de Libra, entre os anos de 1930 e 2000
Magnitude:
3
Força:
★★★★★
Órb:
1°40'
Constelação:
Gama Bootes
Dias:
9, 10, 11 e 12 de outubro
Qualidades da estrela:
Mercúrio/Saturno
Descrição:
uma pequena estrela branca e amarela, localizada no ombro esquerdo de Bootes.

Numerologia

A vibração especial do dia de aniversário número-mestre 11 sugere que idealismo, inspiração e inovação são altamente importantes para você. Uma combinação de humildade e confiança o desafia a trabalhar para adquirir autocontrole tanto material quanto espiritual. Por meio de experiências, você aprende a lidar com os dois lados da sua natureza e desenvolve uma atitude menos extremista confiando nos próprios sentimentos. Na maior parte das vezes, você é altamente vigoroso e aprecia a vitalidade, mas precisa evitar se tornar excessivamente ansioso ou pouco prático. A subinfluência do mês número 10 indica que você é muito inteligente e versátil. Astuto e amigável, você precisa expressar a própria individualidade e ser popular no seu círculo de amigos. Se não tiver certeza da lucratividade dos seus projetos, você pode ficar impaciente e se voltar para alguma coisa nova. Multitalentoso e idealista, com diversos interesses, muito raramente você é descrito como chato ou sem graça. Entretanto, você precisa se concentrar nos seus objetivos e metas para ser bem-sucedido. Como é muitas vezes talentoso e gosta da liberdade, você se beneficia quando explora as suas habilidades criativas.

Positivo: equilibrado, concentração, objetividade, entusiasmo, inspirador, idealista, inteligente, extrovertido, inventivo, artístico, humanitário, poderes psíquicos

Negativo: complexo de inferioridade, sem objetivo, excessivamente emotivo, magoa-se facilmente, egoísta, falta de clareza, autoritário

Amor & Relacionamentos

Romântico e idealista, você quer se relacionar mas tem também uma grande necessidade de liberdade e independência. Com todo o seu carisma e sua inteligência, você não tem problemas para atrair amigos e admiradores. Contudo, a sua tendência a alternar entre ser um amante intenso e apaixonado e sentir a necessidade de ser independente e livre pode bloquear algumas oportunidades de relacionamentos. É importante que você tenha capacidade de discernimento para evitar se tornar muito apegado a parceiros pouco adequados. Mas depois que se compromete, você está disposto a se esforçar para que os seus relacionamentos dêem certo.

INFLUÊNCIA DA ESTRELA PRIMÁRIA

A influência de Seginus confere uma mente rápida e aguçada, muitos contatos e popularidade. Esta estrela indica que você é versátil e aprende rapidamente, mas adverte contra a inclinação para ser inconsistente e fazer muitas mudanças bruscas.
Ligada ao grau do seu Sol, Seginus confere sucesso nos negócios, aptidão natural para Astrologia e Filosofia ou inclinação por assuntos de natureza pouco comum. Sociável e amigável, você tem muitos amigos que o ajudam quando necessário.

Positivo: cooperativo, popularidade, versatilidade

Negativo: perdas por intermédio de amizades e parcerias

ALGUÉM ESPECIAL

Para encontrar aquele alguém especial que fará a sua vida feliz, você pode começar procurando entre as pessoas nascidas nas seguintes datas:

Amor & amizade: jan: 2, 7, 19, 17, 27; fev: 5, 8, 15, 25; mar: 3, 6, 13, 23; abr: 1, 4, 11, 21; mai: 2, 9, 19; jun: 7, 17; jul: 5, 15, 29, 31; ago: 3, 13, 27, 29, 31; set: 1, 11, 25, 27, 29; out: 9, 23, 25, 27; nov: 7, 21, 23, 25; dez: 5, 19, 21, 23

Relacionamentos benéficos: jan: 3, 5, 20, 25, 27; fev: 1, 3, 18, 23, 25; mar: 1, 16, 21, 23; abr: 14, 19, 21; mai: 12, 17, 19; jun: 10, 15, 17; jul: 8, 13, 15; ago: 6, 11, 13; set: 4, 9, 11; out: 2, 7, 9; nov: 5, 7; dez: 3, 5

Atrações fatais: jan: 13; fev: 11; mar: 9; abr: 6, 7, 8, 9; mai: 5; jun: 3 jul: 1

Relacionamentos desafiantes: jan: 16, 24; fev: 14, 22; mar: 12, 20; abr: 10, 18; mai: 8, 16, 31; jun: 6, 14, 29; jul: 4, 12, 27; ago: 2, 10, 25; set: 8, 23; out: 6, 21; nov: 4, 19; dez: 2, 17

Alma gêmea: jan: 16; fev: 14; mar: 12; abr: 10; mai: 8; jun: 6; jul: 4, 31; ago: 2, 29; set: 27; out: 25; nov: 22; dez: 21

12 de Outubro

Mente aguçada, amizade e sociabilidade são apenas algumas das qualidades indicadas pelo seu dia de aniversário. Entusiástico e trabalhador quando realmente se interessa por um projeto ou causa, você tem um pensamento criativo e uma capacidade natural de liderança. Um aspecto importante do seu sucesso é a sua habilidade para lidar com as pessoas. Você valoriza o conhecimento, mas é desenvolvendo o autocontrole que pode realmente sentir uma verdadeira satisfação.

Com a influência adicional do regente do seu decanato, Aquário, você tem idéias únicas e inventivas que podem ser produtivas e financeiramente gratificantes. Você percebe novas tendências e conceitos rapidamente e em geral gosta de expressar as suas idéias. Apesar de independente, você tem habilidade diplomática natural e capacidade de trabalhar em equipe. Como tem um toque de charme gentil, você costuma ser uma pessoa despreocupada, mas pode, em algumas ocasiões, ser muito dominador ou teimoso.

♎

SOL: LIBRA
DECANATO: AQUÁRIO/URANO
GRAU: 18°30'-19°30' LIBRA
MODO: MUTÁVEL
ELEMENTO: AR

♎

Como é muito inteligente, valoriza a liberdade e é uma pessoa calorosa, você tem muito a oferecer aos outros. A sua mente arguta mas inquieta lhe dá a habilidade de tomar decisões rapidamente e muitas vezes o ajuda a avaliar com facilidade as situações. Embora seja assertivo e tenha fortes convicções, você pode, em algumas ocasiões, ficar preocupado ou, estranhamente, perder a confiança em si mesmo. Felizmente, a sua determinação em ser bem-sucedido independentemente das dificuldades sempre o ajuda a superar os obstáculos.

A partir dos 11 anos de idade, quando o seu Sol progredido entra no signo de Escorpião, você passa a dar, cada vez mais, importância à mudança emocional, ao poder pessoal e à transformação. A sua vida sofre uma outra virada aos 41 anos de idade, quando o seu Sol progredido entra no signo de Sagitário, estimulando-o a ampliar a sua perspectiva. Nessa fase, você tem mais contatos com lugares e pessoas estrangeiras e amplia os seus interesses. Depois dos 71 anos de idade, quando o seu Sol entra no signo de Capricórnio, você desenvolve uma abordagem mais prática e mais concentrada nos seus objetivos.

O Seu Eu Secreto

Um dos seus grandes trunfos pode ser o seu *insight* intuitivo, mas talvez seja necessário ouvir a sua voz interior e aprender algo a respeito da fé e da confiança. Se usar a sabedoria, você é capaz de encarar as situações de uma maneira mais filosófica ou bem-humorada. O lado mais criativo da sua natureza garante que a auto-expressão é uma parte vital do seu plano de vida e pode estimular uma vontade de se envolver com música, arte ou teatro.

Muito do seu sucesso se baseia na aplicação das suas idéias engenhosas às situações práticas e em estar preparado para fazer o trabalho necessário para alcançar os seus grandes objetivos. Generoso com as pessoas, você sabe como se divertir, mas deve tomar cuidado com o excesso de indulgência. O seu desejo interior de honestidade pode suprimir a sua inclinação a ser manipulador e ajudá-lo nos seus planos. Quando se sente inspirado, você pode ser extremamente motivado e ser uma fonte de encorajamento para os outros.

Trabalho & Vocação

Pragmático e altamente intuitivo, você gosta de testar os seus pensamentos criativos e mostrar aos outros as suas habilidades únicas. Entre as suas opções profissionais, as seguintes podem ser altamente adequadas para você: psicólogo, conselheiro, diplomata, advogado. O seu charme e sua habilidade de organização indicam que você pode ser bem-sucedido em atividades que envolvam o trato com as pessoas, seja no mundo dos negócios ou no setor público. Articulado e sociável, você pode ser atraído pelo jornalismo ou pela literatura ou ainda pelo mundo acadêmico ou editorial. A sua mente imaginativa pode se expressar por meio de atividades criativas. Se tiver talento para ser ator, músico ou compositor, você pode ficar famoso quando as pessoas reconhecerem os seus dons.

ESTRELA FIXA

Nome da estrela:
Seginus

Posição:
16°38'-17°20' de Libra, entre os anos de 1930 e 2000

Magnitude:
3

Força:
★★★★★★

Órb:
1°40'

Constelação:
Gama Bootes

Dias:
9, 10, 11 e 12 de outubro

Qualidades da estrela:
Mercúrio/Saturno

Descrição:
uma pequena estrela branca e amarela, localizada no ombro esquerdo de Bootes.

Numerologia

As pessoas nascidas no dia 12 são usualmente intuitivas e amigáveis. Como deseja estabelecer a sua individualidade, você tem boa capacidade de raciocínio e poder de inovação. Naturalmente compreensivo e sensível, você também sabe usar o tato e métodos cooperativos para alcançar os seus objetivos. Quando encontra o equilíbrio entre a sua necessidade de auto-expressão e a sua inclinação natural para apoiar as pessoas, você pode se sentir emocionalmente satisfeito e se realizar. Você precisa, no entanto, ter coragem para falar por si, desenvolver a autoconfiança ou aprender a não ser facilmente desencorajado pelas outras pessoas. A subinfluência do mês número 10 indica que você é vigoroso e inteligente, com necessidade de estabilidade e ordem. Determinado e enérgico, você gosta de trabalhar cooperativamente com os outros contanto que se mantenha independente. Ainda que tenha uma maneira pragmática de abordar a vida e um bom senso para os negócios, você pode, ocasionalmente, sentir-se emocionalmente instável e reagir exageradamente às pessoas e às situações. Todavia, quando expressa os seus sentimentos e usa as suas habilidades diplomáticas, você desfaz os mal-entendidos e supera a tendência a ser teimoso ou sem tato.

Positivo: criativo, atraente, iniciativa, disciplinador, promoção de si e dos outros

Negativo: reservado, egoísta, excêntrico, pouco cooperativo, excessivamente sensível, falta de autoestima, muito tímido

Amor & Relacionamentos

Como é inteligente, você procura um parceiro com quem possa ser sociável e expressar as suas idéias. Nos seus relacionamentos próximos, você precisa manter-se leve e positivo e evitar tornar-se irritadiço, autoritário ou crítico. Você muitas vezes se sente atraído por pessoas trabalhadoras e poderosas e pode se ver dividido entre o desejo de se manter independente e de ter um relacionamento íntimo. A sua necessidade de autoconscientização sugere que você admira as pessoas disciplinadas e que encaram a vida de maneira original.

INFLUÊNCIA DA ESTRELA PRIMÁRIA

A influência de Seginus confere uma mente rápida e aguçada, muitos contatos e popularidade. Esta estrela indica que você é versátil e aprende rapidamente, mas adverte contra a inclinação para ser inconsistente e fazer muitas mudanças bruscas.
Ligada ao grau do seu Sol, Seginus confere sucesso nos negócios, aptidão natural para Astrologia e Filosofia ou inclinação por assuntos de natureza pouco comum. Sociável e amigável, você tem muitos amigos que o ajudam quando necessário.

- **Positivo**: cooperativo, popularidade, versatilidade
- **Negativo**: perdas por intermédio de amizades e parcerias

ALGUÉM ESPECIAL

Entre as pessoas nascidas nas seguintes datas, você pode encontrar aquele alguém especial que irá inspirá-lo com a sua personalidade única:

Amor & amizade: jan: 1, 14, 28, 31; fev: 12, 26, 29; mar: 10, 24, 27; abr: 8, 22, 25; mai: 6, 20, 23; jun: 4, 18, 21; jul: 2, 16, 19, 30; ago: 14, 17, 28, 30; set: 12, 15, 26, 28, 30; out: 10, 13, 24, 26, 28; nov: 8, 11, 22, 24, 26; dez: 6, 9, 20, 22, 24

Relacionamentos benéficos: jan: 26; fev: 24; mar: 22; abr: 20; mai: 18; jun: 16; jul: 14; ago: 12; set: 10; out: 8; nov: 6; dez: 4

Atrações fatais: abr: 7, 8, 9, 10, 11

Relacionamentos desafiantes: jan: 3, 25; fev: 1, 23; mar: 21; abr: 19; mai: 17; jun: 15; jul: 13; ago: 11; set: 9; out: 7; nov: 5; dez: 3

Alma gêmea: jan: 3, 10; fev: 1, 8; mar: 6; abr: 4; mai: 2

13 de Outubro

O seu dia de aniversário mostra que você é prático, charmoso, trabalhador e cheio de idéias. Com a sua habilidade para apreender rapidamente conceitos, você pode utilizar as situações a seu favor. Mesmo que possa ser responsável, é preciso ter autodisciplina para aproveitar o extraordinário potencial conferido pelo seu dia de aniversário.

Com a influência adicional do regente do seu decanato, Aquário, você tem uma mente forte e pontos de vista independentes. Com a capacidade para pensar em grandes termos, você, em geral, interessa-se por muitos assuntos e pode sentir atração especial por temas mundanos. Como tem espírito empreendedor e desejo de liberdade, você pode vir a defender o que acredita.

SOL: LIBRA
DECANATO: AQUÁRIO/URANO
GRAU: 19°30'-20°30' LIBRA
MODO: MUTÁVEL
ELEMENTO: AR

Como é um diplomata natural, você tem habilidade para se relacionar com as pessoas e em geral pode ser bem-sucedido quando trabalha em parceria ou em grupo. Contudo, há momentos em que você precisa resistir à tendência a ser muito dominador. Com princípios sólidos e habilidade de organização, você muitas vezes tem o dom da persuasão, o que o pode ajudar a alcançar o sucesso. A educação e uma filosofia de vida positiva são vitais para que você aproveite ao máximo as suas possibilidades. Isso o ajuda a evitar a impaciência, a frustração ou a irritabilidade e o mantém mentalmente ativo e produtivo.

A partir dos 10 anos de idade, quando o seu Sol progredido entra no signo de Escorpião, você passa a dar, nos trinta anos seguintes, mais importância às questões relacionadas a mudança, poder e transformação da sua motivação pessoal. A sua vida sofre uma outra virada aos 40 anos de idade, quando o seu Sol progredido entra no signo de Sagitário, ampliando a sua perspectiva e indicando que você pode se tornar mais otimista e livre. Essa nova influência pode trazer a vontade de expandir a sua mente por meio de estudos, viagens e novos interesses. Depois dos 70 anos de idade, quando o seu Sol entra no signo de Capricórnio, você se torna mais prático, cauteloso e concentrado.

O Seu Eu Secreto

Com as suas fortes opiniões e seu senso dramático, você não quer passar despercebido e prefere ocupar uma posição de liderança. Se não tiver meios de expressar a sua maravilhosa criatividade ou idéias, no entanto, você pode ter a tendência a alternar entre a depressão e a arrogância. Porém, a sua aparência pode esconder uma sensibilidade e imaginação interiores que, quando positivamente canalizadas, podem lhe dar um senso de visão excepcional.

Apesar de ser econômico e gostar de barganhas, você pode também ser extremamente generoso com as pessoas que ama. Na maioria das vezes honesto e direto com as pessoas, você prefere saldar as suas dívidas. Embora possa ser ambicioso, o seu desejo de harmonia e do conforto doméstico pode falar mais alto. Quando aprende a manter o equilíbrio e a desenvolver a paz interior, você pode ter resultados realmente surpreendentes.

Trabalho & Vocação

Criativo e culto, você é em geral mentalmente inquieto e espirituoso, e tem necessidade de se expressar com liberdade e sem restrições. Quando ocupa uma posição em que precisa constantemente receber ordens, você pode se tornar brigão e do contra. Sociável e gregário, você gosta de trabalhar conjuntamente com outras pessoas e pode ser atraído para uma carreira no setor público. Embora tenha interesse por negócios, você é um humanitário e pode querer seguir uma carreira no mundo acadêmico ou na área do magistério. Se quiser desenvolver os seus dons artísticos, você pode explorar o mundo do *show business* ou da literatura, mas pode ser também advogado. Atencioso e compassivo, você pode seguir uma carreira na área de serviço social ou psicologia.

Numerologia

Sensibilidade emocional, entusiasmo e inspiração estão freqüentemente associados ao dia de aniversário número 13. Numericamente, você está associado à ambição e ao trabalho duro e pode ter grandes realizações por meio da auto-expressão criativa. Você precisa desenvolver ou cultivar uma perspectiva pragmática se deseja que os seus talentos criativos se transformem em resultados concretos. A sua maneira original e inovadora de encarar a vida gera idéias novas e empolgantes, muitas vezes resultando em trabalhos que impressionam as pessoas. Com o dia de aniversário 13, você é uma pessoa séria, romântica, charmosa e que gosta de se divertir, e com dedicação pode prosperar. A subinfluência do mês número 10 indica que você tem resistência, praticidade e versatilidade. Ao se mostrar independente e autoconfiante você tem também habilidades de liderança e necessidade de liberdade. Ainda que os outros o vejam como uma pessoa segura e assertiva, as tensões emocionais e inseguranças podem levá-lo a hesitar e a se preocupar desnecessariamente. Aprendendo a ser mais paciente e menos inquieto, você pode superar a tendência a desperdiçar as suas energias em muitas direções.

ESTRELAS FIXAS

Embora o grau do seu Sol não esteja associado a nenhuma estrela fixa, alguns de seus outros planetas certamente estão. Por meio do seu mapa astrológico, você pode encontrar a posição exata dos planetas na sua data de nascimento e poderá saber quais das estrelas fixas listadas neste livro são relevantes para você.

Positivo: ambicioso, criativo, amante da liberdade, auto-expressivo, iniciativa

Negativo: impulsivo, indeciso, autoritário, pouco emotivo, rebelde

Amor & Relacionamentos

Os relacionamentos e o companheirismo desempenham uma parte vital nas suas prioridades de vida. Todavia, é essencial que você se mantenha autônomo e nunca se permita ficar em uma posição de dependência. Embora seja romântico, você pode, ocasionalmente, se sentir inibido para expressar os seus verdadeiros sentimentos. No entanto, os seus relacionamentos podem melhorar muito quando você demonstra a sua afeição. Depois que se compromete, você pode ser um parceiro leal e atencioso.

ALGUÉM ESPECIAL

Para ter relacionamentos duradouros, segurança e um ambiente harmônico, você pode começar procurando por alguém que tenha nascido em uma das seguintes datas:

Amor & amizade: jan: 1, 15, 26, 29, 30; fev: 13, 24, 27, 28; mar: 11, 22, 25, 26; abr: 9, 20, 23, 24; mai: 7, 18, 21, 22; jun: 5, 16, 19, 20; jul: 3, 14, 17, 18, 31; ago: 1, 12, 15, 16, 29, 31; set: 10, 13, 14, 27, 29; out: 8, 11, 12, 25, 27; nov: 6, 9, 10, 23, 25; dez: 4, 7, 8, 21, 23, 29

Relacionamentos benéficos: jan: 1, 2, 10, 27; fev: 8, 25; mar: 6, 23; abr: 4, 21; mai: 2, 19, 30; jun: 17, 28; jul: 15, 26; ago: 13, 24; set: 11, 22; out: 9, 20; nov: 7, 18; dez: 5, 16

Atrações fatais: abr: 9, 10, 11, 12

Relacionamentos desafiantes: jan: 17, 26; fev: 15, 24; mar: 13, 22; abr: 11, 20; mai: 9, 18; jun: 7, 16; jul: 5, 14; ago: 3, 12, 30; set: 1, 10, 28; out: 8, 26, 29; nov: 6, 24, 27; dez: 4, 22, 25

Alma gêmea: jan: 21; fev: 19; mar: 17; abr: 15; mai: 13; jun: 11; jul: 9, 29; ago: 7, 27; set: 5, 25; out: 3, 23; nov: 1, 21; dez: 19

14 de Outubro

Charmoso, amigável e dotado de de uma mente sensível e poderosa, você tem um grande desejo de amor e amizade. Com a sua vitalidade física natural, você provavelmente terá muitas mudanças e diversidade na sua vida e gosta de se manter ativo. A aversão que sente pela discórdia indica que você é uma pessoa sensível ao seu ambiente e precisa se cercar de beleza e harmonia.

Com a influência adicional do regente do seu decanato, Gêmeos, você é expressivo e curioso, adaptável e versátil. Articulado, com uma voz agradável, você é um bom papo e tem um temperamento persuasivo. Contudo, com a sua fala mansa, você pode, ocasionalmente, sentir-se tentado a se livrar de situações difíceis da maneira mais fácil e dizer às pessoas o que elas querem ouvir. Mas, você é sociável e despreocupado, interessa-se pelos relacionamentos humanos, e tem habilidade para fazer contatos. Como gosta do luxo e da vida boa, o melhor é evitar excessos sociais ou qualquer forma de auto-indulgência.

♎

SOL: LIBRA
DECANATO: GÊMEOS/MERCÚRIO
GRAU: 20°30'-21°30' LIBRA
MODO: CARDEAL
ELEMENTO: AR

♎

Como aprecia cores e sons, você tem talentos artísticos inatos que podem se desenvolver por meio da música, da arte ou do teatro. Mas, o seu senso natural para os negócios pode se expandir e você pode ter muita sorte em investimentos. O seu intelecto aguçado o mantém constantemente interessado em explorar novos conceitos e em testar a sua inteligência. Embora possa ser indeciso, quando se decide por algo, o seu poder e sua determinação são formidáveis.

A partir dos 9 anos de idade, quando o seu Sol progredido entra no signo de Escorpião, você passa a dar mais importância às questões relacionadas ao seu desejo de ter poder pessoal e transformação. A sua vida sofre uma outra virada aos 39 anos de idade, quando o seu Sol progredido entra no signo de Sagitário, ampliando a sua perspectiva e indicando que você pode vir a expandir a sua mente por meio de novas experiências, do estudo da Filosofia e da Religião ou encontrando pessoas estrangeiras e visitando outros países. Depois dos 69 anos de idade, quando o seu Sol entra no signo de Capricórnio, você se torna mais pragmático, realista e estruturado.

O Seu Eu Secreto

Com a sua extrema sensibilidade e vívida imaginação, você pode ser um visionário ou deixar-se levar pela fantasia. O lado altamente intuitivo da sua natureza pode encorajá-lo a se interessar pelo Misticismo ou pela espiritualidade e pode ser um grande trunfo na sua relação com as pessoas. Porém, você deve se prevenir contra a tendência a usar a sua sensibilidade de forma negativa, sendo manipulador ou mentiroso. Em geral é uma pessoa sortuda e sempre consegue sair bem das situações, mas é por meio da disciplina do seu potencial mental que você pode atingir resultados extraordinários.

Como tem habilidade para liderar e perceber as oportunidades oferecidas por qualquer situação, você tem capacidade para pensar em grandes termos e está sempre disposto a correr riscos. Mas você pode se sentir mais satisfeito quando transmite o seu conhecimento, sua inspiração ou seu *insight* especial para os outros.

Trabalho & Vocação

Receptivo e charmoso, dotado de um grande senso de visão, você é capaz de criar novos conceitos que o podem ajudar em carreiras como estilismo, arte e *design*. Curioso e interessado em questões sociais, você pode ser um bom repórter, jornalista, fotógrafo, ator ou cineasta. A sua capacidade de comunicação e sua consciência social podem inspirá-lo a seguir uma carreira na área da educação. Intuitivo e sensível, você é espiritualizado e sabe perceber as necessidades das pessoas. Essas qualidades podem levá-lo à carreira religiosa ou médica. A sua habilidade para lidar com as pessoas também sugere que você pode ser bem-sucedido na área do setor público ou em ocupações que envolvam o trato com as pessoas.

ESTRELAS FIXAS

Spica, também chamada de Ishtar ou Arista; Foramen

ESTRELA PRIMÁRIA

Nome da estrela:
Spica, também chamada de Ishtar ou Arista
Posição:
22°51'-23°46' de Libra, entre os anos de 1930 e 2000
Magnitude:
1
Força:
★★★★★★★★★★
Órb:
2°30'
Constelação:
Alpha Virgo
Dias:
14, 15, 16, 17 e 18 de outubro
Qualidades da estrela:
interpretações variadas: Vênus/Marte ou Vênus/Júpiter/Mercúrio
Descrição:
uma estrela binária brilhante e branca, localizada na cabeça da constelação de Virgem.

Numerologia

Potencial intelectual, pragmatismo e determinação são algumas das qualidades associadas ao dia de aniversário número 14. Realmente, como indivíduo número 14, você costuma colocar o trabalho em primeiro lugar e julga a si e aos outros de acordo com a realização profissional. Mesmo que precise de estabilidade, a inquietude indicada pelo número 14 o impele a seguir adiante ou a aceitar novos desafios na tentativa constante de melhorar a sua vida. Essa inquietude inata e a constante insatisfação podem inspirá-lo a fazer grandes mudanças na sua vida, especialmente quando não se sente satisfeito com o seu trabalho ou sua situação financeira. Com uma mente perceptiva, você sabe solucionar rapidamente os problemas. A subinfluência do mês número 10 indica que você é intuitivo e idealista, com um jeito amigável. A sua disposição para ceder e se adaptar às situações permite que você crie ambientes harmônicos e pacíficos. Por outro lado, como é teimoso, você costuma se envolver em conflitos e tensão emocional. Se não tiver envolvimento profissional, você investirá o seu tempo e sua energia na vida familiar e doméstica.

Positivo: ações decididas, trabalhador, sortudo, criativo, pragmático, imaginativo, esforçado

Negativo: excessivamente cauteloso ou impulsivo, falta de ponderação, teimoso

Amor & Relacionamentos

Como é amigável, você é capaz de se dar com pessoas de todos os grupos sociais. Muitas vezes, sente-se atraído por pessoas inteligentes e diretas, e precisa de alguém que o mantenha mentalmente estimulado. Como é sensível e percebe mudanças emocionais sutis, você pode ser muito afetuoso com os seus parceiros. Todavia, há o perigo de que a sua inquietude o leve a se entediar ou a se envolver em jogos mentais de poder. No entanto, você pode ser muito caloroso, meigo e leal depois que finalmente se decide por alguém.

INFLUÊNCIA DA ESTRELA PRIMÁRIA

Spica é uma das estrelas predominantes no céu e é muito importante. Esta estrela confere boa capacidade de julgamento e golpes de sorte inesperados. Spica também sugere refinamento, interesse pela ciência e amor pela arte e pela cultura. Depois que concluir os estudos, você tem mais chances de receber honrarias e ficar rico. Spica também pode trazer o sucesso em terras estrangeiras, viagens longas e atividades ligadas à importação e exportação.

Ligada ao grau do seu Sol, Spica muitas vezes oferece posições de influência, boas conexões sociais, sucesso nos negócios e habilidade para ganhar dinheiro por meio de novas idéias e invenções. Você tem boa capacidade de concentração, é intuitivo e tem habilidades psíquicas. As associações com atividades intelectuais e grandes organizações podem trazer o sucesso. Você gosta de lidar com o público e pode ganhar uma imensa fortuna, especialmente por intermédio de empreendimentos comerciais.

- **Positivo**: econômico, pragmático, concentração nos objetivos
- **Negativo**: excessivamente extravagante, mudanças constantes de direção, mente inquieta

Consulte o Apêndice para obter mais informações a respeito das estrelas fixas.

ALGUÉM ESPECIAL

Para ter estímulo mental e amor, você pode começar procurando entre as pessoas nascidas nas seguintes datas:

Amor & amizade: jan: 3, 10, 13, 20, 30; fev: 1, 8, 11, 18, 28; mar: 6, 9, 16, 26; abr: 4, 7, 14, 24; mai: 2, 5, 12, 22; jun: 3, 10, 20; jul: 1, 8, 18; ago: 6, 16, 30; set: 4, 14, 28, 30; out: 2, 12, 26, 28, 30; nov: 10, 24, 26; dez: 8, 22, 24, 26

Relacionamentos benéficos: jan: 12, 16, 17, 28; fev: 10, 14, 15, 26; mar: 8, 12, 13, 24; abr: 6, 10, 11, 22; mai: 4, 8, 9, 20, 29; jun: 2, 6, 7, 18, 27; jul: 4, 5, 16, 25; ago: 2, 3, 14, 23; set: 1, 12, 21; out: 10, 19; nov: 8, 17; dez: 6, 15

Atrações fatais: mar: 31; abr: 9, 10, 11, 12, 29; mai: 27; jun: 25; jul: 23; ago: 21; set: 19; out: 17; nov: 15; dez: 11

Relacionamentos desafiantes: jan: 6, 18, 22, 27; fev: 4, 16, 20, 25; mar: 2, 14, 18, 23; abr: 12, 16, 21; mai: 10, 14, 19; jun: 8, 12, 17; jul: 6, 10, 15; ago: 4, 8, 13; set: 2, 6, 11; out: 4, 9; nov: 2, 7; dez: 5

Alma gêmea: mar: 28; abr: 26; mai: 24; jun: 22; jul: 20; ago: 18; set: 16; out: 14; nov: 12; dez: 10

15 de Outubro

Charmoso, rápido para avaliar as situações e sempre inspirado, você é um libriano sociável com jeito para lidar com as pessoas e diplomacia. Como aprecia a beleza, as cores e os sons, você tem talentos criativos que pode vir a desenvolver por meio da auto-expressão artística. Inteligente e astuto, com bom potencial mental, você se mantém ativo e está sempre atualizando o seu conhecimento. Cético, mas com uma inocência infantil, você aos poucos aprende a apreciar os benefícios que recebe quando ouve a sua intuição. Isso o ajuda a agir espontaneamente e a aproveitar as oportunidades que surgem. Apenas tome cuidado para que, na sua busca pelo melhor que a vida tem a oferecer, o grande amor que tem pelo luxo e pelos excessos sociais não o desviem do seu caminho.

SOL: LIBRA
DECANATO: GÊMEOS/MERCÚRIO
GRAU: 21°30'-22°30' LIBRA
MODO: CARDEAL
ELEMENTO: AR

Com a influência adicional do regente do seu decanato, Gêmeos, você é articulado e mentalmente curioso. Você se interessa pela comunicação criativa e educação e tem talento para escrever. Com uma inteligência rápida e voz agradável, você tem potencial para atividades sociais e para falar em público. Versátil e adaptável, você gosta de agradar e pode conversar com qualquer pessoa acerca de qualquer assunto. Contudo, talvez seja necessário você desafiar-se intelectualmente e assumir a responsabilidade de desenvolver a sua capacidade mental para aproveitar ao máximo o seu potencial cerebral.

Embora seja normalmente expansivo e deseje levar uma vida harmônica, em algumas ocasiões você deve evitar ser irritadiço, obstinado ou propenso à tensão nervosa. A prática da ioga, de artes marciais ou esportes pode ser uma boa maneira de liberar as suas ansiedades e ajudar a equilibrar a sua mente super ativa.

A partir dos 8 anos de idade, quando o seu Sol progredido entra no signo de Escorpião, você passa a dar cada vez mais importância às questões relacionadas à mudança emocional e poder pessoal. A sua vida sofre uma outra virada aos 38 anos de idade, quando o seu Sol progredido entra no signo de Sagitário, expandindo a sua perspectiva mental e indicando que você deseja ser mais aventureiro ou a ter novos interesses, como viagens a outros países. Depois dos 68 anos de idade, quando o seu Sol entra no signo de Capricórnio, você se torna mais pragmático, cauteloso e prudente.

O Seu Eu Secreto

Com capacidade para analisar as pessoas, você é um bom psicólogo e em geral habilidoso para fazer contatos. A sua aguçada compreensão da natureza humana, combinada com os seus *insights*, pode se manifestar como um desejo genuíno de ajudar os outros ou como uma busca pela sabedoria. Você, às vezes, pode ser espirituoso e divertido e gostar de entreter as pessoas. Mas, o lado mais introspectivo e sério da sua natureza pode levá-lo a querer ficar sozinho para refletir e relaxar. Com todos os seus talentos, você precisa apenas desenvolver a fé e o poder de discernimento para alcançar um sucesso extraordinário.

Com um poder interior e vigor para se realizar, você pode ser muito determinado e, se sentir-se inspirado, irá trabalhar duro para levar adiante os seus planos e ideais. Como sabe o valor das coisas, você pode ser bem-sucedido no que diz respeito à riqueza e ao *status*, mas precisa ter um forte senso de propósito para se sentir satisfeito. Se usar o seu espírito competitivo de forma construtiva, você pode se beneficiar por meio de um trabalho produtivo.

Trabalho & Vocação

Inteligente e com uma personalidade amigável, você gosta de desafios e é muitas vezes mentalmente inquieto. O seu entusiasmo e sua boa capacidade de comunicação garantem que você será bem-sucedido em ocupações ligadas às áreas editorial, de promoções e de educação. O amor que tem pela arte sugere que você é criativo e sensível, dotado com o talento para literatura ou música. Determinado e persuasivo, você pode aproveitar ao máximo a sua capacidade de comunicação como advogado, vendedor ou agente. Como é analítico, você pode ter habilidades técnicas que podem ser usadas em atividades ligadas à computação ou várias áreas da engenharia. Ao desenvolver a sua boa capacidade mental, você pode se envolver com Filosofia, Metafísica ou assuntos de natureza mais profunda. A sua inclinação humanitária pode levá-lo a seguir carreiras como assistência social, psicologia ou medicina.

Numerologia

Versatilidade, entusiasmo e inquietude são sugeridos pelo dia de aniversário número 15. Os seus grandes trunfos são os seus fortes instintos e a habilidade para aprender rapidamente combinando teoria e prática. Muitas vezes, você usa os seus poderes intuitivos e é rápido para perceber as oportunidades que surgem. Com o dia de aniversário número 15, você tem talento para atrair o dinheiro ou receber ajuda e apoio de outros. Despreocupado e resoluto, você gosta do inesperado e de jogos de azar. A subinfluência do mês número 10 indica que você é altamente intuitivo e idealista e precisa confiar nos próprios sentimentos em vez de racionalizar e ficar em dúvida. Usualmente estimulado pelo que lê ou ouve, você tem uma mente cheia de informações e se beneficia quando direciona as suas forças mentais para a educação, a literatura e a espiritualidade. A fé nas suas idéias inspiradas e o talento para lidar com detalhes sugerem que você pode se expressar criativamente escrevendo.

Positivo: disposição, generosidade, responsabilidade, gentileza, cooperação, apreço, idéias criativas

Negativo: destrutivo, inquieto, irresponsável, pouco prestativo, autocentrado, perda da fé, indecisão, mau uso do poder

ESTRELAS FIXAS

Spica, também chamada de Ishtar ou Arista; Foramen

ESTRELA PRIMÁRIA

Nome da estrela:
Spica, também chamada de Ishtar ou Arista

Posição:
22°51'-23°46' de Libra, entre os anos de 1930 e 2000

Magnitude:
1

Força:
★★★★★★★★★★

Órb:
2°30'

Constelação:
Alpha Virgo

Dias:
14, 15, 16, 17 e 18 de outubro

Qualidades da estrela:
interpretações variadas: Vênus/Marte ou Vênus/Júpiter/Mercúrio

Descrição:
uma estrela binária brilhante e branca, localizada na cabeça da constelação de Virgem.

Amor & Relacionamentos

Atraído por pessoas trabalhadoras, ambiciosas e que se fizeram sozinhas na vida, você precisa de um parceiro que possa acompanhar a sua energia mental dinâmica. Com o seu charme natural, você não tem problemas para atrair admiradores. Entretanto, o seu ceticismo indica que você provavelmente precisa de tempo para se comprometer com um relacionamento duradouro. Os contatos e as atividades sociais são importantes para você, pois eles o ajudam a desenvolver a sua habilidade para analisar as pessoas. Os homens nascidos neste dia se sentem particularmente atraídos por mulheres poderosas e independentes, embora, de uma forma geral, eles tenham sorte com qualquer mulher. Depois que se estabelece, você pode ser muito leal e prestativo.

INFLUÊNCIA DA ESTRELA PRIMÁRIA

Spica é uma das estrelas predominantes no céu e é muito importante. Esta estrela confere boa capacidade de julgamento e golpes de sorte inesperados. Spica também sugere refinamento, interesse pela ciência e amor pela arte e pela cultura. Depois que concluir os estudos, você tem mais chances de receber honrarias e ficar rico. Spica também pode trazer o sucesso em terras estrangeiras, viagens longas e atividades ligadas à importação e exportação.

Ligada ao grau do seu Sol, Spica muitas vezes oferece posições de influência, boas conexões sociais, sucesso nos negócios e habilidade para ganhar dinheiro por meio de novas idéias e invenções. Você tem boa capacidade de concentração, é intuitivo e tem habilidades psíquicas. As associações com atividades intelectuais e grandes organizações podem trazer o sucesso. Você gosta de lidar com o público e pode ganhar uma imensa fortuna, especialmente por intermédio de empreendimentos comerciais.

- **Positivo**: econômico, pragmático, concentração nos objetivos
- **Negativo**: excessivamente extravagante, mudanças constantes de direção, mente inquieta

Consulte o Apêndice para obter mais informações a respeito das estrelas fixas.

ALGUÉM ESPECIAL

Para encontrar aquele alguém especial, você pode começar procurando pelas pessoas nas seguintes datas:

Amor & amizade: jan: 11, 21, 28, 31; fev: 9, 19, 26, 29; mar: 17, 24, 27, 31; abr: 15, 22, 25; mai: 13, 20, 23, 27; jun: 1, 11, 18, 21; jul: 9, 16, 19; ago: 7, 14, 17, 31; set: 5, 12, 15, 29; out: 3, 10, 13, 17, 27, 29, 31; nov: 1, 8, 11, 25, 27, 29; dez: 6, 9, 23, 25, 27

Relacionamentos benéficos: jan: 9, 12, 18, 24, 29; fev: 7, 10, 16, 22, 27; mar: 5, 8, 14, 20, 25; abr: 3, 6, 12, 18, 23; mai: 1, 10, 16, 21, 31; jun: 2, 8, 14, 19, 29; jul: 6, 12, 17, 27; ago: 4, 10, 15, 25; set: 2, 8, 13, 23; out: 6, 11, 21; nov: 4, 9, 19; dez: 2, 7, 17

Atrações fatais: jan: 3; fev: 1; abr: 10, 11, 12, 13, 30; mai: 28; jun: 26; jul: 24; ago: 22; set: 20; out: 18; nov: 16; dez: 14

Relacionamentos desafiantes: jan: 7, 8, 19, 28; fev: 5, 6, 17, 26; mar: 3, 4, 15, 24; abr: 1, 2, 13, 22; mai: 11, 20; jun: 9, 18; jul: 7, 16; ago: 5, 14; set: 3, 12; out: 1, 10; nov: 8; dez: 6

Alma gêmea: jan: 3, 19; fev: 1, 17; mar: 15; abr: 13; mai: 11; jun: 9; jul: 7; ago: 5; set: 3; out: 1

16 de Outubro

A influência do dia do seu aniversário sugere que você é um libriano charmoso, sensível e trabalhador, e que pode também ser determinado. Intuitivo mas com aptidão para os negócios, você é extremamente determinado quando se interessa por um projeto e tem uma meta definida. Contudo, você pode, em outros momentos, ter propensão à indecisão ou inércia e protelação, o que pode ameaçar o seu extraordinário potencial.

Com a influência adicional do regente do seu decanato, Gêmeos, você tem uma mente curiosa e perceptiva e poder de oratória. Com interesse nos relacionamentos, você em geral tem habilidade diplomática ou para fazer contatos. Entretanto, você gosta do luxo e da boa vida e é aconselhável evitar excessos sociais ou qualquer forma de indulgência. Mas, a sua mente criativa está sempre cheia de idéias e planos e, depois que define um plano de ação, você tem uma abordagem tenaz para realizar a sua visão pessoal.

SOL: LIBRA
DECANATO: GÊMEOS/MERCÚRIO
GRAU: 22°30'-23°30' LIBRA
MODO: CARDEAL
ELEMENTO: AR

Embora tenha uma maneira sociável e amigável de encarar a vida, você tem um forte senso dramático e é muito emotivo. A sua grande necessidade de amor e satisfação emocional pode ser canalizada para atividades criativas, como arte, música ou teatro, ou pode incitá-lo a lutar por uma causa idealista. A sua sagacidade e sua abordagem prática natural fazem de você um bom estrategista. Mas pode ser que você passe por momentos em que se sente propenso à abstenção, à culpa ou a ficar muito obcecado. Ao combinar os dois lados da sua personalidade, você á capaz de estabelecer a harmonia e o equilíbrio.

A partir dos 7 anos de idade, o seu Sol progredido entra no signo de Escorpião, enfatizando as questões relativas à sua sensibilidade emocional e seu poder. A sua vida sofre uma outra virada aos 37 anos de idade, quando o seu Sol progredido entra no signo de Sagitário, ampliando a sua perspectiva de vida e indicando que você pode querer viajar, estudar ou viver aventuras. Depois dos 67 anos de idade, quando o seu Sol entra no signo de Capricórnio, você se torna mais prático, cauteloso e circunspecto.

O Seu Eu Secreto

Os esforços cooperativos e parcerias desempenham um papel importante na sua vida, pois você tem habilidades diplomáticas naturais e jeito para lidar com as pessoas. Apesar do seu talento especial para fazer contatos lucrativos e comercializar os seus talentos, você pode, em algumas ocasiões, tornar-se desnecessariamente muito ansioso e preocupado no tocante à sua vida material. Porém, você precisa combinar a rotina confortável da sua vida familiar e doméstica com a sua vida profissional.

Você gosta de se sentir pessoalmente poderoso, por isto precisa se certificar de que a sua motivação é sempre justa e imparcial. Felizmente, você sempre pesa as situações cuidadosamente antes de chegar a uma conclusão final. Quando tem um plano de ação, o seu senso natural de estrutura é estimulado e o ajuda a ser mais persistente e voltado para os seus propósitos. Este dia de aniversário indica que você tem determinação e decisão para triunfar sobre os obstáculos ou dificuldades.

Trabalho & Vocação

Idealista e visionário, você é uma pessoa pacifista e humanitária que pode inspirar os outros a buscar a harmonia. A sua disposição para ceder e trabalhar duro sugere que você é leal e dedicado. A sua capacidade de compreensão da natureza humana e o amor que tem ao conhecimento podem levá-lo ao mundo acadêmico, no qual você pode ser um excelente professor. O seu amor pelo teatro, música e artes sugere que você é uma pessoa criativa e sensível. Você pode seguir a carreira de escritor ou no mundo do entretenimento, como dramaturgo. Se tiver interesse pelo mundo do comércio, você pode se envolver com publicidade, televisão ou área editorial. Com habilidade para lidar com o público e sociável, você pode se envolver em trabalhos comunitários, levantando fundos para boas causas.

ESTRELAS FIXAS

Arcturus, também chamada de Alchamet ou Al Simak; Spica, também chamada de Ishtar; Foramen

ESTRELA PRIMÁRIA

Nome da estrela:
Arcturus, também chamada de Alchamet ou Al Simak

Posição:
23°15'-24°2' de Libra, entre os anos de 1930 e 2000

Magnitude:
1

Força:
★★★★★★★★★★

Órb:
2°30'

Constelação:
Alpha Bootes

Dias:
16, 17, 18, 19 e 20 de outubro

Qualidades da estrela:
Marte/Júpiter e Vênus/Júpiter

Descrição:
uma estrela laranja e amarela dourada, localizada no joelho esquerdo de Bootes.

Numerologia

O dia de aniversário número 16 sugere que você é ponderado, sensível e amigável. Ainda que seja analítico, você muitas vezes julga a vida e as pessoas de acordo com os próprios sentimentos. Como uma personalidade número 16, no entanto, você pode sentir tensões internas quando enfrenta um conflito entre a necessidade de auto-expressão e a responsabilidade para com os outros. Você pode se interessar por assuntos mundanos e se ligar a corporações internacionais ou ao mundo dos meios de comunicação. Os que são criativos podem ter talento para escrever com súbitos lampejos de inspiração. Com o dia de aniversário número 16, você precisa equilibrar a tendência a ser ou excessivamente confiante ou a se sentir em dúvida ou inseguro. A subinfluência do mês número 10 indica que você é ambicioso, com capacidade de liderança. Como deseja ter estabilidade e segurança, você está disposto a ceder para manter a situação existente. Como é emotivo e sensível, você precisa encontrar maneiras de expressar as suas idéias inspiradas e de estabelecer a sua individualidade. Confiável e atencioso, você é leal e apóia os que estão à sua volta.

Positivo: riqueza e fortuna, posições no governo, orgulho e dignidade, proeminência religiosa, amor ao conhecimento, leal

Negativo: esnobismo, falta de cuidado, habilidoso, mentiroso

Amor & Relacionamentos

Criativo e dramático, você tem uma grande necessidade de amor e afeição, mas também está sempre disposto a dar muito de si para as pessoas que ama. Com muitas emoções, você pode alternar entre ser sensível e compassivo e ser autoritário. Com todo o seu charme, você pode se sentir atraído por pessoas criativas e dramáticas que podem compreender as suas paixões e necessidades emocionais. Mas, como gosta de aprender, você pode desejar a companhia de pessoas que sejam mais conscientizadas e inteligentes do que você.

INFLUÊNCIA DA ESTRELA PRIMÁRIA

Arcturus confere talento artístico e sucesso no mundo das belas artes. Esta estrela pode conceder honrarias, riqueza e prosperidade. Arcturus pode também trazer sucesso em terras estrangeiras e por meio de longas viagens. Esta estrela adverte contra a inquietude e a ansiedade, que provocam instabilidade na sua vida.
Ligada ao grau do seu Sol, Arcturus confere riqueza e boa reputação. Esta estrela traz sucesso depois de dificuldades iniciais e dá habilidades psíquicas ou de cura. A inclinação pelas carreiras na área legal ou de serviço público pode trazer o sucesso. Mas, você pode ter interesse em escrever ou em estudos de assuntos filosóficos, espirituais e religiosos. Esta estrela sugere que você deve se prevenir contra a tendência a se tornar muito apreensivo e insatisfeito e procurar aceitar com serenidade os altos e baixos da vida, mantendo uma atitude neutra.

- **Positivo**: contatos religiosos, boa capacidade de julgamento, longas viagens, *glamour*
- **Negativo**: indulgência e entusiasmo excessivos, preguiça, negligência

Consulte o Apêndice para obter mais informações a respeito das estrelas fixas.

ALGUÉM ESPECIAL

Na sua busca por amor, afeição e felicidade, você pode começar procurando entre as pessoas nascidas nas seguintes datas:

Amor & amizade: jan: 8, 18, 22; fev: 16, 20; mar: 14, 18, 28, 31; abr: 2, 12, 16, 26; mai: 10, 14, 24; jun: 8, 12, 22; jul: 6, 10, 20, 29; ago: 4, 8, 18, 27, 30; set: 2, 6, 16, 25, 28; out: 4, 14, 23, 26, 30; nov: 2, 12, 21, 24, 28; dez: 10, 19, 22, 26, 28

Relacionamentos benéficos: jan: 6, 10, 25, 30; fev: 4, 8, 23, 28; mar: 2, 6, 21, 26; abr: 4, 19, 24; mai: 2, 17, 22; jun: 15, 20, 30; jul: 13, 18, 28; ago: 11, 16, 26; set: 9, 14, 24; out: 7, 12, 22; nov: 5, 10, 20; dez: 3, 8, 18

Atrações fatais: abr: 11, 12, 13, 14; mai: 29; jun: 27; jul: 25; ago: 23; set: 21; out: 19; nov: 17; dez: 15

Relacionamentos desafiantes: jan: 13, 29, 31; fev: 11, 27, 29; mar: 9, 25, 27; abr: 7, 23, 25; mai: 5, 21, 23; jun: 3, 19, 21; jul: 1, 17, 19; ago: 15, 17; set: 13, 15; out: 11, 13; nov: 9, 11; dez: 7, 9

Alma gêmea: jan: 6, 25; fev: 4, 23; mar: 2, 21; abr: 19; mai: 17; jun: 15; jul: 13; ago: 11; set: 9; out: 7; nov: 5; dez: 3

17 de Outubro

Versátil e sociável, você se sente atraído por pessoas e mudanças que tragam variedade e animação para a sua vida. A influência do seu dia de aniversário indica que você é mentalmente rápido, alerta e busca novos horizontes intelectuais para manter a sua mente curiosa em atividade. Com um charme magnético e inteligência rápida, você pode ser muito divertido, embora a tendência à incerteza e à impaciência possa desviá-lo dos seus objetivos.

Com a influência adicional do regente do seu decanato, Gêmeos, você pode ser uma pessoa lógica, articulada e com capacidade de solucionar problemas. A sua habilidade de ser diplomático mas de ao mesmo tempo ir direto ao cerne das questões lhe dá uma excelente capacidade de comunicação. Contudo, o melhor é não estragar o seu charme se comportando de forma obstinada, calculista ou dissimulada. O seu senso estético pode se expressar por meio da música, da pintura ou do teatro, bem como do desejo de se cercar de beleza, estilo e luxo.

SOL: LIBRA
DECANATO: GÊMEOS/MERCÚRIO
GRAU: 23°30'-24°30' LIBRA
MODO: MUTÁVEL
ELEMENTO: AR

Expressivo e adaptável, você precisa desenvolver o seu grande potencial mental por intermédio de concentração e meticulosidade. Como é muito instintivo e tem espírito empreendedor, você trabalha melhor quando pensa em grandes termos e age segundo a sua intuição, em vez de se prender ao pessimismo ou à indecisão. O seu desejo de atividade e boa fortuna pode se estender, incluindo viagens e oportunidades de trabalho no exterior. Como gosta do luxo e da boa vida, você deve se prevenir contra qualquer forma de escapismo ou de falta de moderação.

A partir dos 6 anos de idade, o seu Sol progredido entra no signo de Escorpião, enfatizando, nos trinta anos seguintes, as questões relativas ao seu poder pessoal e transformação. A sua vida sofre uma outra virada aos 36 anos de idade, quando o seu Sol progredido entra no signo de Sagitário, estimulando-o a ser mais aventureiro e livre e a ampliar os seus horizontes. Depois dos 66 anos de idade, quando o seu Sol entra no signo de Capricórnio, você se torna mais prático, cauteloso e prudente.

O Seu Eu Secreto

Um dos lados da sua natureza pode ser emocionalmente impulsivo e inquieto e o outro, cauteloso e voltado para a segurança a longo prazo. Como tem gostos caros, você precisa manter-se construtivamente ocupado para preencher os seus sonhos extravagantes. Ao se manter positivo e desenvolvendo a paciência e a tolerância você pode combinar um *insight* dinâmico com a perseverança para atingir o sucesso.

Sensível e intuitivo, você respeita as pessoas que têm conhecimento e sabedoria. Um desejo oculto de verdade e de integridade o estimula a criar a sua filosofia de vida. Se tornar-se honesto consigo mesmo e evitar nutrir motivações ocultas, você conquista o respeito que busca. A busca idealista pelo amor e a necessidade interior de se expressar podem inspirá-lo a escrever ou a usar construtivamente as suas energias mentais em benefício de outros.

Trabalho & Vocação

A sua necessidade de variedade e de estímulo mental indica que você se sai melhor em atividades que ofereçam mudança e progresso. As viagens ou o trabalho em companhias de exportação e importação permitirão que você visite outros continentes. Como uma pessoa inteligente com visões poderosas, você pode fazer qualquer coisa que coloque na sua cabeça, contanto que tenha interesse. A sua habilidade para aprender as coisas rapidamente implica que você deve tomar cuidado para não se entediar. Com uma excelente capacidade de comunicação, você pode gostar de trabalhar como jornalista. Mas você pode se interessar por pesquisa e estudos acadêmicos. Como é sociável, você pode se envolver no serviço público ou social e desenvolver um trabalho comunitário. Como tem bom senso e habilidade para solucionar problemas, você pode se envolver com o mundo da psicologia.

Numerologia

Com o dia de aniversário número 17, você é astuto, tem uma natureza reservada e boa habilidade analítica. Um pensador independente, você se beneficia sendo bem-educado ou habilidoso. Usualmente, você utiliza o seu conhecimento de forma específica para desenvolver uma especialização e pode ser bem-sucedido ou alcançar uma posição proeminente como especialista ou pesquisador. Reservado, introspectivo e desapegado, com um grande interesse por fatos e números, você freqüentemente tem um comportamento sério e ponderado e gosta de fazer as coisas no seu próprio ritmo. Se desenvolver a sua capacidade de comunicação, você pode vir a descobrir muito acerca de si mesmo e a respeito dos outros. A subinfluência do mês número 10 indica que você é ambicioso, dotado de uma personalidade idealista e carismática. Inteligente, com fortes instintos e atenção aos detalhes, você compreende intuitivamente os problemas que enfrenta. Mesmo que você tenha bom senso e confiança no seu julgamento, a tendência à impaciência ou ao excesso de entusiasmo sugere que você precisa de tempo e não deve agir com precipitação.

Positivo: ponderado, especialista, boa capacidade de planejamento, senso para os negócios, atrai dinheiro, pensamento individual, preciso, habilidade para pesquisa, mente científica

Negativo: distante, teimoso, descuidado, mal-humorado, sensível, estreiteza mental, crítico, preocupado

ESTRELAS FIXAS

Arcturus, também chamada de Alchamet ou Al Simak; Spica, também chamada de Ishtar; Foramen

ESTRELA PRIMÁRIA

Nome da estrela:
Arcturus, também chamada de Alchamet ou Al Simak

Posição:
23°15'-24°2' de Libra, entre os anos de 1930 e 2000

Magnitude:
1

Força:
★★★★★★★★★★

Órb:
2°30'

Constelação:
Alpha Bootes

Dias:
16, 17, 18, 19 e 20 de outubro

Qualidades da estrela:
Marte/Júpiter e Vênus/Júpiter

Descrição:
uma estrela laranja e amarela dourada, localizada no joelho esquerdo de Bootes.

Amor & Relacionamentos

A sua necessidade de variedade e mudança pode incluir a sua vida social. Você, muitas vezes, sente-se atraído por pessoas com iniciativa ou *insight*, e tem muitas oportunidades de relacionamentos. Há o risco de você ser muito reservado com os seus parceiros, por isso é aconselhável ser o mais honesto possível para evitar repercussões posteriores. Regido pelos seus sentimentos, você pode, por um lado, querer estabilidade e segurança, mas, por outro, pode também ter oscilações de humor e se tornar inquieto, com necessidade de experiências emocionais estimulantes.

INFLUÊNCIA DA ESTRELA PRIMÁRIA

Arcturus confere talento artístico e sucesso no mundo das belas artes. Esta estrela pode conceder honrarias, riqueza e prosperidade. Arcturus pode também trazer sucesso em terras estrangeiras e por meio de longas viagens. Esta estrela adverte contra a inquietude e a ansiedade, que provocam instabilidade na sua vida.
Ligada ao grau do seu Sol, Arcturus confere riqueza e boa reputação. Esta estrela traz sucesso depois de dificuldades iniciais e dá habilidades psíquicas ou de cura. A inclinação pelas carreiras na área legal ou de serviço público pode trazer o sucesso. Mas, você pode ter interesse em escrever ou em estudos de assuntos filosóficos, espirituais e religiosos. Esta estrela sugere que você deve se prevenir contra a tendência a se tornar muito apreensivo e insatisfeito e procurar aceitar com serenidade os altos e baixos da vida, mantendo uma atitude neutra.

- **Positivo**: contatos religiosos, boa capacidade de julgamento, longas viagens, *glamour*
- **Negativo**: indulgência e entusiasmo excessivos, preguiça, negligência

Consulte o Apêndice para obter mais informações a respeito das estrelas fixas.

ALGUÉM ESPECIAL

Para ter estabilidade e empolgação em um relacionamento, você pode procurar entre as pessoas nascidas nas seguintes datas:

- **Amor & amizade**: jan: 4, 13, 19, 23, 24; fev: 11, 17, 21; mar: 9, 15, 19, 28, 29, 30; abr: 7, 13, 17, 26, 27; mai: 5, 11, 15, 24, 25, 26, 27; jun: 3, 9, 13, 22, 23, 24; jul: 1, 7, 11, 20, 21, 22; ago: 5, 9, 18, 19, 20; set: 3, 7, 16, 17, 18; out: 1, 5, 14, 15, 16, 29, 31; nov: 3, 12, 13, 14, 27, 29; dez: 1, 10, 11, 12, 25, 27, 29

- **Relacionamentos benéficos**: jan: 7, 15, 20, 31; fev: 5, 13, 18, 29; mar: 3, 11, 16, 27; abr: 1, 9, 14, 25; mai: 7, 12, 23; jun: 5, 10, 21; jul: 3, 8, 19; ago: 1, 6, 17, 30; set: 4, 15, 28; out: 2, 13, 26; nov: 11, 24; dez: 9, 22

- **Atrações fatais**: abr: 13, 14, 15, 16

- **Relacionamentos desafiantes**: jan: 6, 14, 30; fev: 4, 12, 28; mar: 2, 10, 26; abr: 8, 24; mai: 6, 22; jun: 4, 20; jul: 2, 18; ago: 16; set: 14; out: 12; nov: 10; dez: 8

- **Alma gêmea**: abr: 30; mai: 28; jun: 26; jul: 24; ago: 22; set: 20; out: 18, 30; nov: 16, 28; dez: 14, 26

18 de Outubro

Ativo e construtivo, você é uma pessoa criativa com idéias empreendedoras. Com disposição para trabalhar duro quando se interessa por um projeto, você precisa de atividades mentais que o impeçam de se sentir entediado. Você é um bom planejador e tem uma abordagem pragmática, assim gosta de ampliar os seus conhecimentos e usá-los de modo construtivo.

Com a influência adicional do regente do seu decanato, Gêmeos, você é uma pessoa adaptável, versátil e verbalmente expressiva. Embora goste de ser direto e honesto com os outros, você, geralmente, tem habilidade diplomática e sabe fazer contatos. O seu talento para solucionar problemas e sua intuição para perceber as necessidades das outras pessoas podem fazer com que você seja um bom negociador ou conselheiro. A sua habilidade para expressar as suas idéias e filosofia de vida pode levá-lo a se envolver em debates acerca de assuntos que o interessam. Apesar de idealista, você precisa desenvolver a paciência e a tolerância, especialmente quando lidar com pessoas menos sagazes que você.

SOL: LIBRA
DECANATO: GÊMEOS/MERCÚRIO
GRAU: 24°30'-25°30' LIBRA
MODO: CARDEAL
ELEMENTO: AR

Os seus talentos artísticos e criativos inatos podem se expressar por meio da música, da pintura, da literatura ou do teatro. Com a sua inteligência rápida e intuição, você pode ser espirituoso e divertido, além de ter um bom senso para os negócios. Como é naturalmente persuasivo e perspicaz, você se sente atraído por pessoas inteligentes ou bem-sucedidas. Você tem em potencial uma maneira positiva de pensar e, quando se sente entusiasmado e se concentra, tem a habilidade de transformar as suas idéias em resultados concretos. Todavia, o melhor é não interferir no seu maravilhoso potencial tornando-se uma pessoa crítica, rebelde ou obstinada.

A partir dos 5 anos de idade, quando o seu Sol progredido entra no signo de Escorpião, você passa a ter uma necessidade crescente de mudança emocional, poder e transformação. A sua vida sofre uma outra virada aos 35 anos de idade, quando o seu Sol progredido entra no signo de Sagitário, estimulando-o a ser mais aventureiro e livre e a ampliar os seus horizontes. Depois dos 65 anos de idade, quando o seu Sol entra no signo de Capricórnio, você se torna mais pragmático, cauteloso e prudente.

O Seu Eu Secreto

Como tem senso estético, você prefere se cercar de beleza, estilo e luxo. Entretanto, você deve evitar o excesso de indulgência em qualquer forma de prazer. Quando canaliza o lado mais inquieto da sua natureza e se torna uma pessoa mais concentrada, bem-informada ou positivamente aventureira, você consegue manter o seu entusiasmo vivo. Você possui um desejo de paz mental e necessidade de estar constantemente aprendendo e explorando e pode ser puxado em direções diferentes até aprender a acalmar o passo. Isso envolve a simplificação da sua vida e a observação atenta da sua intuição.

Como é muito sensível, você é consciente das suas responsabilidades para com os outros, especialmente quanto aos seus familiares. Amável e atencioso, você pode ser um excelente conselheiro. Embora às vezes você possa ter razão, as suas boas intenções podem ser interpretadas pelas outras pessoas como uma interferência; quando aprende a se abster de certas situações, você pode dar o seu apoio mas manter-se neutro.

Trabalho & Vocação

Altamente intuitivo e imaginativo, você tem muitas idéias que podem lhe render dinheiro. Com a sua capacidade de organização e determinação, você é um bom planejador, que pensa em grande escala. Você, na maioria das vezes, quer assumir o controle das situações e tomar a liderança ou, ainda, ser o seu próprio patrão. Amigável e sociável, você tem uma personalidade carismática. Quando acredita em alguma coisa, inclusive em si mesmo, você pode ser muito persuasivo e bem-sucedido como agente, vendedor ou *promoter*. Talentoso e ambicioso, você precisa se expressar criativamente e brilhar como indivíduo. Como é uma pessoa inteligente e tem bom senso e habilidades práticas, você muitas vezes se interessa por movimentos de natureza social e educação.

Numerologia

Determinação, assertividade e ambição são algumas das qualidades associadas ao dia de aniversário número 18. Ativo, com necessidade de enfrentar desafios, você gosta de se manter ocupado e normalmente se envolve em algum tipo de empreendimento. Uma pessoa capaz, trabalhadora e responsável, você pode assumir cargos de autoridade. Com o seu grande senso para os negócios e capacidade de organização, você pode se aventurar no mundo do comércio. Como pode ficar sobrecarregado com o excesso de trabalho, aprenda a de vez em quando relaxar ou a diminuir o ritmo de trabalho. Como uma personalidade número 18, você pode usar o seu poder de curar as pessoas, dar bons conselhos ou ajudar a resolver os problemas que afligem os outros. A subinfluência do mês número 10 indica que você tem um grande desejo de realização. Você é amigável e sociável, mas tem coragem de defender aquilo em que acredita mesmo quando é preciso se colocar contra os outros. Como tem uma natureza vigorosa e um intelecto aguçado, você tem capacidade de influenciar as outras pessoas com o seu discurso persuasivo e charme, mas deve evitar ser egoísta e autoritário.

ESTRELAS FIXAS

Arcturus, também chamada de Alchamet ou Al Simak; Spica, também chamada de Ishtar ou Arista

ESTRELA PRIMÁRIA

Nome da estrela:
Arcturus, também chamada de Alchamet ou Al Simak

Posição:
23°15'-24°2' de Libra, entre os anos de 1930 e 2000

Magnitude:
1

Força:
★★★★★★★★★★

Órb:
2°30'

Constelação:
Alpha Bootes

Dias:
16, 17, 18, 19 e 20 de outubro

Qualidades da estrela:
Marte/Júpiter e Vênus/Júpiter

Descrição:
uma estrela laranja e amarela dourada, localizada no joelho esquerdo de Bootes.

Positivo: progressista, assertivo, intuitivo, corajoso, resoluto, habilidade para a cura, eficiência, capacidade de aconselhar

Negativo: emoções descontroladas, preguiça, falta de ordem, egoísmo, insensibilidade, incapacidade de concluir projetos ou trabalhos, engano

Amor & Relacionamentos

Os relacionamentos são muito importantes para você, mesmo que nem sempre demonstre os seus sentimentos ou a sua afeição. Contudo, você protege as pessoas que ama. Muitas vezes você se sente atraído por pessoas que trabalham duro, que são pouco convencionais ou estrangeiras, e precisa de estímulo mental ou conexão intelectual. Charmoso e amigável, você gosta de atividades sociais e pode ser uma pessoa espirituosa e divertida. Quando decide se estabelecer, você pode ser um parceiro leal e atencioso.

INFLUÊNCIA DA ESTRELA PRIMÁRIA

Arcturus confere talento artístico e sucesso no mundo das belas artes. Esta estrela pode conceder honrarias, riqueza e prosperidade. Arcturus pode também trazer sucesso em terras estrangeiras e por meio de longas viagens. Esta estrela adverte contra a inquietude e a ansiedade, que provocam instabilidade na sua vida.
Ligada ao grau do seu Sol, Arcturus confere riqueza e boa reputação. Esta estrela traz sucesso depois de dificuldades iniciais e dá habilidades psíquicas ou de cura. A inclinação pelas carreiras na área legal ou de serviço público pode trazer o sucesso. Mas, você pode ter interesse em escrever ou em estudos de assuntos filosóficos, espirituais e religiosos. Esta estrela sugere que você deve se prevenir contra a tendência a se tornar muito apreensivo e insatisfeito e procurar aceitar com serenidade os altos e baixos da vida, mantendo uma atitude neutra.

- **Positivo**: contatos religiosos, boa capacidade de julgamento, longas viagens, *glamour*
- **Negativo**: indulgência e entusiasmo excessivos, preguiça, negligência

Consulte o Apêndice para obter mais informações a respeito das estrelas fixas.

ALGUÉM ESPECIAL

Para ter segurança e amor, você pode começar procurando entre as pessoas nascidas nas seguintes datas:

Amor & amizade: jan: 4, 14, 20, 24, 25; fev: 2, 12, 15, 18, 22, 23; mar: 10, 16, 20, 29, 30; abr: 8, 14, 18, 27, 28; mai: 6, 12, 16, 25, 26, 31; jun: 4, 7, 10, 14, 23, 24, 29; jul: 2, 8, 12, 21, 22, 27; ago: 6, 10, 19, 20, 25; set: 4, 8, 17, 18, 23; out: 2, 6, 15, 16, 21, 30; nov: 4, 13, 14, 19, 28, 30; dez: 2, 11, 12, 17, 26, 28, 30

Relacionamentos benéficos: jan: 4, 8, 21; fev: 2, 6, 19; mar: 4, 17, 28; abr: 2, 15, 16; mai: 13, 24; jun: 11, 22; jul: 9, 20; ago: 7, 18, 31; set: 5, 16, 29; out: 3, 14, 27; nov: 1, 12, 25; dez: 10, 23

Atrações fatais: jan: 3; fev: 1; abr: 13, 14, 15, 16; mai: 31; jun: 29; jul: 27; ago: 25; set: 23; out: 21; nov: 19; dez: 17

Relacionamentos desafiantes: jan: 7, 10, 15, 31; fev: 5, 8, 13, 29; mar: 3, 6, 11, 27; abr: 1, 4, 9, 25; mai: 2, 7, 23; jun: 5, 21; jul: 3, 19; ago: 1, 17; set: 15; out: 13; nov: 11; dez: 9

Alma gêmea: mar: 31; abr: 29; mai: 27; jun: 25; jul: 23; ago: 21; set: 19; out: 17, 29; nov: 15, 27; dez: 13, 25

19 de Outubro

A influência do dia do seu aniversário indica que você é um libriano criativo e otimista, dotado de uma mente rápida. Amigável, sociável e imaginativo, você pode ser charmoso, assertivo e tem necessidade de ser uma pessoa popular. Você é adaptável e versátil, mas deve tomar cuidado para que os diversos assuntos que o interessam não o façam desperdiçar energia ou ser levado pela indecisão.

Com a subinfluência do regente do seu decanato, Gêmeos, você é expressivo e um bom papo. A combinação do seu discurso persuasivo e de seu charme dinâmico faz com que você seja hábil para fazer contatos e seja capaz de influenciar outras pessoas. Despreocupado, você tem interesse por relacionamentos e sabe lidar com as pessoas. O lado hesitante da sua natureza, entretanto, pode fazer com que você se deixe levar pela preocupação ou esconda os seus sentimentos das outras pessoas para proteger a sua sensibilidade.

SOL: LIBRA
DECANATO: GÊMEOS/MERCÚRIO
GRAU: 25°30'-26°30' LIBRA
MODO: CARDEAL
ELEMENTO: AR

Com atração pelas artes criativas e com uma grande necessidade de se expressar, você gosta de se cercar de beleza e pode até desenvolver os seus talentos artísticos e literários. Você gosta de estilo, luxo e das coisas boas da vida, mas deve tomar cuidado para evitar excessos sociais ou qualquer tipo de auto-indulgência. Felizmente, você é abençoado com a graça de uma compaixão natural, que faz com que sinta empatia com os outros. Se isso for desenvolvido, você pode ter um desejo humanitário e altruísta de ajudar as outras pessoas. Contudo, com o seu calor humano e carisma, você precisa tomar cuidado para que a vida social não atropele as suas responsabilidades.

A partir dos 4 anos de idade, quando o seu Sol progredido entra no signo de Escorpião, você passa a ter uma necessidade crescente de mudança emocional, poder pessoal e regeneração. A sua vida sofre uma outra virada aos 34 anos, quando o seu Sol progredido entra no signo de Sagitário, indicando que você se torna mais aventureiro e com mais desejo de ter liberdade, de viajar ou de estudar. Depois dos 64 anos de idade, quando o seu Sol entra no signo de Capricórnio, você se torna mais racional, sensível, tem mais capacidade de discernimento e passa a adotar um ponto de vista mais realista.

O Seu Eu Secreto

Orgulhoso e dotado de um senso dramático natural, você prefere ocupar posições de liderança. Com bons princípios, você avalia rapidamente as oportunidades e as situações. Esse senso de negócios, combinado com o seu espírito pioneiro, pode ajudá-lo a ser bem-sucedido. Todavia, se perder a fé, você pode se tornar inseguro ou temperamental, o que pode fazer com que dê muito valor ao poder material e ao *status.*

Devido à sua inquietude, você pode se entediar com facilidade, o que indica que você precisa encontrar atividades que o estimulem e o desafiem. Embora às vezes possa sentir um conflito entre o idealismo e as questões mundanas, de um modo geral, a variedade e as mudanças o inspiram a manter-se motivado e em movimento. As viagens podem ter um papel importante na sua vida, por isso, no caso de se sentir restringido, não tenha medo de se arriscar e ir adiante se tiver oportunidades.

Trabalho & Vocação

Versátil e multitalentoso, você precisa de diversidade e empolgação. A sua habilidade para se adaptar a novas circunstâncias sugere que você aprende rapidamente. Eloqüente e charmoso, você pode divertir as outras pessoas com a sua maneira espirituosa de falar e escrever. Isso também sugere que você pode ser um bom vendedor ou *promoter*. Sensível e receptivo aos desejos do público, você pode criar estilos e modas ou se envolver em atividades ligadas à área de promoção, publicidade ou política. A sua facilidade para se relacionar com as outras pessoas indica que você se sai bem em trabalhos em grandes organizações. Refinado e meticuloso, você tem capacidade de produzir artesanatos refinados, que exijam precisão, tais como o trabalho em metais e pedras preciosas. Se quiser compartilhar o seu conhecimento com outras pessoas, você pode ser um bom professor, especialmente na área de arte e teatro, ou pode trabalhar como conselheiro e levantar o ânimo dos outros com as suas palavras gentis.

ESTRELA FIXA

Nome da estrela:
Arcturus, também chamada de Alchamet ou Al Simak

Posição:
23°15'-24°2' de Libra, entre os anos de 1930 e 2000

Magnitude:
1

Força:
★★★★★★★★★★

Órb:
2°30'

Constelação:
Alpha Bootes

Dias:
16, 17, 18, 19, 20 de outubro

Qualidades da estrela:
Marte/Júpiter e Vênus/Júpiter

Descrição:
uma estrela laranja e amarela dourada, localizada no joelho esquerdo de Bootes.

Numerologia

Ambição e humanitarismo são algumas das características associadas ao dia de aniversário número 19. Decisivo e cheio de recursos, você possui uma visão penetrante, mas o lado sonhador da sua natureza é compassivo, idealista e criativo. Apesar de ser uma pessoa sensível, a necessidade de ser alguém pode ser o que o leva a ser dramático e a querer ser o centro das atenções. Muitas vezes, há um forte desejo de estabelecer uma identidade individual. Para isso, você precisa primeiro superar a influência causada pela pressão externa. Para os outros, você aparenta ser uma pessoa confiante, resistente e cheia de recursos, mas as tensões internas podem causar instabilidade emocional. Artístico e carismático, você percebe o mundo como um lugar para ser explorado. A subinfluência do mês número 10 indica que você é autoconfiante e original e que tem uma personalidade carismática. Você tem habilidade para expressar os seus sentimentos com clareza e tem pensamentos inspirados. Embora muitas vezes busque a harmonia e o equilíbrio, você tem propensão a oscilações de humor, sentindo-se ora confiante ora duvidando de si mesmo. A sua necessidade de se cercar de pessoas e de ser popular indica que você não gosta do isolamento ou da solidão.

Positivo: dinamismo, centramento, criatividade, liderança, progressismo, otimismo, convicções fortes, competitividade, independência, espírito gregário

Negativo: autocentramento, depressão, preocupação, medo de ser rejeitado, altos e baixos, materialismo, egotismo, impaciência

Amor & Relacionamentos

Amigável e popular, você não tem dificuldade para fazer amigos e seduzir as pessoas. Em geral atraente, você tem admiradores do sexo oposto. Contudo, se você se deixar levar pela instabilidade, as suas experiências amorosas podem ser como andar de montanha-russa, com muitas perdas e sucessos. Você pode ser compassivo e atencioso com as pessoas que ama. Generoso em atividades sociais, você possui um magnetismo pessoal sedutor. Porém, você precisa conter a sua inclinação à extravagância ou ao ciúme.

INFLUÊNCIA DA ESTRELA PRIMÁRIA

Arcturus confere talento artístico e sucesso no mundo das belas artes. Esta estrela pode conceder honrarias, riqueza e prosperidade. Arcturus pode também trazer sucesso em terras estrangeiras e por meio de longas viagens. Esta estrela adverte contra a inquietude e a ansiedade, que provocam instabilidade na sua vida.

Ligada ao grau do seu Sol, Arcturus confere riqueza e boa reputação. Esta estrela traz sucesso depois de dificuldades iniciais e dá habilidades psíquicas ou de cura. A inclinação pelas carreiras na área legal ou de serviço público pode trazer o sucesso. Mas, você pode ter interesse em escrever ou em estudos de assuntos filosóficos, espirituais e religiosos. Esta estrela sugere que você deve se prevenir contra a tendência a se tornar muito apreensivo e insatisfeito e procurar aceitar com serenidade os altos e baixos da vida, mantendo uma atitude neutra.

- **Positivo**: contatos religiosos, boa capacidade de julgamento, longas viagens, *glamour*
- **Negativo**: indulgência e entusiasmo excessivos, preguiça, negligência

ALGUÉM ESPECIAL

Para ter amor, você pode encontrar um parceiro atencioso e amoroso entre as pessoas nascidas nas seguintes datas:

Amor & amizade: jan: 21, 25; fev: 19, 23; mar: 17, 21, 30; abr: 15, 19, 28, 29; mai: 13, 17, 26, 27; jun: 11, 15, 24, 25, 30; jul: 9, 13, 22, 23, 28; ago: 7, 11, 20, 21, 26, 30; set: 5, 9, 18, 19, 24, 28; out: 3, 7, 16, 17, 22, 26, 29; nov: 1, 5, 14, 15, 20, 24, 27; dez: 3, 12, 13, 18, 22, 25, 27, 29

Relacionamentos benéficos: jan: 5, 13, 16, 22, 28; fev: 3, 11, 14, 20, 26; mar: 1, 9, 12, 18, 24, 29; abr: 7, 10, 16, 22, 27; mai: 5, 8, 14, 20, 25; jun: 3, 6, 12, 18, 23; jul: 1, 4, 10, 16, 21; ago: 2, 8, 14, 19; set: 6, 12, 17; out: 4, 10, 15; nov: 2, 8, 13; dez: 6, 11

Atrações fatais: abr: 14, 15, 16, 17, 18; jun: 30; jul: 28; ago: 26; set: 24; out: 22; nov: 20; dez: 18

Relacionamentos desafiantes: jan: 2, 23, 30; fev: 21, 28; mar: 19, 26, 28; abr: 17, 24, 26; mai: 15, 22, 24; jun: 13, 20, 22; jul: 11, 18, 20; ago: 16, 18, 19; set: 7, 14, 16; out: 5, 12, 14; nov: 3, 10, 12; dez: 1, 8, 10

Alma gêmea: jan: 14, 22; fev: 12, 20; mar: 10, 18; abr: 8, 16; mai: 6, 14; jun: 4, 12; jul: 2, 10; ago: 8; set: 6; out: 4; nov: 2

20 de outubro

Dotado com uma capacidade mental aguçada e com o dom da persuasão, você é um libriano charmoso, que tem uma excelente habilidade social. Com necessidade de ser diferente, você projeta uma aparência atraente e sente-se atraído por pessoas originais. Como é uma pessoa expressiva e um observador perspicaz do comportamento humano, você brilha em situações sociais. Sendo um apreciador da arte, da música e da criatividade, você sente necessidade de cercar-se de beleza, estilo e luxo.

A subinfluência do regente do seu decanato, Gêmeos, indica que você possui um intelecto rápido e é capaz de impressionar as pessoas por meio das palavras, faladas ou escritas. Bom orador, o seu gosto pelos debates deriva da sua franqueza decisiva ainda que diplomática. Contudo, você deve tomar cuidado para que o seu humor e inteligência cortante não se transformem em sarcasmo.

SOL: LIBRA
DECANATO: GÊMEOS/MERCÚRIO
GRAU: 26° 30' - 27° 30' LIBRA
MODO: CARDEAL
ELEMENTO: AR

Tendo muito a ganhar por intermédio de esforços cooperativos e parcerias, você se beneficia por meio de contatos pessoais. Entretanto, se se comportar de forma provocadora e manipuladora, você pode perder os diversos benefícios que poderia desfrutar se promovesse uma atmosfera harmoniosa e o equilíbrio em seus relacionamentos. Muito determinado quando tem um objetivo em mente, você é capaz de realizações inventivas e originais. Contudo, você precisa proteger o seu sistema nervoso altamente sensível para não se tornar uma pessoa irritadiça ou estressada.

Desde a sua tenra infância, quando o seu Sol progredido entrou no signo de Escorpião, você passou a ter uma necessidade crescente de mudanças emocionais e poder pessoal. A sua vida sofre uma virada aos 33 anos de idade, quando o seu Sol progredido entra no signo de Sagitário, indicando o seu desejo de viajar ou de ampliar os seus horizontes. Depois dos 63 anos de idade, quando o seu Sol entra no signo de Capricórnio, você se torna uma pessoa mais prática, sensível e prudente.

O Seu Eu Secreto

O seu tremendo poder interior é a garantia de que, com dedicação e trabalho duro, você pode conquistar qualquer coisa a que se proponha. Uma vida social ativa pode significar tanto uma fonte animada de atividade e divertimento como um desvio do seu caminho em direção à realização do seu extraordinário potencial – algumas vezes ambos. Em situações sociais ou profissionais, você projeta uma consideração calorosa e atenciosa para com as outras pessoas, o que pode até mesmo vir a abranger interesses e atividades humanitárias.

Como tem um sexto-sentido quanto às motivações alheias, você pode ser altamente intuitivo. No entanto, se tornar-se uma pessoa muito séria, pode comportar-se de forma teimosa ou mal-humorada. Mantendo a sua independência e dedicando-se a dar início a novos projetos, você fortalece o seu senso de propósito e determinação. Como é uma pessoa dramática, dotada com potencial de liderança, você pode se beneficiar do seu extraordinário potencial.

Trabalho & Vocação

Receptivo e intuitivo, você gosta de se comunicar com outras pessoas e, muitas vezes, tem talento para lidar com as palavras, falando ou escrevendo. Perspicaz e amigável, com talento para lidar com as pessoas, você é um excelente mediador ou negociador. Você pode se destacar trabalhando como agente ou vendedor, relações-públicas ou na área de promoções. Se desenvolver os seus dons artísticos, você pode escolher uma carreira nas áreas de educação, como professor, ou na área editorial, como redator ou jornalista. Diplomático e calmo, com habilidade de se envolver em nível pessoal, você é um psicólogo nato, que pode ser bem-sucedido atuando como terapeuta, conselheiro ou carreiras afins. A sua necessidade de se expressar e o seu amor pelo dramático podem levá-lo a seguir uma carreira na área do entretenimento e da arte. Por outro lado, a sua capacidade de liderança, habilidade organizacional e de planejamento estratégico podem levá-lo ao mundo do comércio, onde você pode colaborar com outras pessoas ou se envolver em grandes projetos.

ESTRELA FIXA

Nome da estrela:
Arcturus, também chamada de Alchamet ou Al Simak

Posição:
23°15'-24°2' de Libra, entre os anos de 1930 e 2000

Magnitude:
1

Força:
★★★★★★★★★★

Órb:
2°30'

Constelação:
Alpha Bootes

Dias:
16, 17, 18, 19 e 20 de outubro

Qualidades da estrela:
Marte/Júpiter e Vênus/Júpiter

Descrição:
uma estrela laranja e amarela dourada, localizada no joelho esquerdo de Bootes.

Numerologia

Com o dia de aniversário número 20, você é uma pessoa intuitiva, adaptável e compreensiva, e que gosta de pertencer a um grupo. Você, em geral, gosta de atividades cooperativas, nas quais possa interagir, compartilhar experiências e aprender com as outras pessoas. Charmoso e gracioso, você possui muita habilidade diplomática e social e sabe lidar com pessoas de diferentes círculos sociais. Contudo, pode ser que você precise desenvolver a sua confiança ou superar a tendência a sentir-se facilmente ferido pelas ações e críticas alheias, ou, ainda, tenha de evitar a sua excessiva dependência. Você sabe como ninguém criar atmosferas agradáveis e harmoniosas. A subinfluência do mês número 10 indica que embora seja auto-confiante e tenha capacidade de manter uma atitude independente, a sua necessidade de amor e de intimidade sugere que você deseja exprimir os seus pensamentos e idéias. Apesar de ser uma pessoa que gosta de se divertir e que é generosa, você precisa da aprovação das pessoas que ama. Se mantiver uma disposição firme e positiva em momentos de adversidade, você pode usar a sua criatividade e personalidade carismática para influenciar os outros e realmente progredir na vida. A sua forte necessidade de expressar-se implica que você é talentoso e gosta de cultivar diversos interesses.

Positivo: boas parcerias, gentileza, tato, receptividade, intuição, consideração, harmonia, presença agradável, embaixador da boa vontade

Negativo: desconfiança, subserviência, timidez, sensibilidade excessiva, egoísmo, tendência a magoar-se com facilidade

Amor & Relacionamentos

Os seus relacionamentos são muito importantes para você, mas é vital não deixar-se cair em situações de dependência. Como precisa de companheirismo, você, em geral, não gosta de ficar sozinho por muito tempo. Felizmente, o seu charme, habilidade diplomática e excelente poder de persuasão podem ajudá-lo a ter amigos e amantes. Contudo, os seus sentimentos podem, às vezes, ser extremos e difíceis para as outras pessoas, mesmo quando genuinamente deseja a harmonia. Como é uma pessoa encantadora, sociável e divertida, você é um excelente anfitrião.

INFLUÊNCIA DA ESTRELA PRIMÁRIA

Arcturus confere talento artístico e sucesso no mundo das belas artes. Esta estrela pode conceder honrarias, riqueza e prosperidade. Arcturus pode também trazer sucesso em terras estrangeiras e por meio de longas viagens. Esta estrela adverte contra a inquietude e a ansiedade, que provocam instabilidade na sua vida.

Ligada ao grau do seu Sol, Arcturus confere riqueza e boa reputação. Esta estrela traz sucesso depois de dificuldades iniciais e dá habilidades psíquicas ou de cura. A inclinação pelas carreiras na área legal ou de serviço público pode trazer o sucesso. Mas, você pode ter interesse em escrever ou em estudos de assuntos filosóficos, espirituais e religiosos. Esta estrela sugere que você deve se prevenir contra a tendência a se tornar muito apreensivo e insatisfeito e procurar aceitar com serenidade os altos e baixos da vida, mantendo uma atitude neutra.

- **Positivo**: contatos religiosos, boa capacidade de julgamento, longas viagens, *glamour*
- **Negativo**: indulgência e entusiasmo excessivos, preguiça, negligência

ALGUÉM ESPECIAL

Para ter prosperidade e relacionamentos duradouros, você pode começar procurando aquela pessoa especial entre as nascidas nas seguintes datas:

Amor & amizade: jan: 6, 16, 22, 26; fev: 4, 14, 20, 24; março: 2, 12, 18, 22; abril: 10, 16, 20, 30; maio: 8, 14, 18, 28; jun: 6, 12, 16, 26; jul: 4, 10, 14, 24, 31; ago: 2, 8, 12, 22, 29; set: 6, 10, 20, 27; out: 4, 8, 18, 25; nov: 2, 6, 16, 23, 30; dez: 4, 14, 21, 28, 30

Relacionamentos benéficos: jan: 6, 17, 23, 31; fev: 4, 15, 21, 29; março: 2, 13, 19, 27, 30; abril: 11, 17, 25, 28; maio: 9, 15, 23, 26; jun: 7, 13, 21, 24; jul: 5, 11, 19, 22; ago: 3, 9, 17, 20; set: 1, 7, 15, 18, 30; out: 5, 13, 16, 28; nov: 3, 11, 14, 26; dez: 1, 9, 12, 24

Atrações fatais: abr: 14, 15, 16, 17, 18, 19

Relacionamentos desafiantes: jan: 24; fev: 22; março: 20, 29; abr: 18, 27, 29; maio: 6, 16, 25, 27, 30; jun: 14, 22, 25, 28; jul: 12, 21, 23, 26; ago: 10, 19, 21; set: 8, 17, 19, 22; out: 6, 15, 17, 20; nov: 4, 13, 15, 18; dez: 2, 11, 13, 16

Alma gêmea: jan: 13; fev: 11; março: 9; abr: 7; maio: 5; jun: 3, 30; jul: 1, 28; ago: 26; set: 24; out: 22; nov: 20; dez: 18

21 de outubro

Intelecto brilhante e charme são revelados pela influência do seu dia de aniversário. Um pensador progressista com uma mente curiosa, você adora dar início a projetos que o desafiem mentalmente. Como um idealista prático, você tem consciência do valor da intuição e do pragmatismo. Você é sociável e magnético e o seu talento para lidar com as pessoas pode ser um dos seus maiores atributos.

Com a subinfluência do regente do seu decanato, Gêmeos, você é adaptável e versátil, com grande aptidão para comunicar-se. Como é altamente susceptível e sensível, você precisa proteger o seu sistema nervoso delicado. Articulado, com habilidade social, você tem uma aptidão incomum para a diplomacia e estabelecer contatos. Sempre procurando as mais recentes informações e com capacidade de entusiasmar os outros com a sua sabedoria, você, muitas vezes, é um professor nato. Na verdade, qualquer forma de aprendizagem é vital para fazer jus ao seu maravilhoso potencial.

SOL: LIBRA
DECANATO: GÊMEOS/MERCÚRIO
GRAU: 27° 30' - 28° 30' LIBRA
MODO: CARDEAL
ELEMENTO: AR

Com sensibilidade para as artes, você poderá expressar-se por meio da música, da pintura ou do teatro e também gosta de cercar-se de beleza, estilo e luxo. A sua natureza refinada é muitas vezes exibida por meio da sua personalidade leve, embora você possa passar por períodos nos quais se torna extremamente teimoso. Os debates acerca de assuntos que o interessam e o talento para resolução de problemas podem manter a sua mente refinada criativamente ocupada. Quando sente falta de estímulo mental, você é capaz de desperdiçar as suas energias em atividades triviais e de pouca importância. Ambicioso, com fortes desejos, você possui capacidade de liderança, mas terá que tomar cuidado para não se tornar uma pessoa autoritária.

O seu Sol progredido entra no signo de Escorpião no começo da sua vida, enfatizando, durante os trinta anos seguintes, as questões relacionadas ao poder e à transformação. A sua vida sofre uma outra virada aos 32 anos de idade, quando o seu Sol progredido entra no signo de Sagitário, estimulando-o a ser mais aventureiro e indicando que a sua vontade de estudar e viajar aumentará consideravelmente. Você também será capaz de estabelecer mais contatos com pessoas de outros países. Depois dos 62 anos de idade, quando o seu Sol entra no signo de Capricórnio, você se torna uma pessoa mais pragmática, cautelosa e ponderada.

O Seu Eu Secreto

Como é uma pessoa franca, mas intuitiva quanto às necessidades dos outros, você pode ser um bom negociador e conselheiro. Embora aparente ser independente, você é muito atencioso com os seus parceiros e associados. Às vezes, sente medo da solidão e precisa ter cuidado para não se tornar demasiadamente inseguro ou dependente dos seus relacionamentos. Quando desenvolve o senso do equilíbrio e da imparcialidade, você pode ser generoso com a pessoa que ama e ao mesmo tempo manter uma certa perspectiva.

Como um indivíduo sensível, dotado de uma imaginação excepcional, você pode optar por usar estes dons dedicando-se à arte e à música, à cura, à experiência espiritual ou a um ideal.

Você pode ser uma excelente amigo e um companheiro atencioso, mas, se o seu amor não for correspondido, poderá ter tendência ao escapismo ou às oscilações de humor. O trabalho cooperativo com outros, seja em parcerias ou como membro de uma equipe, pode vir a ser especialmente importante para o seu desenvolvimento espiritual.

Trabalho & Vocação

Ambicioso e ousado, com amor pelo conhecimento, você pode ser um excelente treinador ou professor. Amigável e charmoso, dotado com uma personalidade calma e despreocupada, você gosta de trabalhar com outras pessoas e pode ser bem-sucedido nas áreas de relações-públicas e promoções. Multitalentoso, você pode vir a descobrir que o seu problema é decidir exatamente o que deseja realizar. Muitas vezes musical e artístico, com queda para o teatro e a oratória, você poderá atuar em filmes e peças teatrais. Você pode também se destacar no campo literário, especialmente nas áreas de ficção, humor e teatro, onde poderá usar a sua imaginação, inteligência e idéias originais. Se acredita em uma causa, pode ser um excelente porta-voz. Leal e dedicado, você geralmente tem um desempenho melhor quando trabalha em parcerias, mas precisa ser reconhecido pelo seu esforço individual.

ESTRELAS FIXAS

Embora o grau do seu Sol não esteja associado a nenhuma estrela fixa, alguns de seus outros planetas certamente estão. Por meio do seu mapa astrológico, você pode encontrar a posição exata dos planetas na sua data de nascimento e poderá saber quais das estrelas fixas listadas neste livro são relevantes para você.

Numerologia

Ambição dinâmica e personalidade extrovertida são atributos geralmente presentes em indivíduos nascidos no dia 21. Com inclinação social, você pode ter vários interesses e contatos e muitas vezes é uma pessoa de sorte. Você geralmente exibe a sua personalidade amigável e gregária. Intuitivo, dotado de espírito independente, você é altamente inventivo e original. Nascido no dia 21, você é uma pessoa magnética, que gosta de se divertir e possui charme social. Mas, em contrapartida, você pode ser uma pessoa tímida e reservada, com necessidade de desenvolver a sua assertividade, especialmente nas relações íntimas. Embora possa ter inclinação para estabelecer relações ou casamentos cooperativos, você sempre precisa ser reconhecido pelos seus talentos e habilidades individuais. A subinfluência do mês número 10 indica que você é ambicioso e direto. Curioso, multitalentoso e intuitivo, você precisa trabalhar duro e desenvolver a auto-disciplina para utilizar os seus talentos de forma lucrativa. Com as suas habilidades práticas e idéias criativas, você é capaz de dar conta de grandes projetos e muitas vezes adora dar início a novos empreendimentos.

Positivo: inspiração, criatividade, uniões por amor e relacionamentos duradouros

Negativo: dependência, temperamental, nervosismo, desapontamento, falta de visão, medo de mudanças

Amor & Relacionamentos

Charmoso e amigável, você não terá problemas para atrair amigos e admiradores. Em parcerias, você geralmente prefere pessoas trabalhadoras e bem-sucedidas. É importante manter-se independente, mas é importante saber entregar-se e ser honesto em todos os seus relacionamentos. É conveniente evitar os ciúmes nas suas relações com as outras pessoas, pois isto poderá afetar a sua personalidade amorosa e atenciosa. Quando procura aquele parceiro perfeito, você acredita em relacionamentos significativos e é leal à pessoa com quem se comprometer.

ALGUÉM ESPECIAL

Você encontrará um parceiro que compreenderá a sua sensibilidade e necessidade de dar e receber amor entre as pessoas nascidas nas seguintes datas:

Amor & amizade: jan: 1, 4, 27, 29; fev: 2, 25, 27; março: 23, 25; abril: 21, 23; maio: 19, 21, 29; jun: 17, 19, 27; jul: 15, 17, 25; ago: 13, 15, 23; set: 11, 13, 21; out: 9, 11, 19; nov: 7, 9, 17; dez: 5, 7, 15

Relacionamentos benéficos: jan: 3, 10, 15, 18; fev: 1, 8, 13, 16; março: 6, 11, 14, 29, 31; abril: 4, 9, 12, 27, 29; maio: 2, 7, 10, 25, 27; jun: 5, 8, 23, 25; jul: 3, 6, 21, 23; ago: 1, 4, 19, 21; set: 2, 17, 19; out: 15, 17; nov: 13, 15; dez: 11, 13

Atrações fatais: abr: 16, 17, 18, 19, 20, 30; maio: 28; jun: 26; jul: 24; ago: 22; set: 20; out: 18; nov: 16; dez: 14

Relacionamentos desafiantes: jan: 9, 14, 16, 25; fev: 7, 12, 14, 23; março: 5, 10, 12, 21, 28, 30; abr: 3, 8, 10, 19, 26, 28; maio: 1, 6, 8, 17, 24, 26; jun: 4, 6, 15, 22, 24; jul: 2, 4, 13, 20, 22; ago: 2, 11, 18, 20; set: 9, 16, 18; out: 7, 14, 16; nov: 5, 12, 14; dez: 3, 10, 12

Alma gêmea: dez: 29

22 de outubro

Magnetismo, charme e liderança são qualidades indicadas pelo seu dia de aniversário. Diplomático e com boa aptidão social, você sabe como obter influência e usá-la em seu próprio benefício. Com forte senso de justiça e capacidade mental aguçada, você é mais do que capaz de se virar em qualquer situação. Há, no entanto, o perigo da indecisão quanto aos caminhos a tomar ou quanto ao excesso de auto-indulgência em prazeres mundanos que podem afastá-lo de seus elevados ideais.

Com a subinfluência do regente do seu decanato, Gêmeos, você é muito expressivo e tem muito talento para comunicar-se. Naturalmente persuasivo, com uma perspicaz compreensão da natureza humana, você é uma pessoa sociável e extrovertida. O seu charme dinâmico garante que você é divertido e amigável em situações sociais. Você precisa apenas ter a necessária auto-disciplina para realizar plenamente o seu extraordinário potencial.

♎

SOL: ÁRIES
DECANATO: SAGITÁRIO/JÚPITER
GRAU: 24°30'-25°30' ÁRIES
MODO: CARDEAL
ELEMENTO: FOGO

♎

Com um grande interesse pela vida doméstica e familiar e amor ao conforto, você prefere sentir-se cercado de luxo e qualidade. Com interesse pela arte e pela beleza e necessidade de expressar-se, você pode ser atraído pela literatura, pela pintura ou pela música. Mas isso não impede que o seu senso natural pelos negócios, que pode levá-lo a ser bem-sucedido em termos mundanos, será afetado. Às vezes, você é capaz também de atuar como árbitro ou diplomata e promover a paz e a harmonia em situações difíceis. Contudo, em outras ocasiões, você pode comportar-se de modo autoritário ou mesquinho, o que o desvia de seu estilo naturalmente amigável.

O seu Sol progredido entra no signo de Escorpião no começo da sua vida, enfatizando durante os trinta anos seguintes questões relacionadas ao poder e transformação. A sua vida sofre uma outra virada aos 31 anos de idade, quando o seu Sol progredido entra no signo de Sagitário, estimulando-o a ser mais otimista e aventureiro e indicando que você terá um interesse maior pelo estudo e pelas viagens. Pode ser também que você venha a ter contato com pessoas de outros países. Depois dos 61 anos de idade, quando o seu Sol entra no signo de Capricórnio, você se torna uma pessoa mais pragmática, ponderada e focalizada nas suas metas e objetivos.

O Seu Eu Secreto

Generoso e bondoso, você tem uma perspectiva ampla e aberta que o permite sentir uma afinidade com toda a humanidade. De vez em quando, no entanto, você pode ter tendência a se deter nas suas frustrações e desapontamentos, que se manifestam por meio de uma seriedade excessiva e de uma tendência a discussões. Embora às vezes demonstre uma inclinação para o egoísmo, você sabe compensá-la encarando a vida como uma comédia e usando o seu senso de humor rápido para lidar com situações potencialmente difíceis.

Como tem uma aparência muito confiante, o seu orgulho não permite que você revele os seus medos secretos. Você pode sentir necessidade de ter algo mais significativo na sua vida, o que pode ajudá-lo a superar problemas e a torná-lo uma fonte de sabedoria. As suas emoções poderosas e sensibilidade estão ligadas à sua intuição, por isto vale a pena confiar nos seus instintos. Quando está com uma disposição positiva, você tem um poder interior que pode se manifestar por meio da habilidade de cura ou da criatividade.

Trabalho & Vocação

Elegante e dinâmico, com habilidades práticas, você é gentil com os outros e possui numerosos contatos. A sua personalidade carismática e criatividade sugerem que você pode ser muito bem-sucedido nas áreas de relações-públicas, política, organizações humanitárias ou corporações internacionais. Multitalentoso e dramático, você pode escolher qualquer carreira que desejar — arte, decoração de interiores, literatura, música ou teatro. Carismático e generoso, dotado com excelente habilidade social, você pode ser bem-sucedido atuando como negociador, mediador ou diplomata. Em contrapartida, devido à sua honestidade e idealismo, você pode ser atraído pelo Direito, trabalhando como advogado ou juiz. A sua habilidade para organizar eventos sociais ou arrecadar fundos para caridade e causas justas indica que você é uma pessoa persuasiva e empreendedora.

ESTRELAS FIXAS

Embora o grau do seu Sol não esteja associado a nenhuma estrela fixa, alguns de seus outros planetas certamente estão. Por meio do seu mapa astrológico, você pode encontrar a posição exata dos planetas na sua data de nascimento e poderá saber quais das estrelas fixas listadas neste livro são relevantes para você.

Numerologia

Este é um número-mestre e pode vibrar tanto com número 22 quanto como número 4. Muitas vezes honesto e trabalhador, com capacidade de liderança inata, você tem uma personalidade carismática e uma profunda compreensão das pessoas e de suas motivações. Embora reservado, você, muitas vezes, tem um comportamento atencioso e protetor quanto ao bem-estar dos outros, ainda que nunca perca de vista o seu pragmatismo ou realismo. Geralmente culto e mundano, você tem muitos amigos e admiradores. Entre os nascidos neste dia, os mais competitivos atingem sucesso e boa fortuna com a ajuda e o encorajamento de outros. Muitas pessoas nascidas neste dia têm fortes ligações com os irmãos, protegendo-os e apoiando-os. A subinfluência do mês número 10 indica que você é ambicioso e idealista. Astuto e altamente intuitivo, você precisa aprender a confiar na sua própria intuição. A profundidade dos seus sentimentos e necessidade de auto-expressão indicam que você é uma pessoa dinâmica e motivada quando se sente inspirada. A sua capacidade de resistência e perseverança sugere que você mostra a sua verdadeira personalidade em momentos difíceis e estressantes. Embora seja generoso e entusiasmado, às vezes pode ser egoísta ou arrogante.

Positivo: universal, direto, pragmático, prático, habilidade manual, habilidoso, empreendedor, capacidade de organização, realismo, capacidade de resolução de problemas, realizações

Negativo: esquemas de enriquecimento rápido, nervosismo, autoritarismo, materialismo, falta de visão, preguiça, egoísmo, ganancioso, auto-promoção

Amor & Relacionamentos

Você é romântico e magnânimo e as pessoas sentem-se atraídas pela sua personalidade amigável. Com as suas fortes emoções, você pode experimentar atrações poderosas, mas como não gosta de ficar sozinho, pode ceder em nome da paz, do lar e da família. Embora seja idealista, tome cuidado para que a sua sensualidade não o desvie dos seus planos utópicos. Divertido e caloroso, você é um excelente anfitrião.

ALGUÉM ESPECIAL

O parceiro ideal que lhe trará sorte e realizará todos os seus sonhos pode ser alguém que tenha nascido em uma das seguintes datas:

Amor & amizade: jan: 2, 28; fev: 12, 26; março: 24; abril: 22; maio: 20, 29, 30; jun: 4, 18, 18, 27, 28; jul: 16, 25, 26; ago: 14, 23, 24; set: 12, 21, 22; out: 10, 19, 20, 29, 31; nov: 8, 17, 18, 27, 29; dez: 6, 15, 16, 25, 27

Relacionamentos benéficos: jan: 2, 10, 13, 16; fev: 8, 11, 14; março: 6, 9, 12; abril: 4, 7, 10; maio: 2, 5, 8; jun: 3, 6; jul: 1, 4, 30; ago: 2, 28, 30; set: 26, 28; out: 24, 26; nov: 22, 24; dez: 20, 22, 30

Atrações fatais: abr: 18, 19, 20, 21; out: 31; nov: 29; dez: 27

Relacionamentos desafiantes: jan: 3, 9, 10; fev: 1, 7, 8; março: 5, 6, 31; abr: 2, 4, 29; maio: 1, 2, 27; jun: 25; jul: 23; ago: 2, 21, 31; set: 19, 29; out: 17, 27; nov: 15, 25; dez: 13, 23

Alma gêmea: jan: 5; fev: 3; março: 1; maio: 30; jun: 28; jul: 26; ago: 24; set: 22; out: 20; nov: 18; dez: 16

Pessoas famosas de Libra

23 de setembro
Bruce Springsteen, Ray Charles, John Coltrane, Julio Iglesias, Mickey Rooney, Walter Lippman, Mary Kay Place, Victoria Woodhull

24 de setembro
F. Scott Fitzgerald, Anthony Newley, John Marshall, Jim Henson, Linda McCartney, Phil Hartman, Jim Mckay

25 de setembro
Dmitri Shostakovich, Glenn Gould, Will Smith, Michael Douglas, Christopher Reeves, Mark Hamilton, Mark Rothko, William Faulkner, Scottie Pippen, Hather Locklear, Barbara Walters, Phil Rizzuto, Red Smith, Austregésilo de Athayde, E. Roquette Pinto

26 de setembro
George Gershwin, T. S. Eliot, Edith Abbott, Olivia Newton John, Bryan Ferry, Ivan Pavlov, "Johnny Appleseed" Chapman, Martin Heidegger, Linda Hamilton, Marina Colassanti, Carlene Carter

27 de setembro
Meat Loaf, Luis XIII, Amritanandamayi, George Cruikshank, William Conrad, Sam Adams, Mike Schmidt, Arthur Penn, Shaun Cassidy, Cherryl Tiegs, Jayme Meadows

28 de setembro
Brigitte Bardos, Ed Sullivan, Marcello Mastroianni, Peter Finch, Michelangelo de Cavaraggio, John Sayles, Moon Zappa, William S. Paly, Stephen Spender, Tim Maia

29 de setembro
Michelangelo Antonioni, Stanley Kramer, Anita Ekberg, Jacopo Tintoretto, Jerry Lee Lewis, Lord Nelson, Lech Walesa, Madeleine Kahn, Greer Garson

30 de setembro
Johnny Mathis, Angie Dickinson, Deborah Kerr, Truman Capote, W. S. Merwin, Raymond Massey, Crystal Bernard, Barry Williams, Marilyn McCoo

01 de outubro
Julie Andrews, Jimmy Carter, Walter Matthau, Richard Harris, Annie Bessant, Marc Edmund Jones, Bonnie Parker, Grete Waitz, William Rehnquist, Vladimir Horowitz

02 de outubro
Mahatma Gandhi, Groucho Marx, Bud Abbott, Dorna Karan, Graham Green, Wallace Stevens, Sting, Lorraine Bracco, Ricardo III

03 de outubro
Lindsey Buckingham, Emily Post, Paul Foster Case, Eleonora Duse, Chubby Checker, Steve Reich, Gore Vidal, Thomas Wolfe, Jack Wagner, Dave Winfield, Tommy Lee, Adriana Calcanhoto, Zé Ramalho

04 de outubro
Buster Keaton, Charlton Heston, Susan Sarandon, Jean Millet, Terence Conran, Patti LaBelle, Alvin Toffler, Jackie Collins, São Francisco de Assis, Armand Assante, Ivanir Calado, Malcolm Baldridge, Damon Runyon, Arme Rice, Rutherford B. Hayes, Clóvis Beviláqua, Jon Secada

05 de outubro
Bob Geldof, Steve Miller, Vaclav Havel, Richard Gordon, Louis Lumière, Glynis Johns, Michael Andretti, Karen Allen, Elke Summer, Jeff Conaway, Mario Lemieux, Ray Kroc, Clive Barker, Grant Hill, Cyro dos Anjos, Assis Chateaubriand

06 de outubro
Britt Ekland, Carole Lombard, George Westinghouse, Thor Heyerdahl, Jenny Lind, Le Corbusier, Jerry Grose, Ruben Sierra, Lowell Thomas Jr, Ulysses Guimarães

07 de outubro
R. D. Laing, Toni Braxton, John Mellencamp, Clive James, Des-mond Tuttu, Yo Yo Ma, Niels Bohr, Heinrich Himmler, Oliver North, June Allyson, Alfred Drake

08 de outubro
Jesse Jackson, Paul Hogan, Sigourney Weaver, Chevy Chase, Juan Perón, Casulo da Paixão Cearense, Stephanie Zimbalist, Rona Barrett, Evaristo da Veiga, José do Patrocínio, Eduardo Portella,
Didi (Valdir Pereira)

09 de outubro
John Lennon, Sean Ono Lennon, Jackson Browne, John Entwistle, Jacques Tati, Miguel de Cervantes, Camille Saint Saéns, Yusef Lateef, Zachery Ty Bryan

10 de outubro
Harold Pinter, David Lee Roth, Giuseppe Verdi, Thelonious Monk, Jean-Antoine Watteau, Dorothy Lamour, Ben Vereen, Tania Tucker, John Prine, Helen Hayes, James Clavell, Keith Hernandez

11 de outubro
Luke Perry, Art Blakey, Daryl Hall, Sir George Williams, Jerome Robbins, Eleanor Roosevelt, Joan Cusak, Elmore Leonard, Steve Young, Cartola

12 de outubro
Luciano Pavarotti, Dick Gregory, Alister Crowley, Susan Anton Ramsay MacDonald, Kirk Cameron, Dom Pedro I, Jean Nidetch, Adam Rich

13 de outubro
Margaret Thatcher, Paul Simon, Lenny Bruce, Pharaoh Sanders, Art Tatum, Yves Montand, Nancy Kerrigan, Tisha Camp-bell, Kelly Prestou, Marie Osmond, Murilo Melo Filho

14 de outubro
Ralph Lauren, E. E. Cummings, Quaker William Penn, Dwight Eisenhower, Eamon de Valera, Cliff Richard, Roger Moore, Lillian Gish, John Wooden

15 de outubro
Friedrich Nietzsche, Oscar Wilde, P. G. Wodehouse, Virgílio, Duquesa de York, Sarah Ferguson, Lee Iaccoca, Jim Palmer, John Kenneth Galbraith, Penny Marshall, Tito Jackson, Richard Carpenter, Mario Puzo, Antonio Houaiss

16 de outubro
Eugene O'Neill, David Ben Gurion, Gunther Grass, Angela Lansbury, Suzanne Somers, Noah Webster, William O. Douglas, Tim Robbins, Wendy Wilson, Oscar Wilde

17 de outubro
Rita Hayworth, Arthur Miller, Evel Knievel, Jimmy Breslin, Nathanael West, Montgomery Clift, Howard Rollins, Tom Postou, Margot Kidder,
Chiquinha Gonzaga

18 de outubro
Jean-Claude Van Damme, Melina Mercouri, Martins Navratilova, Chuck Berry, George C. Scott, Lotte Lenya, Henri Bergson, Wendy Wasserstein, Terry McMillan, Wynton Marsalis

19 de outubro
Peter Tosh, John le Carré, Auguste Lumiére, Patrícia Ireland, John Lithgow, Jennifer Holliday, Evander Holyfield, Peter Max, Dias Gomes, Vinícius de Moraes

20 de outubro
Tom Petty, Melaine Mayron, Mickey Mantle, Bela Lugosi, Arthur Rimbaud

21 de outubro
Carrie Fisher, Steve Cropper, Ursula K. Leguin, Whity Ford, Sir George Solti, Dizzy Gillespie, Samuel Taylor Coleridge, Ti-mothy Leary, Catherine Deneuve, Jeff Goldblum, Franz Lizst, Alfred Nobel, Benjamin Netanyahu

22 de outubro
Bran Boitano, Catherine Funicello, Christopher Lloyd, Sarah Bernhardt, Doris Lessing, Manoel Francisco dos Santos (Garrincha)

Estrelas fixas de Libra

Para as pessoas que nasceram em dias que recebem a influência de mais de uma estrela fixa, segue aqui uma lista completa das estrelas fixas e de seus atributos. Você também pode usar este apêndice juntamente com o seu mapa astrológico para aprender mais acerca do significado destes corpos celestiais.

Zaniah

Nome da estrela: Zaniah
Posição: 3°51'-4°43' de Libra, entre os anos de 1930 e 2000
Magnitude: 4
Força: ★★★★
Órb: 1°30'
Constelação: Eta Virgem
Dias: 26, 27, 28 e 29 de setembro
Qualidades da estrela: Mercúrio/Vênus
Descrição: uma estrela branca variável, localizada na asa sul da constelação de Virgem.

A influência de Zaniah confere refinamento, congenialidade e amor pela harmonia e pela ordem. Você, em geral, possui uma natureza amável, uma personalidade charmosa e provavelmente tem muitos amigos. Esta estrela concede popularidade, honra e sucesso por meio de contatos sociais.

Ligada ao grau do seu Sol, Zaniah favorece a educação, o aprendizado intelectual e concede um talento natural para a pesquisa e a literatura. Com a ajuda desta estrela, você pode se tornar um especialista na sua área de interesse. Você tem um bom relacionamento com as pessoas com as quais trabalha e é um bom cônjuge. Esta estrela sugere que você, quando não é provocado, tem uma natureza muito agradável.

- **Positivo**: visionário, mente aguçada, refinado, habilidade para lidar com trabalhos detalhados
- **Negativo**: vaidade, convencimento, falta de impulso, esbanjamento, busca por opções fáceis

Vindemiatrix

Nome da estrela: Vindemiatrix, também conhecida como Vindemiator
Posição: 8°57'-9°57' de Libra, entre os anos de 1930 e 2000
Magnitude: 3
Força: ★★★★★★
Órb: 1°40'
Constelação: Epsilon Virgo
Dias: 1, 2, 3 e 4 de outubro
Qualidades da estrela: várias interpretações: Mercúrio/Saturno e Saturno/Vênus/Mercúrio
Descrição: uma estrela amarela brilhante, localizada na asa direita da constelação de Virgem.

A influência de Vindemiatrix indica que, embora tenha uma mente rápida, você pode, ocasionalmente, ser impulsivo ou indiscreto. Esta estrela confere capacidade de concentração, pensamento lógico e habilidade para ir direto ao cerne das questões. Você tende a abordar os problemas de maneira metódica e persiste até resolvê-los. Vindemiatrix, contudo, também sugere que você pode ser uma pessoa obstinada ou inflexível.

Ligada ao grau do seu Sol, esta estrela concede capacidade de liderança, orgulho e impulso para a realização e o reconhecimento. Você, muitas vezes, esconde a sua inteligência e tem a tendência a fazer afirmações pouco substanciais. Esta estrela também indica que o sucesso será alcançado principalmente por meio de esforço e sugere que a tendência à preocupação é desnecessária quanto a questões de ordem financeira e fracasso.

Positivo: reservado, inteligente, consistente, paciente, metódico

Negativo: depressão, preocupação, perdas se não tomar cuidado com questões financeiras

Caphir

Nome da estrela: Caphir, também chamada de Porrima
Posição: 9°9'-10°3' de Libra, entre os anos de 1930 e 2000
Magnitude: 3
Força: ★★★★★★
Órb: 1°40'
Constelação: Gamma Virgo
Dias: 1, 2, 3 e 4 de outubro
Qualidades da estrela: Mercúrio/Vênus e Vênus/Marte
Descrição: uma estrela binária variável amarela e branca, localizada no braço esquerdo de Virgem.

A influência de Caphir confere uma personalidade agradável, idealismo, gosto refinado e maneira cortês e diplomática. Esta estrela pode aumentar a sua popularidade e lhe dar muitas oportunidades e progresso por meio de contatos sociais.
Ligada ao grau do seu Sol, Caphir confere talento para a escrita, a Astrologia, Ciências Sociais e Filosofia. A sua grande necessidade de se comunicar com as outras pessoas faz com que os trabalhos que envolvam o trato com o público sejam os ideais para você. Com um impulso inato para obter o sucesso e o reconhecimento, você sempre consegue o que deseja. Caphir sugere que, quando confia nos seus instintos, você desenvolve a autoconficança.

Positivo: culto, intuitivo, refinado, bom gosto, criativo, amigável

Negativo: envolvimento em situações controversas, dúvidas

Algorab

Nome da estrela: Algorab, também chamada de Ghirab ou O Corvo
Posição: 12°28'-13°22' de Libra, entre os anos de 1930 e 2000
Magnitude: 3
Força: ★★★★★★
Órb: 1°30'
Constelação: Delta Corvi
Dias: 5, 6, 7 e 8 de outubro
Qualidades da estrela: Marte/Saturno
Descrição: uma estrela binária amarela e roxa clara, localizada na asa direita da constelação O Corvo.

Algorab confere talento para os negócios e empreendimentos e concede determinação e poder para superar os desafios com charme e graça. Esta estrela indica uma natureza reservada e conscienciosa, com ambição para ter reconhecimento e sucesso. Algorab também adverte contra a destrutividade e engano advindos de terceiros.
Ligada ao grau do seu Sol, esta estrela confere talento para causar uma boa impressão e sucesso no trato com o público e na obtenção de apoio ou promoção de outras pessoas. Se ocupar alguma posição pública, você pode ganhar fama e popularidade, mas deve tomar cuidado com escândalos que o façam perder a posição.

Positivo: persistência, grandes empreendimentos, popularidade, honra militar

Negativo: métodos pouco ortodoxos, trabalho contra as instituições

Seginus

Nome da estrela: Seginus
Posição: 16°38'-17°20' de Libra, entre os anos de 1930 e 2000
Magnitude: 3

Força: ★★★★★★
Órb: 1°40'
Constelação: Gama Bootes
Dias: 9, 10, 11 e 12 de outubro
Qualidades da estrela: Mercúrio/Saturno
Descrição: uma pequena estrela branca e amarela, localizada no ombro esquerdo de Bootes.

A influência de Seginus confere uma mente rápida e aguçada, muitos contatos e popularidade. Esta estrela indica que você é versátil e aprende rapidamente, mas adverte contra a inclinação para ser inconsistente e fazer muitas mudanças bruscas.
Ligada ao grau do seu Sol, Seginus confere sucesso nos negócios, aptidão natural para Astrologia e Filosofia ou inclinação por assuntos de natureza pouco comum. Sociável e amigável, você tem muitos amigos que o ajudam quando necessário.

- **Positivo**: cooperativo, popularidade, versatilidade
- **Negativo**: perdas por meio de amizades e parcerias

Foramen

Nome da estrela: Foramen
Posição: 21°12'-22°18' de Libra, entre os anos de 1930 e 2000
Magnitude: 4
Força: ★★★★
Órb: 1°30'
Constelação: Eta Carina
Dias: 14, 15 e 16 de outubro
Qualidades da estrela: Saturno/Júpiter
Descrição: uma estrela variável avermelhada localizada na popa do Navio Argos e cercada por uma nebulosa.

A influência de Foramen confere uma personalidade intuitiva, charmosa e liberal, e habilidades para liderar. Embora seja amigável e despretensioso, você possui uma personalidade forte. Com dignidade e dedicação, você pode alcançar o sucesso e a prosperidade.
Ligada ao grau do seu Sol, Foramen concede habilidade diplomática natural e uma natureza agradável e solidária, socialmente inclinada. Você é capaz de conceber e perceber dois ou mais pontos de vista ao mesmo tempo; por isso pode ser um excelente mediador.

- **Positivo**: sociável, compreensivo, agradável, paciente
- **Negativo**: indecisão, falta de direção, facilmente enganado, ganância

Spica

Nome da estrela: Spica, também chamada de Ishtar ou Arista
Posição: 22°51'-23°46' de Libra, entre os anos de 1930 e 2000
Magnitude: 1
Força: ★★★★★★★★★★
Órb: 2°30'
Constelação: Alpha Virgo
Dias: 14, 15, 16, 17 e 18 de outubro
Qualidades da estrela: interpretações variadas: Vênus/Marte ou Vênus/Júpiter/Mercúrio
Descrição: uma estrela binária brilhante e branca, localizada na cabeça da constelação de Virgem.

Spica é uma das estrelas predominantes no céu e é muito importante. Esta estrela confere boa capacidade de julgamento e golpes de sorte inesperados. Spica também sugere refinamento, interesse pela ciência e amor pela arte e pela cultura. Depois que conclui os estudos, você tem mais chances de receber honrarias e ficar rico. Spica também pode trazer o sucesso em terras estrangeiras, viagens longas e atividades ligadas à importação e à exportação.
Ligada ao grau do seu Sol, Spica muitas vezes oferece posições de influência, boas conexões

sociais, sucesso nos negócios e habilidade para ganhar dinheiro com novas idéias e invenções. Você tem boa capacidade de concentração, é intuitivo e tem habilidades psíquicas. As associações com atividades intelectuais e grandes organizações podem trazer o sucesso. Você gosta de lidar com o público e pode ganhar uma imensa fortuna, especialmente por meio de empreendimentos comerciais.

- **Positivo**: econômico, pragmático, concentração nos objetivos
- **Negativo**: excessivamente extravagante, mudanças constantes de direção, mente inquieta

Arcuturus

Nome da estrela: Arcturus, também chamada de Alchamet ou Al Simak
Posição: 23°15'-24°2' de Libra, entre os anos de 1930 e 2000
Magnitude: 1
Força: ★★★★★★★★★★
Órb: 2°30'
Constelação: Alpha Bootes
Dias: 16, 17, 18, 19 e 20 de outubro
Qualidades da estrela: Marte/Júpiter e Vênus/Júpiter
Descrição: uma estrela laranja e amarela dourada, localizada no joelho esquerdo de Bootes.

Arcturus confere talento artístico e sucesso no mundo das belas artes. Esta estrela pode conceder honrarias, riqueza e prosperidade. Arcturus pode também trazer sucesso em terras estrangeiras e por meio de longas viagens. Esta estrela adverte contra a inquietude e a ansiedade, que provocam instabilidade na sua vida.

Ligada ao grau do seu Sol, Arcturus confere riqueza e boa reputação. Esta estrela traz sucesso depois de dificuldades iniciais e dá habilidades psíquicas ou de cura. A inclinação pelas carreiras na área legal ou de serviço público podem trazer o sucesso. Mas, você pode ter interesse em escrever ou por estudos de assuntos filosóficos, espirituais e religiosos. Esta estrela sugere que você deve se prevenir contra a tendência a se tornar muito apreensivo e insatisfeito e procurar aceitar com serenidade os altos e baixos da vida, mantendo uma atitude neutra.

- **Positivo**: contatos religiosos, boa capacidade de julgamento, longas viagens, *glamour*
- **Negativo**: indulgência e entusiasmo excessivos, preguiça, negligência

As autoras

GERALDINE SULLIVAN, nascida em 4 de junho, é astróloga profissional, com vinte anos de experiência, e dá palestras em vários países, além de entrevistas a programas de televisão nos Estados Unidos. Com uma carreira astrológica bem-sucedida, Geraldine ministra *workshops* e cursos de extensão em Londres. Formada em Astrologia e em Psicologia, a autora também conduz pesquisas acerca de temas como inconsciente, sonhos e experiência mística.

SARAH CRAWFORD, nascida em 28 de maio, é numeróloga e astróloga profissional, com treze anos de experiência. Sarah trabalha como consultora astrológica em Londres e ministra cursos e *workshops* acerca de Astrologia e Numerologia. Sua dissertação de mestrado em Ciências Sociais teve como temas história e filosofia da civilização ocidental e incluiu pesquisas a respeito da História da Astrologia, Hermenêutica e Reflexividade.

Anotações

Este livro foi composto em Minion, corpo 11/12,6
e impresso pela Ediouro Gráfica sobre
papel Offset 63gr. da Ripasa.